나무 뒤에 숨은 사람

나무 뒤에 숨은 사람 〈개정판〉

STAFF
책임 전경숙 | 기획 이은정, 배은하 | 마케팅 이준경, 이영주
북디자인 D_box | 일러스트 신동헌

Copyright ⓒ 2007 by YoungjinMedia
114 Namyeong-dong, Yongsan-gu, Seoul 140-160, Korea. All rights reserved.
First published by YoungjinMedia, 2007.
ISBN 978-89-91228-29-0

Printed in Korea.

정갑영의 풀어쓰는 경제이야기

나무 뒤에
숨은사람

정갑영 저

누가 나무 뒤에 숨어 있는가?

"꼭꼭 숨어라. 머리카락 보인다…" 내가 술래 되어 외치면 모두들 어디론가 숨어 버린다. 담장 뒤에 숨거나, 장독 아래 몸을 가린다. 짓궂게 마루 밑에 들어가 머리를 다치기도 한다. 너른 운동장 곳곳에 숨을 곳을 찾기도 하고, 교문 옆 버드나무 뒤에 몸을 웅크리기도 한다. 술래는 때로 답답하고 외톨이가 된 것만 같다. 저녁 해질 무렵이면 더욱 조급해진다. 그래도 나무 뒤에 숨은 짝꿍을 찾아야만 술래를 면할 수 있지 않는가. 그래야 다음에는 나도 몸을 숨길 수 있다. 아련하게 떠오르는 어릴 적 숨바꼭질의 추억들이다.

누가 나무 뒤에 숨어 있을까? 이번엔 어릴 적 그 친구가 아니다. 나의 몸짓이 바람이 되어 '홍연'을 설레이게 하고, 나무 뒤에 숨은 사람마저 흔들리게 만든다. 멋진 스카프가 숨은 마음을 움직이게 하고, 바람결에 흩날리는 머릿결이 누군가를 매혹시키기도 한다. 내가 술래 되어 외치면, 숨은 그곳에서 모두 소리 없이 움직이는 것이다. 술래인 나와 나무 뒤에 숨은 사람은 항상 함께 움직인다. 비록 너른 운동장에서 목적이 다른 움직임을 보일지라도, 두 사람의 몸짓이 모아져 멋진 게임을 연출하지 않는가.

'나무 뒤에 숨은 사람.' 탐정소설이나 낭만적인 수필집이 아니냐고 반문할지 모른다. 도무지 경제와는 거리가 먼 표현인 것 같다. 그러나 너른 운동장이 시장으로 바뀌면, 술래와 나무 뒤에 숨은 사람의 관계도 쉽게 드러난다. 시장이 바로 술래와 숨은 사람의 나눔이 이루어지는 곳이기 때문이다. 시장의 게임은 '보이지 않는 손'의 규칙이 지배한다. 나와 당신이 언제라도 술래가 될 수 있고, 숨은 사람으로 바뀔 수도 있다. 정부가, 때로는 기업이, 나아가 소비자마저도 술래가 된다. 각자의 목표는 다르지만 서로 다른 몸짓이 모여 풍요로운 세상을 만들기도 하고, 궁핍한 삶으로 이끌기도 한다.

풍요와 궁핍, 무엇이 이처럼 엄청난 차이를 만들어 내는 것일까? 대답은 너무나 간단하다. 게임의 참여자가 규칙마저 외면한다면 어떻게 좋은 성과를 기대할 수 있겠는가. 시장의 흐름을 멀리하는 술래가 많아질수록 풍요로운 삶은 멀어지기만 한다. 경제의 세계에는 항상 공짜가 없다. 내가 환경을 오염시키면 나무 뒤에 가려진 누군가에게 부담을 주지 않는가. 하나를 규제하면 다른 부작용이 나타나고, '창문의 사치세'는 엉뚱한 근로자에게 전가된다. 나의 기대와 당신의 기대, 우리의 씀씀이가 경제는 물론 '나무 뒤에 숨은 사람'의 일자리에도 영향을 미친다. 숨은 비용을 무시하는 기업이 어떻게 내일을 기약할 수 있겠는가. '나무 뒤에 숨은 사람'을 외면하는 경제가 어떻게 풍요를 이룰 수 있겠는가.

누가 나무 뒤에 숨어 있는가? 나와 당신이 바로 그곳에 숨은 사람들이다. 우리 모두 경제의 숲 속에 나무처럼 존재하기 때문이다. 나무들은 누구나 경제가 어렵다고 말한다. 경제여건이 어렵고, 경제를 이해하기조차 힘들다고 한다. 그러나 경제는 결코 멀리 있지 않다. 살아있는 생명체처럼 우리의 일상에서 술래와 함께, 숨은 사람들과 같이 움직이고 있다. 조금만 관심을 기울이면 영화와 오페라, 시와 노래와 소설 속에서 쉽게 경제원리를 발견할 수 있다. 시장을 이해하는 사람이 많아질수록, 나무 뒤에 숨은 사람이 더 풍요로워 질 수 있다. 게임의 규칙을 외면하면서 어떻게 풍요로운 삶을 연출할 수 있겠는가.

〈열보다 더 큰 아홉〉에 이어 두 번째 풀어쓰는 경제이야기를 출간한다. 다시 한번 술래가 된 느낌이다. 어려운 경제를 쉽게 풀어쓰는 일이 결코 쉬운 일이 아니기 때문이다. 때로는 비약도 많고, 핵심을 빗나가기도 하고, 너무 많이 생략하기도 했다. 그럼에도 불구하고 이 책이 조금이라도 나무 뒤에 숨은 사람들을 경제에 가깝게 만들 수 있기를 기대할 따름이다. 그것이 바로 우리 모두를 풍요롭게 만들 수 있기 때문이다.

이 책도 숨은 사람들의 도움으로 첫 판을 낸지 4년 만에 다시 개정판을 내게 됐다. 첫 판을 낼 때는 조은영, 박현진, 문재희, 김한아 양 그리고 윤승환 군이 자료 수집과 교정에 많은 도움을 주었다. 이번 판에도 역시 연구실의 강전은, 구지영 양과 바쁜 직장 생활 중에도 틈틈이 많은 아이디어를 찾아낸 지용민, 남정우 군이 많은 수고를 해 주었다. 좋은 삽화를 그려준 신동헌 화백과 출간을 독려해주신 영진미디어에 대한 감사도 빼놓을 수 없다. 그동안 본서의 초판과 〈열보다 더 큰 아홉〉 그리고 〈카론의 동전 한 닢(삼성경제연구소)〉에 보내준 독자들의 성원도 큰 힘이 되었다. 항상 나무 뒤에서 도와주는 아내, 먼 곳에서 출간을 기다리는 지연, 그리고 선운, 윤정에게도 사랑을 함께 보낸다. 이제 나도 몇 주일쯤 나무 뒤에 숨어버리고 싶다.

2007년 1월 정갑영

목 차

나무 뒤에 숨은 사람

1
경제학의
십계명

세상에 공짜는 없다

경제학에서는 공짜로 주어지는 것은 없다.
공짜처럼 보이는 것에도 반드시 비용이 뒤따르게 마련이다.

출애굽기에 나오는 십계명은 기독교인이 반드시 지켜야 할 규범으로 통용된다. 선지자 모세를 통해 전달되는 하나님의 말씀 속에는 '해야 할 일'과 '해서는 안 될 행동'에 대한 원칙이 명백히 제시되어 있다. 물론 이와 같은 계율은 기독교에만 나타나는 것은 아니다. 다른 종교와 문화에서도 전통적인 규범과 관습이 엄연히 존재하여 사람들의 일상에 큰 영향을 미친다.

그런데 경제학에도 십계명과 같은 대명제가 있다. 물론 경제학의 십계명은 도덕률이나 행동규범과는 다르다. 오랜 기간의 실증적인 경험을 통해 얻어진 가장 기본적인 경제학의 원리와 같은 것이다. 따라서 열 가지의 계명이 학자마다 다를 수 있고, 시대에 따라 변화할 수도 있다. 엄격한 의미에서는 계명(戒名)이 아니라 어떤 상황에서도 공통적으로 나타나는 보편적인 결과와 같은 것이다. 이제 경제학에서 널리 활용되는 원리들을 모아서 십계명으로 정리해 보자.

첫째 계명은 선택은 하나뿐이라는 것이다. 즉, 상충되는 것들 중에서 반드시 하나를 선택해야만 한다. 우리가 이용할 수 있는 자원이 한정되어 있기 때문이다. 경제적 의사결정에서는 모든 것을 만족시키는 선택은 할 수 없다. 주어진 시간에 공부하려면 노는 것을 포기해야 하고, 경제학을 공부하려면 영어를 포기해야 한다. 낮잠을 잘 것인가, 숙제를 할 것인가 고민해야 하고, 주어진 돈으로 책을 살 것인가 옷을 살 것인가도 선택해야 한다. 자원(시간과 돈)이 부족하여 어쩔 수 없이 제한적인 선택을 할 수밖에 없는 기로에 서는 것이다.

이는 흔히 "공짜 점심은 없다(no free lunch)"라는 말로 대변된다. 경제학에서는 공짜로 주어지는 것은 없다. 공짜처럼 보이는 것에도 반드시 비용이 뒤따르게 마련이다. 이는 금전적인 비용일 수도 있지만, 어느 하나를 선택함으로써 포기되어야 하는 것의 비용일 수도 있다.

이것은 개인의 차원에 국한된 것만은 아니다. 국가나 사회도 첫째 계명으로부터 자유로울 수 없다. 자원이 부족해 모든 것을 동시에 선택할 수 없기 때문이다. 따라서 경제학에서는 어떤 선택이 가장 효율적인가를 다룬다. 이런 의미에서 경제학을 선택의 과학이라고도 한다.

북한이 무기와 식량 사이에서 심각한 고민을 하는 것도 바로 이 계명에서 비롯된 현상이다. 미국의 상속세 논쟁도 이 계명에서 설명된다. 최선을 다해 많이 번 사람이 더 많이 유산을 남기게 해준다면 상속세는 폐지하는 것이 옳다. 상속세가 높다면 재산을 모을 동기가 줄어들지 않겠는가. 그러나 사회적 평등을 고려한다면 부(富)의 세습은 차단되어야 한다. 그래서 상속세가 필요하다. 효율성을 중시하면 소득세도 낮추고, 근로의욕을 북돋워야 한다. 그러나 형평을 고려하면 높은 누진세가 필요하다. 효율과 형평은 동시에 달성되기 어려운 상충관계를 이룬다. 형평을 개선시키자면 '효율 저하'라는 비용을 감수할 수밖에 없다.

개발과 환경 보호의 논쟁 역시 전형적인 상충관계이다. 댐 건설을 통한 수자원의 확보는 환경단체의 반발을 산다. 하지만 큰 가뭄이 올 때는 어떻게 대처해야 하는가. 때로는 댐 건설 못지않게 환경 보전의 비용이 엄청나게 클 수 있다. 공적 자금의 조성과 투입, 재정의 운용, 금리정책의 결정 등도 한 가지 목적을 선택하기 위해 다른 것을 희생시켜야 하는 경우가 많다.

'공짜 점심'은 경제적 선택에만 적용되는 것이 아니다. 배우자를 선택할 때, 휴가계획을 세울 때, 지망대학을 결정할 때, 투표를 할 때도 항상 선택의 고민을 해야 한다. 그래서 '공짜 점심은 없다'라는 경제학의 계명만 잘 지켜도 인생은 달라질 수 있다.

나무 뒤에 숨은 사람

두 길을 갈 수 없는 나

좋은 선택일수록 기회비용이 적다. 인생에서도 그런 선택을 해야 한다.
프로스트는 사람이 적게 간 길을 택했다고 했다.
그것은 그에게 기회비용이 적은 선택이었으리라.

노란 숲속에 길이 두 갈래로 갈라져 있었습니다

안타깝게도 나는 두 길을 갈 수 없는

한 사람의 나그네라, 오랫동안 서서

한 길이 덤불 속으로 꺾여 내려간 데까지

바라다볼 수 있는 먼 곳까지 내려다보았습니다

그리고 똑같이 아름다운 다른 하나를 택했습니다

거기에는 풀이 더 우거지고

사람들이 걸은 자취가 더 적었습니다

하지만 그 길을 걸음으로 해서

그 길도 곧 거의 같아질 것입니다만

……

먼 훗날 훗날에 나는 어디에선가

한숨을 쉬며 이 이야기를 할 것입니다

숲속에 두 갈래 길이 갈라져 있었다고

나는 사람이 적게 간 길을 택하였다고

그것으로 인해 모든 것이 달라졌다고

(로버트 프로스트, '가지 않은 길')

나그네가 아니라도 두 갈래 길을 한꺼번에 갈 수는 없다. 여럿 중에 한 가지밖에 선택할 수 없다는 것이 경제학의 첫째 계명이라고 설명했다. 그 선택에는 항상 비용이 따른다. 길을 하나 선택하면 다른 길에서 얻을 수도 있었을 아름다움은 포기해야 하지 않는가. 따라서 지금 가고 있는 길을 선택한 비용은 '가지 않은 길'의 가치로 평가해야 한다. 그리고 '가지 않은 길'의 가치가 클수록 선택의 기회비용은 커진다.

아이를 키우기 위해 어머니가 직장을 포기했다면, 아이를 키우는 비용은 단순히 우유를 사거나 유치원에 보내는 데 드는 비용만이 아니다. 이 외에도 직장을 다녔더라면 얻을 수 있었을 포기된 수입까지 고려해야 한다. 후자가 바로 육아의 기회비용이 되는 것이다.

기회비용은 결코 어려운 개념이 아니다. 지방공항의 사례로 기회비용을 살펴보자. 90년대 말부터 정부는 지방 경제 활성화, 향후 국내/국제선 항공 수요의 지속적 증가 등을 이유로 기존 공항의 확충

나무 뒤에 숨은 사람

(청주) 및 신 공항(양양, 원주, 김제, 무안 등) 건설을 적극적으로 추진하였다. 하지만 공항 입지부터 정치적인 이유로 결정된 이 사업은 결국 국가적 혼란과 막대한 재정 낭비만 초래하였다. 고속도로망의 확충 및 고속철도의 개통으로 인한 국내선 수요의 감소, 상대적으로 비싼 항공 요금, 기존 공항과의 중복성 등으로 인해 대부분의 지방공항이 현재 적자 운영 중이다. 몇몇 공항들은 공항을 건설하고도 경제적인 문제로 개항 일정조차 잡지 못하고 있다. 경제적 측면에서는 적자 공항의 폐쇄가 타당하지만, 선거 표를 의식하는 정치권의 입장

"애물 단지, 보물 단지?
직장마저 포기해야 하나?"

에서는 앞으로도 지속적으로 많은 인력과 예산을 투입하여 운영해야 하는 실정이다. 과연 지방공항이 해당 지역 주민들에게 실질적인 도움을 주었을까? 동일한 비용으로 다른 곳에 투자하는 것이 더 많은 혜택을 가져오지 않았을까? '가지 않은 길'에서 얻을 수도 있었던 수익이 바로 기회비용이 되는 것이다.

기업의 수익률도 마찬가지다. 예를 들어 200억 원의 자본을 가진 기업의 순이익이 회계감사 결과 5억 원이라고 하자. 이것은 단지 회계학적 의미의 순이익을 말하는 것일 뿐 기회비용이 반영된 것은 아니다. 사업을 하지 않고 200억 원을 고스란히 연이율 8퍼센트짜리의 정기예금에 맡겼다면 16억 원의 이자를 받을 수 있지 않았겠는가. 그러나 사업에 투자되었기 때문에 은행에 예금할 수 없었던 것이다. 편의상 이자소득세를 포함시키지 않는다면, 이 '사업'을 선택했기 때문에 발생한 기회비용은 16억 원이나 된다. 따라서 기회비용을 포함한 경제적 의미의 순이익은 오히려 '11억 원(16억 원-5억 원)의 적자'가 된다. 어느 것이 더 정확한 이윤의 개념인가. 역시 '가지 않은 길'의 가치를 반영해야만 경제학적 의미의 이윤이 된다.

좋은 선택일수록 기회비용이 적다. 인생에서도 그런 선택을 해야 한다. 프로스트는 사람이 적게 간 길을 택했다고 했다. 그것은 그에게 기회비용이 적은 선택이었으리라. 행여 미팅에서 만났던 그 사람을 아직도 그리워한다면 현재의 선택은 기회비용이 큰 것이다. 내가 '가지 않은 길'을 뒤돌아보지 않는다면 경제학적으로도 가장 좋은 선택을 한 셈이다.

숨은 비용이 적어야 한다

기회비용은 마치 국민경제에 숨어 있는 비용과 같다.
겉으로는 발생하지 않은 것 같으면서도 실제로는 누군가가 부담해야 되는 비용이다.

"기회비용을 고려해야 한다"는 것이 경제학의 두 번째 계명이라
했다. 하나밖에 선택하지 못하는 아쉬움 뒤에는 항상 '가지 않은 길'
의 잠재적 가치에 대한 평가가 따라야 한다는 것이다. 한정된 자금
을 투자할 때도, 배우자를 고를 때도, 입시를 준비할 때도, 명예퇴직
을 선택할 때도 기회비용의 그림자는 항상 드리우게 마련이다. 현재
의 선택이 가장 성공적인 것이라면 당연히 기회비용이 크지 않아야
한다.

이 계명은 개인뿐만 아니라 국가적인 사업에도 그대로 적용된다.
고속철도 사업을 생각해보자. 고속철도 사업은 서울에서 부산까지
의 운행 시간을 두 시간대로 단축하기 위해 18조 원 이상의 투자가
들어가는 대형 사업이다. 완공된 후에 얼마나 큰 혜택이 있을까? 과

연 국책 사업으로 추진한 것이 바람직한 선택이었을까? 고속철도공단의 자료에 따르면 완공 후 매년 2조 4,000억 원의 사회경제적 이익이 발생한다고 한다. 따라서 투자비용과 완공 후의 혜택을 고려하면 몇 년 후에 어느 정도의 순편익(純便益)이 나타날 것인지 쉽게 알 수 있다. 이것을 흔히 편익-비용 분석(benefit-cost analysis)이라 한다. 편익이 비용보다 많으면 당연히 편익-비용비율이 1보다 커서 사업의 타당성을 인정받을 수 있다.

그러나 이것은 단순한 회계학적 계산일 뿐 실제 경제학적 의미의 사회적 비용과 편익이 모두 포함된 것은 아니다. 기회비용을 고려하지 않았기 때문이다. 기회비

"저건 얼마나 들어가는 걸까?"
"숨은 비용이 만만치 않을걸?"

나무 뒤에 숨은 사람

용을 고려한다면 18조 원의 투자비를 고속철도에 투자하지 않고 다른 목적으로 사용했을 경우에 기대되는 이익까지 파악해야만 한다. 한정된 자금을 고속철도에 투자하느라 다른 사업에서 얻을 수 있었던 사회적 이익을 포기했기 때문이다. 다시 말하면, '가지 않은 길'로부터 기회비용이 발생한 것이다. 이러한 의미의 비용을 모두 반영하려면 그 사업에 투자하지 않았을 경우 사회적으로 기대되는 수익률을 계산해야 한다. 이것을 흔히 '사회적 할인율'이라고 한다.

예를 들어 사회적 할인율이 10퍼센트라면, 특정 사업에 투자하지 않는 경우 10퍼센트의 평균적인 수익은 기대할 수 있다는 얘기가 된다. 그러니까 국민경제적 관점에서 자본의 기회비용인 셈이다. 따라서 특정 사업의 수익률을 제대로 평가하자면, 투자사업의 이익률에서 사회적 할인율을 공제해야만 한다. 이런 개념 없이 단순한 편익-비용 분석만으로는 경제학적 의미의 가치를 제대로 계산할 수 없다. 고속철도공단이 제시한 자료에 따르면, 사업의 투자수익률은 11.8퍼센트이고, 사회적 할인율은 11.0퍼센트라고 한다. 또한 편익-비용의 비율도 1.1이라고 한다. 정확하게 추정되었다면 기회비용을 감안하고도 사업성이 있다는 얘기가 된다. 말썽 많던 새만금 사업도 이런 방법으로 평가할 수 있다.

제도 개선과 같이 투자비용이 눈에 보이지 않는 경우에도 기회비용은 함께한다. 의약분업과 기여입학제도 마찬가지다. 기여입학은 사회적 형평을 중시하는 국민정서 때문에 아직 도입되지 않고 있다. 그러나 경제학적 관점에서 보면 기여입학을 허용하지 않는 현행 제도의 기회비용은 크다. 소수가 낸 기부금은 다수의 학생들에게 장학금으로 돌아갈 수 있고, 대학의 교육 환경을 개선시킬 수 있으며, 부유층의 해외 유학 비용을 절감시킬 수도 있다. 이러한 이익은 모두 제도가 실시되지 않을 때의 기회비용에 해당되는 셈이다. 반면 기여입학을 실시하는 데 따른 경제적 비용은 그리 크지 않다. 그래도 '돈 많은 부모 덕에 학교 잘 가는 꼴'을 볼 수 없다면 다른 도리가 없다. 형평의 함정에서 빠져나올 때까지 기회비용을 부담하는 수밖에.

국민정서 때문에 부담해야 하는 기회비용이 어디 이것뿐인가. 그러나 선진화된 국민일수록 기회비용이 적은 선택을 한다. 사회적 선택에서도 십계명을 위반하면 모든 국민이 기회비용의 형벌을 피할 수 없기 때문이다. 겉으로 나타나지 않는 숨은 비용이 적어야 한다.

기회비용은 마치 국민경제에 숨어 있는 비용과 같다. 겉으로는 발생하지 않은 것 같으면서도 실제로는 누군가가 부담해야 되는 비용이다. 결국 누가 부담하게 되겠는가. 나도 당신도 아닌 '나무 뒤에 숨은 사람들'에게 전가된다. 그러나 언제라도 당신이나 내가 바로 '나무 뒤에 숨은 사람'으로 뒤바뀔 수 있다.

나무 뒤에 숨은 사람

마지막 한 점의 승부

모든 경제적 의사결정에는 한계원리가 중요하다.
생산이나 소비 하나를 더하는 순간, 추가되는 수입과 비용을 평가해야 한다.

2000년 6월 프로 골퍼 박지은은 LPGA에서 극적인 첫 우승을 하며 신인왕으로 등극했다. 미국 여자 골프계의 자존심 줄리 잉스터, 1983년 LPGA 신인왕으로 입문한 후 세계대회에서 무려 23번이나 우승했다는 줄리 잉스터를 제치고 박지은이 화려하게 데뷔하는 감격적인 순간이었다. 당시의 역전의 드라마를 많은 팬들은 아직도 생생하게 기억하고 있다.

마지막 4라운드의 16번 홀까지도 승리의 여신은 잉스터에게 미소 짓는 듯했다. 그러나 가장 쉽다는 17번 홀에서 잉스터는 보기를 했고, 박지은은 버디를 잡아 공동 선두가 되었다. 드디어 마지막 18번 홀, 잉스터는 다시 어이없는 보기를 범했고, 박지은은 파 퍼팅으로 14언더 274타를 기록하며 첫 우승을 차지했다. 마지막 퍼팅 하나가

두 사람의 운명을 갈라놓은 것이다.

물론 마지막 한 타만이 중요한 것은 아니다. 첫 홀에서부터 한 타한 타가 점수에 더해지므로 사실은 모든 타가 중요하다. 그러나 게임에서 승리하려면 첫 홀보다는 두 번째 홀이, 두 번째보다는 세 번째가, 이런 식으로 다음 홀이 더 중요하다. 이어지는 다음 홀에서 앞서지 않고서는 결코 우승할 수 없는 것 아닌가. 그런 기회가 계속해서 마지막 홀까지 이어질 뿐이다.

경제학에 이런 개념을 원용해보자. 컴퓨터를 생산하는 기업이 있다. 이 업체가 이윤을 극대화하려면 몇 대를 생산해서 얼마에 팔아

　　　　　　　　　　　　　　　　　　　나무 뒤에 숨은 사람

야 하는가? 무조건 많이 판다고 이윤이 많아지는가? 가격이 생산비보다 낮다면 어림없는 얘기이다. 이윤을 극대화하려면 한 대를 추가할 때마다 늘어나는 수입과 지불해야 되는 비용을 비교해야 한다. 현재 100대에서 한 대를 더 생산하는 데 추가 비용이 150만 원 들고, 판매가는 160만 원이라고 하자. 당연히 한 대를 추가 생산하면 10만 원의 이윤이 더 늘어난다.

여기에서 한 대 더 생산하는 데 소요되는 비용을 한계비용, 더 늘어나는 수입을 한계수입이라고 한다. 그러니까 한계수입이 한계비용보다 많을 때는 생산을 늘려야 이윤이 증대된다. 101대에서 한 대를 더 추가해 102대를 생산할 것인가도 바로 한계비용과 한계수입을 비교해 결정해야 한다. 총이윤을 크게 하는 것이 기업의 목표이지만, 실제로는 하나하나 추가되는 마지막 생산 단위에 따라 이윤의 크기가 결정된다. 한계비용과 한계수입은 수시로 변화하므로 항상 마지막 단위에서 손익 여부를 현명하게 판단하여야 한다. 이것을 한계원리라고 한다.

다른 예를 하나 더 들어보자. 300명이 탈 수 있는 제주행 여객기를 한 편 띄우는 데 3,000만 원의 비용이 든다고 하자. 그러니까 승객 한 사람당 평균 비용이 10만 원인 셈이다. 출발할 시간이 다 되었는데 승객은 290명만 탔다고 하자. 10개의 빈자리를 어떻게 처리하는 게 현명한가? 만일 당신이 공항 지점장이라면 5만 원이라도 받고서 추가로 승객을 모을 것인가? 아니면 평균비용(10만 원)에 못 미치니 태워서는 안된다고 판단하겠는가? 경제학의 세 번째 계명에 따르면, 당연히 5만 원이라도 받고 더 태워야 한다. 평균보다는 한계원리로 판단해야 하기 때문이다. 한 명이 더 탔을 때 한계비용은 얼마나 더 들겠는가? 땅콩과 주스 한 잔 이외에는 별것 아닐 것이다. 그렇다면 한계수입(5만 원)이 한계비용보다 많지 않은가. 따라서 한 사람이라도 더 태워야 총이윤이 증대된다.

모든 경제적 의사결정에는 한계원리가 중요하다. 생산이나 소비 하나를 더하는 순간, 추가되는 수입과 비용을 평가해야 한다. 과거에 집착하여 평균만 살펴보면 안된다. 한계 상황에서 합리적인 결정을 해야만 경제적 이익이 극대화된다. 아무리 평균기록이 좋아도 '다음 한 타'를 제대로 쳐야 게임에서 승리할 수 있지 않은가. 어제 기록이 나쁘다고 해서 너무 실망하지 말자.

나무 뒤에 숨은 사람

세상을 움직이는 힘

정책이 소기의 목적을 달성하려면 인센티브에 반응한다는 경제학의 계명을
잘 활용해야 한다. 전용차선 위반에 대한 과태료나 남산터널의 통행료를 보라.
얼마나 인센티브에 민감한가.

인기스타가 매니저와 헤어지는 까닭은 무엇일까? 어느 방송작가
는 드라마 〈비밀〉에서 열연한 한 신세대 스타의 사례를 들면서 연예
인들의 이별의 법칙을 일간지에 소개하였다. "잘 나갈 때 헤어지는
경우가 많은데, 그 이유는 다양하지만 결국은 '돈' 때문이다." 스타
의 뒤에는 다른 매니저가 있어 그가 제시한 위약금과 계약금 등이 결
별을 부추긴다는 것이다. 또한 믿는 도끼에 발등 찍히며, 순식간에
헤어진다는 것이다. 나아가 헤어지면 더 잘 된다고 지적하고 있다.
몇 년 전 H.O.T의 해체도 이런 현상일까? 연예가에 문외한인 경제학
자에게는 매우 흥미있는 사례로 받아들여진다.

돈 때문에 헤어지고, 헤어지면 더 잘 된다는 연예가의 법칙은 그대
로 경제학의 네 번째 계명이라고 할 수 있다. 즉, 사람들은 모두 인센

티브에 반응한다는 것이다. 헤어지면 더 돈을 잘 벌고, 명성을 더 떨친다니 이런 유혹을 뿌리칠 수 있는 사람이 얼마나 있겠는가. 아마도 연예계에는 물질적 인센티브에 따라서 움직이는 세태가 더 극명하게 반영되어 있는 것 같다.

그러나 이런 현상은 어디 연예계에만 나타나는가? 물론 인센티브가 단지 물질적인 것만은 아니다. 물질적 인센티브가 주류를 이루지만, 어떤 형태로든 자신에게 이익이 되는 쪽으로 움직인다는 것이 경

"역시. 누가 나를 외면하겠어?"

나무 뒤에 숨은 사람

제학의 법칙이다. 가격이 비싸면 적게 쓰고, 소득이 많아지면 많이 쓰고, 부담은 기피하지만 더 많은 보상이 주어지면 적극적으로 움직인다. 인센티브에 따라 움직이는 것은 너 나 할 것 없이 누구에게나 보편적으로 적용되는 현상인 것이다.

따라서 정책이 소기의 목적을 달성하려면 인센티브에 반응한다는 경제학의 계명을 잘 활용해야 한다. 전용차선 위반에 대한 과태료나 남산터널의 통행료를 보라. 얼마나 인센티브에 민감한가. 밥그릇 수에 따른 호봉제보다는 연봉제를 채택하는 것도 인센티브에 따라 더욱 열심히 일하게 하는 당근인 셈이다. 쓰레기 종량제도, 여름철의 전력요금 누진제, 심야전력의 할인도 모두 인센티브를 활용하여 자원을 효율적으로 활용하자는 제도이다.

그러나 인센티브가 제대로 설정되지 않은 정책은 실패하거나 엉뚱한 결과를 초래하는 경우도 많다. 백화점의 셔틀버스 운행이 금지된 사례를 보라. 목적은 영세 상인과 시내버스업을 보호하자는 것이었지만, 결과는 오히려 고객만 불편하게 했을 뿐이다. 능력껏 일하고 필요에 따라 보상받는다는 사회주의 제도도 잘못된 인센티브의 대표적인 예이다. 노력과 보상이 연결되지 않았기 때문에 아무도 의욕을 갖고 일하지 않았던 것이다. 그 결과 자기 텃밭의 감자와 집단농장에서 나는 감자의 크기가 다르지 않은가.

1970년대 후반, 경제학자 그로스만은 스탠퍼드 대학에서 와튼 대학으로 교수직을 옮겼다. 경제학 교수의 평균연봉은 당시에 4만 달러에도 미치지 못했지만, 그는 20만 달러 이상의 연봉을 받고 직장을 옮겼다고 한다. 화제가 된 그에게 뉴욕타임즈 기자가 물었다. "뭔가 잘못된 것 아닙니까? 대학이 어떻게 젊은 교수 한 사람에게 그렇게 많은 임금을 줄 수 있습니까?" 그로스만이 대답했다. "내 생각에도 상당히 잘못된 일 같습니다. 이런 환경에서 어떻게 미국 사회가 발전을 기대하겠습니까? 나같이 유망한 학자에게 그렇게밖에 주지 못하니, 누가 학문을 꿈꾸겠습니까?"

인센티브는 사회에 주는 신호가 된다. 임금이 낮은 기업이 어떻게 유능한 신입 사원을 뽑을 수 있겠는가? 임금을 대신할 다른 형태의 인센티브라도 있어야 좋은 인재가 모여든다. 인센티브가 제대로 설정되어 있어야만 기업도 사회도 바람직한 방향으로 발전할 수 있다. 잘 나가는 사람에게 제대로 보상하는 제도가 정립되어야 한다. 물론 인센티브는 돈만이 아니다. 다른 형태의 인센티브라도 좋다. 그러나 경제학의 계명을 지키지 않은 조직은 미래가 보장되지 않는다.

누이 좋고 매부 좋은 거래

능력에 따라 분업을 하고, 그 결과를 교환하는 것이 더 이익이다.
내가 한 일과 다른 사람이 한 일을 서로 교환하는 세상이 모든 사람을 살찌운다.

내 가난함으로

세상의 어딘가에서

누군가가 배부릅니다

내 야윔으로

세상의 어딘가에서

누군가가 살이 찝니다

내 서러운 눈물로

적시는 세상의 어느 길가에서

새벽밥같이 하얀

풀꽃들이 피어납니다

(김용택, '세상의 길가')

내가 풍족하게 사는 것은 어느 구석에선가 굶는 사람이 있기 때문이고, 세상의 풍요로움도 누군가의 숨은 희생 위에 피어나는 것인가 보다. 이런 현상이 지나치면 합해서 영(零)이 되는 제로 섬(zero-sum)의 세상이 되기 쉽다. 그러면 세상에서 얻을 수 있는 것은 고정되어 있는데, 누가 얼마를 가져가느냐만 다투는 게임을 하게 된다. 그러나 다행히도 세상은 서로가 서로에게 도움을 주면서도 더 많은 이익을 창출할 수 있는 포지티브 섬(positive sum)인 경우도 많다.

'자급자족하기는 어렵고, 많은 것을 필요로 하기 때문에 서로 다른 사람을 불러서 필요한 여러 일들을 하는' 것이고, 나아가 '많은 사람들이 협동자요, 원조자이면서 같이 모여 사는 나라를 만들게 되는' 것이다. 기원전 400여 년 전에 플라톤은 〈국가(Politeia)〉에서 소크라테스와의 대화를 통해 교역이 국가의 기원이라고 설파했다. '최소한 농부 한 사람, 건축공 한 사람, 옷을 짜는 직조공 한 사람이 반드시 있어야만 의식주(衣食住)를 해결하며 나라가 성립될 수 있다'고 했다. 서로가 능력에 따라 서로에게 도움을 주어야 자신의 생활도 더 윤택해질 수 있다는 것이다.

경제학의 다섯 번째 계명이 바로 교역이 서로에게 도움을 준다는 것이다. 한 나라 안에서 일어나는 거래가 왜 도움이 되는가는 자명하다. 우리는 이웃과 때로 경쟁하며 살아간다. 다른 이웃 때문에 시험에서 낙방하기도 하고, 내 일자리를 잃기도 한다. 그러나 세상에 혼자만 산다고 가정해보자. 아무리 돈이 많다 한들 무엇에 쓰겠는가? 집이나 옷 한 벌 제대로 구하기 힘들 것이다. 각자의 능력에 따라 상품과 서비스를 제공하며, 서로 교환해야만 나도 행복해지고 남의 즐거움도 커지게 된다.

국가간의 교역도 마찬가지다. 우리 제품이 일본이나 중국과 경쟁한다고 야단이지만, 이것은 결코 스포츠 게임과 같지 않다. 우리 경쟁력이 월등하여 경쟁 대상국을 모두 제압한다고 가정해 보자. 수출시장에서 경쟁국은 사라지지만, 다른 한편으로는 우리 제품을 수입할 시장도 줄어들지 않는가. 또한 우리가 값싼 부품을 수입할 나라도 없지 않은가. 국제간의 교역은 복잡하게 얽혀 있지만 경제학의 원리는 역시 무역이 모든 당사국의 후생을 증대시킨다는 사실을 담고 있다.

"왕서방 이번엔 자동차요. 입을 좀 좀 주시오."

구체적인 사례를 생각해보자. 한국에서 자동차를 생산하는 데 노동력과 자본을 합해서 총 100단위가 투입되고, 같은 규모의 직물을 생산하려면 150단위가 들어간다고 하자. 반대로 중국은 자동차와 직물에 각각 150단위와 100단위면 충분하다고 하자. 만약 우리가 자동차와 직물 모두를 생산한다면 자원을 250단위 투입해야 한다. 그러나 자동차를 두 대 생산하여 한 대는 사용하고, 다른 한 대는 중국에서 직물과 교환한다면 어떻게 되겠는가. 200단위만 투입하면 모든 것이 해결된다. 50단위의 생산요소를 절약할 수 있는 것이다. 이처럼 각자가 값싸게 만들 수 있는 것을 생산하여 서로 교환하면 모두 이익을 본다.

이 원리는 일상에도 그대로 적용된다. 원고 작성과 자료 입력, 프로그래밍을 모두 한 사람이 담당하는 것이 바람직한가? 그렇지 않다. 능력에 따라 분업을 하고, 그 결과를 교환하는 것이 더 이익이다. 내가 한 일과 다른 사람이 한 일을 서로 교환하는 세상이 모든 사람을 살찌운다. 그래야만 조직도 살아남고, '길가에 풀꽃'도 만발하며, '나무 뒤에 숨은 사람들'에게도 많은 혜택이 돌아간다.

CEO들이여, 너무 작은 일까지 시시콜콜 간섭하지 마라. 대통령도, 모든 기관의 책임자들도 마찬가지다. 분업의 책임을 맡기고 성과를 평가하는 것이 경제학의 십계명을 따르는 길이다.

부자 나라, 부자 아빠

우리 모두가 물질로부터 자유로워지려면 주어진 것을 효율적으로 활용하는 지혜부터
터득해야 한다. 부자가 되기 위한 최소한의 필요조건이다.

사람들은 누구나 물질적으로 풍요로운 생활을 원한다. 부(富)가
중요하다고 믿지 않는 사람들도, 물질적 풍요에 대한 욕구는 보통 사
람과 큰 차이가 없는 것 같다. 누구나 부의 상징인 돈으로부터 자유
로워지고 싶어하지만, 그것은 결코 쉬운 일이 아니기 때문이다. 없으
면 없어서 마음 아프게 만들고, 많으면 많기 때문에 사치스런 고민거
리를 만들어내지 않는가. 중국 사람들은 죽은 사람의 관 속에 저승
에서 쓸 명부(冥府) 화폐까지 넣어준다니, 영혼도 돈으로부터는 자
유롭지 못한가 보다.

그래서 우리 모두 '가난한 아빠'보다는 '부자 아빠'가 되고 싶어한
다. 이는 〈부자 아빠 가난한 아빠〉의 지은이 기요사키가 쓴 베스트
셀러의 제목이다. 저자의 말처럼 '가난한 사람들은 인생은 물론 영

"쥐어 살기 vs 쥐고 살기"

혼까지도 돈에 의해 통제를 받지만, 부자는 돈의 속박에서 벗어나 오히려 돈을 지배'하기 때문이리라. '부자 아빠'가 되는 비결만 터득할 수 있다면, 세상살이가 얼마나 편해지겠는가. 그러나 그렇게 많은 비방(秘方)이 소개되어도 아직은 부로부터 자유로운 사람이 그리 많지는 않은 것 같다.

경제학도 부(富)를 다루는 학문이어서 십계명의 하나로 물질적인 풍요를 위한 명제가 포함된다. 그것이 바로 풍요를 만들려면 먼저 국가 전체의 생산능력을 확충해야 한다는 것이다. 전체가 나눠 가질 수 있는 파이가 작다면 어떻게 많은 사람에게 배분할 수 있겠는가. 따라서 국민들의 생활 수준이 향상되기 위해서는 먼저 경제 전체의

나무 뒤에 숨은 사람

생산능력이 늘어나야 한다.

그렇다면 생산능력은 어떻게 결정되는가. 우선 경제에 투입될 수 있는 자원이 가장 중요한 변수가 된다. 노동력, 자본, 토지, 자원, 기술 등 생산을 위해 필요한 요소의 절대적인 양과 질적(質的) 수준이 어느 정도인가가 중요하다. 다음은 이런 요소들이 얼마나 효율적으로 활용되는가를 파악해야 한다. 주어진 생산요소를 효율적으로 활용했을 경우 달성할 수 있는 최대 생산 규모를 경제학에서는 생산가능선(production possibility frontier)으로 나타낸다. 생산가능선은 바로 국민경제가 도달할 수 있는 잠재적인 최대 생산점이 된다. 또한 이 선은 국민들이 누릴 수 있는 물질적 풍요의 한계를 나타내는 것이기도 하다.

따라서 생산가능선을 더 확장시킨다면 물질적인 풍요로움도 더 증대시킬 수 있다. 이에는 두 가지 방법이 있다. 하나는 생산요소의 절대량을 늘리는 것이고, 또 하나는 기술 혁신을 통해 효율성을 증대시키는 것이다. 노동력과 자본 등 투입량을 증대시키는 것은 전자에 속하고, 기술 혁신을 통해 동일한 투입량으로도 더 많은 양을 생산하는 것은 후자에 속한다. 일반적으로 절대량은 단기에 늘리기 어렵지만, 기술 개발을 통한 생산가능선의 확장은 언제나 가능하다.

이런 관점에서 보면 1960년대 이후 우리의 경제 발전도 생산가능선을 확장시켜온 과정이라 할 수 있다. 절대투입량을 증대시키고, 다른 한편으로는 기술 혁신을 통해 효율성도 제고시킨 것이다. 동아시아 경제가 1990년대 후반에 위기를 맞게 된 원인이 효율성의 제고보다는 절대투입량에 의존한 성장 패턴 때문이라는 지적도 있다. 투입량으로 생산가능선을 확장시킬 경우, 어느 날 투입 규모가 줄어들면 생산가능선도 줄어들 수밖에 없기 때문이다.

물론 주어진 생산요소마저 효율적으로 사용하지 못한다면 실제 생산은 생산가능선보다도 낮은 점에서 이루어질 수밖에 없다. 따라서 국민의 풍요 수준도 향상될 수 없다. 생산성이 중요한 또 다른 이유가 바로 여기에 있다. 우리 모두가 물질로부터 자유로워지려면 주어진 것을 효율적으로 활용하는 지혜부터 터득해야 한다. 부자가 되기 위한 최소한의 필요조건이다.

나무 뒤에 숨은 사람

Don't cry for me, Argentina!

경제학에서 효율은 자신이 일한 것만큼 보상받을 때 가장 높아진다고 본다.
효율성을 높이려면 열심히 일한 사람이 일한 대가에 따라 적절하게
보상받을 수 있는 제도를 정립시켜야 한다.

사생아로 태어나 사회적 멸시를 받으며 자라온 에바 마리아 두아르떼. 영화배우의 꿈을 안고 나이트 클럽의 댄서로 시작하여 방송국 성우로 진출한 그녀는 1944년 어느 날 난민 구제기관에서 당시 노동부 장관 후안 페론을 만나게 된다. 이 만남이 두 사람의 운명을 바꾼다. 아르헨티나의 정치적 격변기에 페론은 대통령으로, 에바는 퍼스트 레이디로 등극하게 된다. 영부인으로서 그녀는 자신이 당한 소외와 멸시를 평생 동안 잊지 않고 남편을 앞세워 불평등을 개선하는 운동을 시작한다. 특히 노동자들의 편에서 수많은 복지정책을 시행했다. 에바는 한때 부통령 후보로까지 추천됐지만, 서른세 살의 젊은 나이로 세상을 떠났다. 그녀는 '에비타의 신화'를 남긴 채 아르헨티나 국민들의 비탄 속에 사라진 것이다. 뮤지컬과 영화로 전 세계에

널리 알려진 영화 〈에비타〉에서 그녀는 "Don't cry for me, Argentina"를 애절하게 부르며 관객을 숙연하게 만든다.

실제로 아르헨티나는 아직도 에비타의 신화에서 벗어나지 못하고 있다. 짧지만 파란만장했던 여인의 그림자가 아직도 드리워져 있는 것은 어찌보면 단순한 이유에서다. 인기에 영합한 지나친 복지정책의 도입이 60년이 지나도록 아르헨티나 경제를 짓누르고 있기 때문이다. 에비타 이후에도 페론과 그의 후처 이자벨의 집권, 군정이 순환되는 가운데 한때 세계 7위였던 경제대국은 한없이 몰락했다. 최근에도 아르헨티나는 금융위기의 가능성이 가장 높은 나라로 거론되고 있지 않은가.

아르헨티나의 몰락은 정치와 경제의 실정(失政)이 복합적으로 작용한 결과이다. 그러나 경제적 관점에서 가장 대표적인 실패의 원인을 찾는다면, 이는 형평과 효율은 같이 갈 수 없다는 십계명을 무시했기 때문이다. 일하지 않아도 월급을 받고, 연금과 복지 혜택도 충분하여 모든 사람이 즐겁게 산다면 얼마나 천국같은 세상이겠는가. 그러나 경제학에서는 공짜 점심이 없다고 했다. 누가 이 비용을 다 감당하겠는가. 우선, 일하지 않아도 생계가 해결된다면 누가 열심히 일하려 하겠는가. 사회 전체적으로 효율이 크게 저하될 수밖에 없다. 실제 아르헨티나에서는 대학까지의 교육비와 공립 병원의 의료 비용이 무료이며, 높은 실직 수당을 지급하는 등 에비타의 신화로부터 물려받은 유산이 너무나 많다.

물론 복지정책의 중요성은 아무리 강조해도 지나치지 않다. 그러나 평등이나 형평을 지나치게 강조해 일하지 않고도 혜택을 받는 제도를 도입한다면 평등을 추구할 재원을 확보할 수 없게 된다. 경제학에서 효율은 자신이 일한 것만큼 보상받을 때 가장 높아진다고 본다. 따라서 효율성을 높이려면 열심히 일한 사람이 일한 대가에 따라 적절하게 보상받을 수 있는 제도를 정립시켜야 한다. 일한 것과 관계없이 누구나 혜택을 받게 하면 비록 형평이나 평등은 개선될지라도 효율성은 저하된다. 사회주의의 붕괴도 여기에서 비롯된 것 아닌가.

"Don't cry for me, Argentina.
Cry for your children, Argentina!"

효율성을 높여야 적은 자원으로도 많은 양이 생산된다. 효율적인 제도가 뒷받침되어야만 기업가도 '자신의 이익'을 위해 열심히 일한다. 또한 '자신을 위해' 일한 결과가 고용을 창출하고, 생산을 증대시켜 국민경제에 기여하게 된다. 효율이 낮으면 기업의 경쟁력은 당연히 떨어질 수밖에 없다.

물론 효율을 지나치게 강조하면 일할 능력이 없거나 부당한 대우를 받는 소외 계층이 등장할 수도 있다. 효율성을 이유로 부익부 빈익빈을 방치한다면, 사회적 불균형이 초래될 수도 있다. 따라서 지나친 효율 만능주의 역시 또 다른 부작용을 유발할 수 있는 것이다.

그러나 형평과 효율은 양립하기 어렵다. 단지 서로가 균형을 찾아 조화되어야 할 뿐이다. '에비타 신화'의 빛과 그림자가 이 계명에서 교차하고 있다.

나무 뒤에 숨은 사람

돈이 화를 부른다

금융 정책이 균형을 찾지 못하면 경제는
술 취한 사람이 운전하는 것과 같이 움직인다.

일간지 값이 얼마면 적당할까? 1921년 1월 독일에서는 가판 일간 지가 0.30마르크였다고 한다. 그 후 2년이 채 안 된 1922년 11월, 같은 신문의 값이 7,000만 마르크로 뛰어올랐다. 독일 경제가 제1차 세계대전의 충격에서 헤어나지 못하던 시절이었다. 글자 그대로 천문학적인 숫자 아닌가. 경제학 교과서에 회자되는 역사적 사례이다. 신문만이 아니었다. 종이 대신 지폐로 도배를 하는 게 더 저렴했다니, 쉽게 상상이 가지 않는다. 어떻게 그럴 수 있는가? 가장 큰 이유는 돈을 너무 많이 찍어냈기 때문이다. 돈을 너무 많이 찍으면 항상 부작용이 따른다. 이것 역시 기억해두어야 할 경제학의 계명이다.

돈의 생리는 알다가도 모를 일이다. 없어도 문제고, 많아도 문제이니 균형을 찾기가 매우 힘들다. 화폐를 많이 찍어내면 돈의 값인 이

자율이 떨어진다. 이자율이 떨어지면 이자 수입이 줄어든다. 다시 말하면, 현금을 보유해도 큰 손실이 발생하지 않는다. 현금의 보유비용이 줄어드는 셈이다. 그래서 예금보다는 현금을 선호하게 되고, 나아가 더 많이 쓰게 된다. 이런 이유로 소비가 늘어나고 금융비용이 줄어들어 기업의 투자도 증가한다. 따라서 경제 전체에 수요가 늘어나는 셈이다.

수요가 부족할 때는 당연히 이러한 경기부양 정책이 필요하다. 그러나 일정 수준을 넘어서면 수요가 공급보다 많은 상태가 되어 경기는 과열되고 물가는 상승한다. 따라서 돈을 찍어내거나 이자율을 내리면 경기부양의 효과가 나타나지만, 이것이 너무 지나치면 항상 비용이 따르게 된다.

최근 노무현 대통령 및 정부는 큰 고민에 빠져 있다. 2005년부터 계속된 경기 침체가 해소될 기미가 보이지 않기 때문이다. 다른 나라들이 인플레이션에 대한 우려로 지속적으로 금리를 올리고 있는 반면, 경기 침체를 우려하여 금리를 낮게 유지하고 있는데도 경기는 꿈쩍도 하지 않고 있다. 오히려 대통령까지 직접 나서서 안정화를 시키겠다고 강조했던 부동산 가격은 하늘 높은 줄 모르고 오르고 있다. 소위 말하는 Bubble 7(서울 강남/서초/송파/목동, 경기 분당/평촌/용인) 지역의 부동산 가격을 잡기 위해 다양한 규제 정책이 시행되었지만 결과는 지역별로 서로 경쟁하면서 오히려 가격이 상승하고 있는 것이다. 금리를 높여 부동산 가격을 잡고 싶지만 경기 침체가 장기화될까 봐 두렵고, 가만히 있자니 부동산 가격을 잡겠다던 대통령 및 정

나무 뒤에 숨은 사람

부의 공언이 무색해지고. 이러지도 저러지도 못 하고 있는 것이다.

실제 금리 인하의 효과는 지난 40여 년 동안 미국 경제에서 기대했던 대로 나타났다. 그러나 문제는 상당한 시차를 갖고 움직인다는 사실이다. 1퍼센트의 금리 인하는 최소한 6~9개월을 기다려야만 효과가 나타나기 시작해서, 1년이 지나야 성장률을 0.6퍼센트 높이고, 2년이 지나면 1.7퍼센트 올려준다는 것이다. 따라서 금리 인하가 효과를 나타내려면 좀더 기다려야 한다. 그러나 투자가들은 조급하기만 하다. 더 내리자니 시간이 지난 후에 물게 될 큰 비용이 우려된다. 미국 역사상 최장의 경기 호황을 주도했던 그린스펀이 취임 16년 만에 가장 큰 시련에 직면한 셈이다.

"손수레만 가져갈게요."

일부에서는 경제 구조가 바뀌었기 때문에 금리 인하의 효과가 반감되었다고 주장한다. 그러나 계명대로라면, 지나친 금리 인하는 큰 부담으로 작용할 가능성이 높다. 일부에서는 머지않아 저금리로 인한 부작용이 나타날 것이라고 경고하고 있다. 계명이 더 이상 유효하지 않은 것인가, 아니면 시간과의 싸움인가?

금융 정책이 균형을 찾지 못하면 경제는 술 취한 사람이 운전하는 것과 같이 움직인다. 경기가 침체에 빠졌을 때 돈을 너무 많이 풀면 과열과 인플레라는 우측 차선을 침범하게 만든다. 반대로 과열된 경기를 식힌다고 너무 긴축하면 왼쪽 차선으로 빗나가버린다. 갈 지(之)자로 움직이는 것이다. 적어도 걱정, 많아도 걱정, 돈은 이래저래 고민거리를 만든다.

벨리 포지의 교훈

정부의 '보이는 손'은 만병통치약이 아니라는 것이다.
오히려 거의 모든 문제는 시장에서 해결되고 정부의 역할은 제한적이다.

1777년 겨울은 조지 워싱턴(George Washington)에게 너무나 혹독한 시기였다. 당시 워싱턴은 미국 독립혁명군의 총사령관으로서 펜실베이니아주 벨리 포지(Valley Forge)에서 힘겨운 전투를 치르고 있었다. 그의 적은 영국군과 헤시안 용병만이 아니었다. 살을 에는 추위에다 극심한 식량 부족으로 그의 군대는 거의 아사(餓死) 상태에 빠져 있었던 것이다. 이런 상태에서 어떻게 전쟁의 승리를 기대할 수 있었겠는가?

아이러니컬하게도 그의 군대를 처참하게 무력화시킨 또 다른 적은 전혀 엉뚱한 곳에 있었다. 그것은 바로 아군을 위해 제정한 가격통제법이었던 것이다. 현지에 주둔해 있는 워싱턴의 주력부대를 돕기 위해 펜실베이니아주는 1777년에 식량을 포함한 군수물자의 가격을

"손이 없는 게 아냐, 안 보일 뿐이라구."

통제하는 법안을 제정하였다. 입법 의도는 누가 봐도 정당했다. 식량과 의류가격을 통제하여 군비 부담을 줄이고, 충분한 물자를 공급하여 전투력을 향상시킨다는 것이었다. 그러나 결과는 의도와는 정 반대로 나타났다. 통제받지 않은 물자와 수입재의 가격은 폭등했고, 고시가격에 불만을 가진 농부들은 식량을 내놓지 않았다. 일부에서는 오히려 적군인 영국군에게 더 비싼 값으로 금을 받고 팔아버렸다. 이런 상황에서 군인들이 어떻게 아사를 면할 수 있었겠는가.

역사책에 나오지 않는 공포의 적, 가격통제법. 드디어 1778년 6월, 13개 주의 연합의회였던 대륙회의는 워싱턴의 참패를 교훈 삼아 "재화에 대한 가격 통제는 유효하지 않을 뿐만 아니라 공공 서비스를 극도로 악화시키므로, 다른 주에서도 유사한 법령을 제정하지 말 것"을 결의하였다. 그러나 이미 한 번의 실험으로 엄청난 비용을 치른 후였다.

이 경험 속에 또 다른 십계명이 숨어 있다. 정부의 '보이는 손'은 만병통치약이 아니라는 것이다. 오히려 거의 모든 문제는 시장에서 해결되고 정부의 역할은 제한적이다. 시장에서 해결되어야 할 일에 정부가 개입하면 시장은 엉뚱하게 반응한다. 모든 국민이 애국자라면 그 전장(戰場)에서 왜 식량을 아군에게 공급하지 않겠는가. 아무

　　　　　　　　　　　　　나무 뒤에 숨은 사람

리 가격이 낮아도, 무료로라도 제공하지 않겠는가.

그러나 경제현상은 반드시 윤리나 규범만으로 움직이는 것이 아니다. 경제 주체가 인센티브에 따라 움직인다는 계명을 살펴보지 않았는가. 아무리 엄격한 법령에 대해서도 시장은 입법 의도와 다르게 움직일 수 있다. 그래서 왜곡된 결과를 가져온다. 때로는 왜곡의 정도가 지나쳐 회복할 수 없는 부작용을 가져오기도 한다. 그렇기 때문에 정부의 개입은 항상 제한적으로 이루어져야 한다.

그렇다면 어떤 경우에 '보이는 손'이 약(藥)손이 될 수 있는가. 바로 시장이 실패하는 경우에 개입해야 한다. 예를 들어, 시장이 한 사람의 손에서 놀아나는 경우에 약손이 필요하다. 바로 독점기업이 시장 지배력을 행사하는 사태이다. 도로와 항만, 공항, 공원 등 공공재를 공급할 때에도 정부가 필요하다. 시장에 맡기면 수익성이 낮아서 아무도 시설을 확충하지 않기 때문이다. 환경문제와 같이 제삼자에게 엉뚱한 영향을 미치는 경우에도 정부의 개입이 필요하다. 화학공장에서 배출하는 오염물질이 환경을 오염시켜 주변 사람들에게 영향을 주는 사례이다. 이것은 시장의 공급자와 수요자와는 관계없이 많은 사람에게 피해를 주기 때문에 정부가 무엇인가 역할을 해야 한다. 이런 경우 이외에는 정부가 시장보다 비효율적이다.

'보이는 손'이 수시로 등장하면 약효가 떨어진다. 너무 많은 약을 쓰면 이것 역시 부작용을 유발한다. 때로는 그 약화(藥禍)가 전쟁의 참패를 가져올 수도 있다. 보이는 손의 마력만 믿고 벨리 포지의 교훈을 잊어서는 안된다.

커피 씨 두 개 심는 이유

경쟁은 사회 후생을 극대화한다.
기업은 경쟁에서 살아남기 위해 적은 비용으로 좋은 품질의 제품을 만들어낸다.

'88서울올림픽이 열리던 해, 지구상의 최빈국 에티오피아를 방문하게 되었다. 솔로몬과 만났던 시바 여왕의 후예로 미인이 많고, 우리에게는 셀라시에 황제와 맨발의 마라톤 선수 아디스 아베베로 널리 알려진 나라다. 한때는 아프리카 최강의 독립국으로 명성을 날렸지만, 내전과 가뭄으로 수백만 명이 목숨을 잃었고 지금은 두 나라로 양분된 상태다. 그러나 이런 비극에도 아랑곳하지 않고 이곳의 자연은 여행객을 경탄케 한다. 수도 아디스 아바바는 해발 2,000미터의 고원에 위치해 있어 1년 내내 쾌적한 날씨가 지속된다. 한 가지 흠이라면 산소가 부족하다는 것. 그래서 세계적인 마라톤 선수가 많이 배출되는 모양이다.

기후 조건이 좋은 지역에는 항상 귀한 나무가 자라게 마련이다. 푸른 초원이 가득한 이 지역에서도 가장 흔하게 볼 수 있었던 작물이 바로 커피나무다. '에티오피아 커피'는 들어봤어도, 이곳이 바로 커피의 원산지라는 사실은 처음 알게 되었다. '코페'라는 지역이 있는데, 그 곳이 바로 자연산 커피의 원조가 자랐던 곳이라고 한다. 아프리카 원산지의 커피가 세계 전역으로 퍼져나간 것이다.

고작해야 알 커피나 끓인 커피를 먹는 우리에게는 커피나무를 보는 것도, 빨간 버찌나 체리처럼 익은 커피 열매를 보는 것도 모두 신기하기만 했다. 커피나무의 종묘를 길러내는 과정도 매우 인상적이었다. 종이컵 크기의 작은 모래주머니에 커피 씨를 두 개씩 심고 있는 주민에게 그 이유를 물으니 "몇 달 뒤 잘 자란 묘목만 고르고, 다른 하나는 버린다"는 것이다. 그렇다면 하나만 심으면 충분할 텐데, 왜 하필 두 개를 심는 것일까?

이 의문은 몇 년 후 브라질의 한 커피 농장을 방문하면서 풀리게 되었다. 에티오피아보다는 훨씬 전문적으로 현지에 정착한 일본인이 경영하는 대규모 커피 단지라서 자동차를 타고 돌아다녀야만 했다. 커피의 생태에 대해 접해본 일이 없는 터라 생소한 것이 하나둘이 아니었지만, 이곳에서도 커피나무의 종묘 과정은 매우 특이했다. 역시 작은 용기에 커피 씨를 두 개씩 심고, 일정 기간이 지난 뒤 잘 자란 것 하나만을 선택하는 것이었다.

"왜 하필이면 두 개의 씨앗을 심습니까?" 그 답변은 전혀 뜻밖이었다. "서로 경쟁해야 하니까요." 수십 년 간의 경험을 통해 하나의 씨앗보다는 두 개를 심어야 잘 자란 종묘 하나를 얻을 수 있다는 것이

"누가 누가 잘 자라나?"

다. 하나는 절대 크게 자라지 않고, 세 개 이상도 좋은 결과를 얻지
못했다는 것이다. 그 작은 주머니는 두 개의 씨앗이 서로 경쟁하며
자라기에 적합한 공간이기 때문이라는 것이다.

 동·식물의 생태를 사회현상에 적용하는 경우가 많지만, 선뜻 믿
어지지 않았다. 아마도 생물학적으로는 또 다른 이유가 있을지 모르
겠다. 그러나 농장 주인의 입장에서는 경쟁의 결과 우량한 종묘를
얻을 수 있다니, 두 개의 씨를 뿌리는 것이 너무나 당연한 선택이다.
이런 현상이 어디 커피뿐이랴. 소비자에게도 독점보다는 경쟁이 좋
은 것 아니겠는가.

　　　　　　　　　　　　　　　　　나무 뒤에 숨은 사람

구멍가게도 하나보다는 둘이 있을 경우에 더 좋은 서비스를 받는다. 항공사도 통신 서비스도 역시 경쟁을 해야 무언가 달라지지 않는가. 가격과 품질과 서비스가 역시 하나보다는 둘이서 경쟁을 할 때 더 좋아지는 것이다. 이것은 경제학의 또 하나의 십계명이다. 우리나라에서도 통신 서비스는 물론 항공 운송 서비스도 경쟁 체제로 바뀌면서 달라졌고, 자동차나 가전제품도 경쟁하기 때문에 좋아진 것 아니겠는가.

거대한 공기업의 민영화에도 똑같은 논리가 적용된다. 전력과 통신 등 거대한 공기업의 독점 체제를 경쟁이 가능한 체제로 바꾸어주자는 것이다. 경쟁을 통해 경영의 효율성이 증가하고, 그 혜택은 소비자인 국민과 종업원인 근로자에게 돌아간다는 당위성을 어떻게 반박할 수 있겠는가. 역설적으로 독점화된 공기업의 비효율성은 국민경제에 그대로 전가되어 '나무 뒤에 숨은 사람들'이 부담하게 된다.

시장에서는 기업만 경쟁하는 것이 아니다. 기업 역시 소비자의 경쟁을 유도하여 가장 좋은 선택을 유도한다. 여행사마다 요금이 다른 것은 물론이고, 인터넷 구매를 해도 각양각색이며, 출발 시간, 체류 시간과 여행 구간 등 몇 가지 조건에 따라 요금은 상당히 차이가 난다. 9시와 10시에 출발하는 비행기의 요금이 다를 때도 있다. 그래서 보잉747은 350여 명의 승객이 모두 다른 요금을 낸다고 한다. 그렇다고 비싼 요금을 낸 승객이 안전하게 더 빨리 가는 것도 아니지 않는가. 시간에 따른 가격 차이가 어디 비행기 요금뿐인가. 극장에는 오전 관객을 위한 '조조할인'이 있고, 심야전력 사용에도 할인제도가 있으며, 통신 서비스도 시간대에 따라 요금 체계가 다르다. 기차 요금도 주말에는 비싸며, 휴가철에는 유원지의 요금이 껑충 뛴다. 한여름에는 전기 요금에, 한밤중에는 택시와 버스 요금에 할증이 붙는다. 꼭 필요한 시간의 서비스일수록 더 높은 요금을 내게 되는 것이다.

기업이 가격을 차별화하면 소비자는 각자 구미에 맞게 적합한 가격을 선택한다. 이 과정에서도 경쟁은 나타난다. 정보의 경쟁이다. 가장 좋은 조건의 가격을 찾기 위해 정보 경쟁이 일어나고, 이 경쟁에서 앞선 소비자가 제일 먼저 좋은 조건을 차지한다. 이는 단일 가격보다 훨씬 더 세상을 풍요롭게 한다. 바쁜 사람은 비싸게 내고라도 먼저 갈 수 있기 때문이다.

경쟁은 사회 후생을 극대화한다. 기업은 경쟁에서 살아남기 위해 적은 비용으로 좋은 품질의 제품을 만들어낸다. 소비자 역시 경쟁이 있어야 좋은 서비스를 선택할 수 있다. 경쟁은 사회 전체의 효율성을 높이고, 경쟁이 있는 시장에서는 숨은 비용이 최소화된다. 기술적인 제약이 없다면 경쟁시장을 만드는 것이 바람직하다.

경제뿐만이 아니다. 경쟁이 없는 사회는 미래가 없다. 잘 자란 커피 씨를 선별하는 과정이 없기 때문이다. 적자생존의 진화론을 발견한 다윈도 시장경쟁의 사례를 도입하여 그의 이론을 설명했다고 한다. 시장경쟁에서 수많은 기업이 쓰러지고, 경쟁력 있는 기업만 살아남는 과정이 바로 적자생존에서 좋은 종(種)이 살아남는 것과 같다

나무 뒤에 숨은 사람

는 것이다. 생물학적인 진화론이 사회적인 현상으로 뒷받침된 셈이다. 우리 사회도 예외가 아니다.

코페의 주민들이 커피 씨를 두 개 심는 이유를 이해해야만 경제의 효율성을 높일 수 있다. 경쟁의 계명을 지켜야 글로벌 경쟁력이 길러진다.

무
에
은
사
람

나
뒤
숨

2
나의 기대,
당신의 기대

초콜릿보다 세뱃돈이 좋은 이유

물건의 종류뿐만 아니라 서로 기대하는 가격도 큰 차이가 나는 경우가 많다.
서로가 비대칭적인 기대를 하기 때문이다.

"지난 설날에 어떤 선물을 받으셨습니까?" "아들녀석이 한과 한
상자와 쇠고기를 보냈더라구요." "저한테 선물 보낼 사람이 어디 있
습니까? 사업상 이곳저곳에 인사하러 다니느라 저는 정말 정신 없었
습니다." "설날 선물요? 저희들은 주로 크리스마스와 밸런타인데이
에 선물을 주고받았죠." "초콜릿, 초콜릿이 최고죠!" "졸업철이라서
선물할 곳이 많은데, 무엇을 골라야 할지 모르겠네요." "상당히 비
싼 물건을 보낸 것 같은데, 우리에겐 별 소용이 없네요."

명절 때만 되면 선물을 준비하는 사람들로 백화점이 붐빈다. 미국
에서는 연매출의 25퍼센트, 도소매상 이윤의 60퍼센트가 추수감사
절과 성탄절 사이에 이루어진다고 한다. 자신이 필요한 물건도 사겠
지만, 이 기간에는 가족과 연인, 친지와 직장 상사를 위한 선물 쇼핑

이 대부분이다. 요즘엔 유치원부터 생일 선물을 챙기니, 우리도 점차 선물을 주고받는 문화가 정착되어가는 것 같다.

정성이 담긴 선물은 받아서 즐겁고 주는 사람도 마음 뿌듯하다. 그러나 상대의 마음에 딱 들어맞는 선물을 고르기는 쉽지 않다. 함께 사는 아내의 선물도 선택하기 어려운데, 다른 사람의 취향에 맞추기가 어디 쉽겠는가. 한동안 고민 끝에 20만 원짜리 스카프를 연인에게 선물했다고 하자. 그 선물을 받자마자 연인의 입이 딱 벌어진다면 대성공이다. 그러나 만약 그 스카프를 15만 원짜리로 받아들인다면 이것은 잘못된 선택이다. 선물을 주고받는 사람의 기대가 빗나간 것이다.

실제로 받은 선물에 만족하지 못한 경험은 너무나 많다. 서로가 비대칭적인 기대를 하기 때문이다. 물건의 종류뿐만 아니라 서로 기대하는 가격도 큰 차이가 나는 경우가 많다. 얼마 전 이코노미스트에 실린 월드포겔 교수의 최근 연구에 따르면 성탄절 선물을 받은 미국인은 보낸 사람이 구매한 가격보다 평균적으로 10퍼센트나 낮게 평가한다고 한다. 따라서 선물 구입에 사용된 약400억 달러 중 40억 달러는 중간에서 사라지는 것이다.

왜 그런가? 스카프로 되돌아가보자. 나는 20만 원을 주고 스카프를 샀는데, 선물을 받은 연인은 15만 원으로밖에 평가하지 않는다고 하자. 그렇다면 스카프 대신 15만 원을 연인에게 준다면 어떻게 될까? 주는 사람은 더 저렴한 가격으로 선물을 한 셈이 된다. 받는 사람은 자신이 15만 원짜리라고 생각하는 스카프 대신 같은 액수의 돈을 받았으니 달라진 게 없다. 오히려 그 돈으로 다른 것을 살 수도 있다. 따라서 현금 15만 원으로도 20만 원짜리 스카프를 선물하는 것과 같은 효과를 거둘 수 있는 것이다. 그러니 스카프를 20만 원에 사서 선물하는 과정에서 5만 원의 자원이 낭비되는 셈이다. 5만 원은 지출하지 않았어도 괜찮았다. 이런 낭비를 경제학에서는 누구도 찾아가지 못하는 '사회 후생의 손실(deadweight loss)'이라고 한다.

이런 손실은 선물을 주고받는 사람의 기대가 다를수록, 연령과 문화적 차이가 클수록 더욱 커질 수 있다. 이런 낭비를 줄이려면 역시 현물보다는 무엇이든 살 수 있는 상품권이나 현금이 사회적 낭비를 줄인다. 선물보다 세뱃돈이 더 좋다는 경제학적 근거가 있다.

물론 보낸 이의 정성과 마음을 생각한다면 선물을 어찌 사회적 낭비라고만 하겠는가. 또한 연인이 생각지도 못한 뜻밖의 선물을 준다면 구매 가격보다 훨씬 값질 수도 있지 않은가. 장미 한 송이로도 마음을 사로잡을 수 있는 것이다. 그러나 이 모든 정서적 가치를 고려해도 받는 사람이 낮게 평가한다면 차라리 현금을 주자. 비록 천박하다고 바람맞아도 사회적 낭비는 어느 정도 줄일 수 있을 테니까.

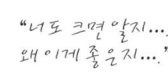
"너도 크면 알지….
왜 이게 좋은지…."

나무 뒤에 숨은 사람

인플레이션도 팔자?

나무 뒤에 숨은 사람들마저도 인플레(인플레이션)가 올 것을
당연한 것으로 기대하고 행동한다.
관성이 만들어지는 셈이다. 인플레의 재발을 팔자처럼 당연한 것으로 기대하고,
자신의 행동을 선택하기 때문이다.

변강쇠와 옹녀는 정력이 넘치는 호색한과 음녀(淫女)로 널리 알려져 있다. 그러나 〈변강쇠전〉의 원전 어디에서도 변강쇠와 옹녀를 그렇게 묘사한 곳은 찾기 어렵다고 한다. 오히려 춘향전에 나오는 육담(肉談)에도 미치지 못한다고 한다. 아무리 그렇다 해도 옹녀의 기구한 운명과 팔자를 보면 원전의 이미지가 왜 그렇게 왜곡되었는가를 쉽게 알 수 있다.

얼마 전 마당극장에서 공연된 〈변강쇠전〉에 따르면, 용모와 자색이 뛰어난 옹녀는 청상과부 팔자에 겹겹이 싸여 태어난다. 기구한 팔자대로 '콩 주워 먹듯' 서방을 잃는 것이다. 그뿐만 아니다. 옹녀의 색을 탐한 남자는 모두 황천길로 떠나니, 어느 동네에선들 살 수가 없다. 어쩌다 운좋게 궁합이 잘 맞는 변강쇠를 만나 천생연분으

"이것도 팔자 소관?"

로 행복한 나날을 보내지만 이 역시 잠깐, 옹녀는 다시 팔자대로 변
강쇠도 잃는다. 이렇게 되니 자신의 팔자를 탓할 수밖에 없다.

경제에는 다행히 옹녀의 팔자 같은 운명론은 없다. 경제의 운명은
정해져 있는 것이 아니다. 어떤 나라도 가난을 극복할 수 있고, 경제
대국도 언젠가 초라해질 수 있기 때문이다. 그러나 같은 현상이 반
복되면 소비자와 기업의 기대에 영향을 미쳐 어떤 타성을 형성할 수
도 있다. 마치 어떤 물질의 물리량이 경과해 온 상태의 변화 과정에
의존하는 이력(履歷; hysteresis) 현상과 같다.

가장 흔한 사례가 바로 초인플레이션(hyperinflation) 현상이다. 미
국의 남북전쟁, 1920년대의 독일, 1970년대 이후 남미가 대표적인 사
례다. 볼리비아의 인플레는 연 1만 퍼센트가 넘기도 했다. 1년에
200~300퍼센트가 넘는 인플레가 수년 동안 나타나면 모든 경제 주

나무 뒤에 숨은 사람

체가 인플레에 익숙해져 버린다. 그리고 인플레가 높은 경제 상황을 당연한 것으로 받아들인다. 이렇게 되면 그 경제는 초인플레의 팔자에서 벗어나기가 정말 힘들어진다. 인플레의 재발을 팔자처럼 당연한 것으로 기대하고, 자신의 행동을 선택하기 때문이다. 관성이 만들어지는 셈이다. 나무 뒤에 숨은 사람들마저도 인플레가 올 것을 당연히 기대하고 행동한다.

"돈을 주머니에 넣고 상품을 카트에 싣고 오다가 이제는 거꾸로 카트에 실은 돈으로 물건을 사서 주머니 채우기도 힘들죠. 도배는 오히려 지폐로 하는 것이 더 저렴합니다. 모든 물자가 부족하지만, 풍족한 것은 지폐뿐이죠. 가격이 얼마인지를 몰라서 영업이 자주 중단되고요. 물건은 모두 감추어놓는 게 최고죠. 금속으로 된 화폐는 나오기가 무섭게 사라지고, 쓸모 없는 지폐만 무성한 사회죠."

초인플레가 반복되는 것을 경험한 이 사람은 자신의 경험대로 기대를 형성한다. 초인플레가 나타나면 있는 돈으로 어떤 물건이든 사려고 한다. 기업은 내일이면 물가가 더 오를 것을 기대해 오늘 상품을 공급하려 하지 않는다. 정부가 아무리 물가를 안정시킨다고 해도 믿지 않는다. 소비자는 인플레의 '팔자'를 믿고 당연한 것으로 받아들이며 행동한다. '팔자'대로 기대가 형성되는 것이다. 저축은 생각조차 할 수 없고, 소비만 늘어가니 인플레는 더욱 심화된다. 노사 협상에서도 초인플레에 대한 기대를 반영한다. 이자율도 통화량도 환율도 초인플레가 나타날 것이라는 기대에 영향을 받는다. 이런 경제 상황에서 어떻게 임금이 안정되겠는가.

디플레가 만성적으로 나타날 때도 동일하게 움직인다. 내일이면 물가가 더 내려갈 것이라고, 기대하기 때문에 오늘은 소비하지 않고 내일로 연기한다. 소비자가 돈을 안 쓰니 기업의 수입은 더욱 줄어들고, 고용은 감소하며, 결국은 다시 소득과 소비가 줄어든다. 장기 불황에 빠진 일본의 사례다. 디플레 '팔자'도 쉽게 빠져나오기 힘들다. 만성적인 현상을 '팔자'로 받아들이는 사람이 많아질수록 그 '팔자'에서 헤어나오기가 힘들다. 사람들의 기대가 '팔자'를 세게 만들어 같은 현상이 되풀이되기 때문이다. 이런 상황에서는 마치 옹녀의 팔자에 걸린 남자처럼 경제도 안정을 잃고 허우적거릴 수밖에 없다. 그것도 스스로 만들어낸 '팔자' 때문에.

나무 뒤에 숨은 사람

알려진 정보는 가치가 없다

사람들이 모든 정보를 활용하여 합리적으로 기대를 형성하면
뉴스로 알려진 정책의 효과는 나타나지 않는다.
오히려 아무도 기대하지 않던 충격적인 정책이 더 효과적이다.

명절 때마다 교통 대란이 상당히 심각하다. 민족의 대이동을 원활하게 처리할 수 있는 기반이 너무 취약하다. 이런 여건에서 교통 대란을 피할 수는 없을 것 같다.

'과연 언제 어떤 길을 선택해야 가장 빨리 갈 수 있을까? 올해도 자정 무렵 떠나야 하나, 아니면 아예 토요일 오후에 유유히 떠나야 하나. 아무래도 올해는 잠든 아이녀석을 깨워 새벽 3시쯤 떠나야겠다!'

자신의 경험과 교통 정보, 남들의 행동에 대한 기대와 확률 등 모든 자료를 동원하여 머리를 굴린다. 과연 얼마나 적중할까?

실패는 성공의 어머니라 했지만, 올해도 고향길은 자신의 예측이 빗나간 운전자들로 가득 찰 것이다. 그래서 "고향길=지옥길"이라며 한숨이 절로 나온다. 과연 정확하게 예측할 방법이 없을까? 이것은

복잡한 정보의 게임이다. 내가 어떤 정보를 토대로 예측하느냐가 중요한 것이다.

먼저 나 혼자만 똑똑하다고 생각해보자. 남들은 모두 중부 고속도로를 선택했는데, 나만 유유히 경부 고속도로를 달린다면 비행기가 부럽지 않을 것이다. 나만 정확한 예측을 했고, 남들은 모두 잘못된 기대를 한 셈이다. 천재적 기질을 가졌다고 뽐낼 만하다. 그러나 미디어가 발달한 요즘, 이게 어디 가능한 얘기인가?

생각을 정반대로 바꿔보자. 세상 사람들은 모두 교통 정보를 정확히 듣고 출발했는데, '나'는 그저 내키는 대로 달리는 사람이다. 이 경우 많은 사람들이 교통 정보를 정확히 알고 있다면 교통량은 적절히 분산될 것이다. 경부 고속도로가 막힌다는 것을 알고 있으므로 중부 고속도로로 분산되고, 중부 고속도로가 막히면 다시 소통이 원활한 다른 길로 분산될 것이다. 어느 길로 가나 마찬가지다. 따라서 결과적으로 보면 교통 정보가 큰 도움이 되지 않는다. 사전에 아무런 정보도 듣지 못한 '나'는 어떻게 되나? '나' 역시 어느 길로 가건 마찬가지다. 정보를 알고 있는 사람이나 모르는 사람이나 큰 차이가 없는 것이다.

그래서 증권시장에는 '소문에 사서 뉴스에 팔라'는 말이 있다. 모든 사람이 공유하는 정보는 큰 가치가 없다는 얘기이다. 왜 그러할까? 사람들이 모두 주어진 정보를 활용하여 합리적 기대(rational expectation)를 하기 때문이다.

정부가 경기를 부양하기 위해 통화량을 5퍼센트 늘린다고 생각해

나무 뒤에 숨은 사람

보자. 근로자들은 모두 이 정보를 신문이나 방송을 통해 알게 된다. 이 정보를 활용한 근로자의 '합리적 기대'는 향후에 물가도 오르리라는 것이다. 과거의 경험과 정보, 경제 지식을 활용한 합리적 기대이다. 그렇다면 임금도 그만큼 올라야 한다. 결과는 어떠한가? 통화량을 늘려 이자율을 낮추고, 투자를 활성화시켜 경기를 부양시키려는 노력은 임금 인상이라는 복병을 만나 성공하지 못한다. 결국은 물가와 임금만 올려놓은 채 실물경기는 그대로 침체상태에 있게 된다. 모든 사람이 알고 있는 통화량 증대 정책의 효과는 나타나지 않게 되는 것이다.

사람들이 모든 정보를 활용하여 합리적으로 기대를 형성하면 뉴스로 알려진 정책의 효과는 나타나지 않는다. 미리부터 그 정책의 효과를 가정해서 행동하기 때문이다. 오히려 아무도 기대하지 않던 충

"굳이 알려고 하지 마.
다른 사람들이 이미 알고 있으니까."

격적인 정책이 더 효과적이다.

그러나 과연 얼마나 많은 사람이 모든 정책에 대해 '합리적 기대'를 할 수 있을까? 합리적 기대의 주창자인 로버트 루카스 교수도 자신의 '비합리적 기대' 때문에 50만 달러를 잃었다고 한다. 자신의 미래를 '합리적'으로 예측하지 못하고, 전 부인 리타와의 이혼 합의서에서 '노벨상을 받게 되면 상금의 50퍼센트를 준다'는 조항에 서명했기 때문이다. 리타는 어떤 길이 뚫릴 것인가를 제대로 예측했지만, 루카스는 자신의 잠재력 조차도 합리적으로 기대하지 못한 셈이다.

짝사랑은 시장에서도 실패한다

서로 다른 정보를 갖고 있을 때 기대도 비대칭적이 된다.
짝사랑도 비대칭적인 기대와 정보에서 비롯되는 것 아닌가.

"내 나이 열일곱, 그때 평생을 짊어질 그리움을 가졌다." 산 속 마을 산리에 사는 홍연은 늦깎이 초등학생. 스물한 살의 총각선생으로 부임한 수하와 마주친 후 가슴 가득 밀려오는 첫사랑의 떨림으로 그를 사랑한다. 수업 후에도 교실 주변을 맴돌고, 일기장에 수줍은 사랑을 고백하지만 수하는 멀리 있기만 하다. "날 아가씨라 불러준 첫 번째 사람, 왜 그를 보면 가슴이 아파오는 걸까?"

총각선생도 짝사랑의 열병을 앓기는 마찬가지다. 그 상대는 연인이 있는 동료 교사. 그러나 이 사랑은 결국 실패로 돌아가고, 홍연의 총각선생에 대한 짝사랑은 설레임과 눈물로 하늘을 메운다. 전도연과 이병헌이 시골 마을을 배경으로 짝사랑의 애틋함을 풋풋하게 그려낸 영화 〈내 마음의 풍금〉의 줄거리이다.

"널 좋아하지 않는 건 외모 때문이 아니야.
서로의 기대가 다를뿐이야."

짝사랑은 언제나 애달프고 마음 졸이는 열병을 앓게 한다. 서로 다른 기대 때문에 짝사랑은 가슴 설레고, 마음만 아플 뿐 실패로 끝나기 십상이다. 모두 같은 기대를 갖고 있다면 더할 나위 없이 좋으련만, 마음이 서로 다른 사람도 많지 않은가.

경제에서도 짝사랑의 논리를 생각할 수 있다. 한 사람은 이렇게 생각하는데, 상대방은 엉뚱한 생각을 갖고 있는 경우다. 서로가 다른 방향의 기대를 가진 비대칭적 기대와 같다. 만약 홍연과 수하가 서로에 대해 동일한 바람을 하는 대칭적 기대를 갖고 있었다면 홍연이 가슴아파할 이유가 없지 않은가. 처음부터 포기하던가, 아니면 금세 두 사람의 관계는 뜨거워졌을 것이다. 기대는 물론 자신이 갖고 있는 정보가 바탕이 된다. 두 사람이 '동일한 정보'를 갖고 '합리적'으로 행동했다면 비대칭적 기대를 가질 이유가 없다. 서로 다른 정보를 갖고 있을 때 기대도 비대칭적이 된다. 짝사랑도 비대칭적인 기대와 정보에서 비롯되는 것 아닌가.

짝사랑이 가슴앓이를 만들어내는 것처럼, 시장에서도 비대칭적 기대는 좋은 결과를 가져오지 않는다. 전형적인 사례가 농산물 시장이다. 작년에 양파가 흉년이 들어 가격이 폭등했다면 올해는 어떤 현상이 나타나겠는가. 어떤 농부는 나 혼자 양파를 많이 생산하여 수

　　　　　　　　　　　　　나무 뒤에 숨은 사람

입을 늘릴 수 있을 것이라고 기대한다. 이 예측에는 다른 농부는 올해도 작년과 비슷하게 적은 양을 생산할 것이라는 기대가 깔려 있다. 그러나 다른 농부 역시 '나만 많이 생산하여 수입을 늘릴 수 있을 것'이라고 생각한다. 행동은 모두 같게 나타나지만, 다른 농부에 대해 서로 다른 기대를 갖고 있는 것이다.

나(갑)는 많이 생산하지만 이웃(을)은 적게 생산할 것이라고 기대하고, 을은 반대로 자신은 많이 생산하고 갑은 따라오지 못할 것이라는 비대칭적 기대를 갖는다. 결과는 어떻게 되겠는가? 서로에 대한 비대칭적 기대 때문에 모두가 생산량을 늘릴 것이고 가격은 폭락한다. 작년 가격과는 천양지차다. 만약 내가 생산을 늘리면 남들도 많이 생산할 것이라는 기대를 가졌다면 가격은 그렇게 폭락하지 않을 텐데 말이다. 비대칭적 기대가 1년마다 폭등과 폭락을 거듭하는 주된 원인의 하나다.

비대칭적 기대는 여기에 그치지 않는다. 은행은 항상 우량 기업에 대출해주고 싶어하지만, 우량 기업은 돈을 그다지 빌리려 하지 않는다. 부실 기업일수록 돈을 빌려야 하는 필요성이 커진다. 따라서 대출에서도 대여자와 빌리는 기업 사이에 비대칭적 기대가 형성된다. 기업이 자신에 대해 알고 있는 정보와 은행이 가지고 있는 그 기업에 대한 정보가 대칭적이지 않기 때문이다. 이런 상태에서 대출이 이루어지면 부도가 나기 쉽다. 한쪽에서만 잘 알고 있는 거래는 짝사랑과 같이 실패하기 쉽다. 시장에서도 가슴앓이를 피하려면 거래 당사자가 서로에 대해 충분한 정보와 기대를 갖고 있어야 한다.

기대가 크면 경제도 좋아진다

기대는 항상 경제를 움직이는 중요한 힘이 된다.
그래서 기업가의 기대는 경기실사지수(BSI), 소비자의 기대는 소비자신뢰지수에
반영하여 경기 예측 자료로 활용한다.

"소초봉춘 연화추개(少草逢春 蓮花秋開)라, 작은 풀들은 봄철을 만나 피어나고, 연꽃은 가을에 들어서야만 피어날 것이다. 큰 장사배가 손으로 천금을 희롱할 만큼 재물을 가득 싣고 돌아왔다. 가뭄에 새싹들이 단비를 맞았으니 어찌 다시 살아나고 빛을 발하지 않겠느냐." "옛 땅에 봄철이 돌아왔으니 만물이 소생하여 기쁨을 얻게 되리로다. 문서가 변하여 복을 만들어줄 것이니 의외로 재물을 얻게 될 것이다. 재물은 반드시 관문에 있으니 외재를 탐하지 말고 지성으로 임하라."

연초에는 많은 사람들이 재미삼아 토정비결을 본다. 일간지의 '오늘의 운세'로 하루를 시작하는 사람도 많다. 내용이야 어떻든 나름대로 어딘가에 미래에 대한 기대를 걸어보고 싶기 때문이리라. '귀

나무 뒤에 숨은 사람

인을 만나 운수 대통한다'면 그날은 이유 없이 즐겁고, '소리만 많다가 결과는 허무할 것이니, 될 수 있으면 자중하라'고 하면 시무룩해진다. 좋은 괘로 하루를 시작하면 하는 일마다 잘 풀리고, 시무룩하게 시작하면 되는 일이 없는 하루가 되기도 한다. 그날의 기대와 느낌이 자신의 행동에 영향을 미치고 결과를 좌우할 수도 있는 것이다. 그래서 일상에서도 긍정적 기대를 갖고 살아가는 것이 매우 중요하다.

경제에도 사람들의 기대가 많은 영향을 미친다. 기대가 그대로 반영되는 대표적인 사례가 바로 물가이다. 많은 사람들이 정초에 '남쪽으로 가면 귀인을 만나리라'는 말을 믿고 강남의 아파트 가격이 오를 것이라고 기대하면 그 결과는 어떻게 되겠는가. 수요가 증가하고 가격이 뛰기 시작한다. '떴다방'이 등장하여 가수요를 부추긴다면 이런 현상은 더욱 심화된다. 그러나 아파트의 공급은 당장 늘릴 수 없다. 그렇기 때문에 소비자의 기대로 시작된 가격 상승을 막을 수 없는 것이다.

물론 기대가 논리적인 근거를 갖고 있다면 많은 사람들에게 더 큰 파급효과를 가져온다. 어떻게 그런 기대가 형성될 수 있을까? 기대는 여러 가지 방법과 경험을 토대로 만들어진다. 먼저 과거의 경험을 바탕으로 미래에 대한 기대를 형성하는 경우를 보자. 작년에 물가가 5퍼센트 오를 것이라고 믿었는데, 실제로는 4퍼센트밖에 안 올랐다고 하자. 그러면 새해 물가를 예측할 때에는 작년의 경험을 반영한다. 작년에 실제로 올라간 4퍼센트뿐만 아니라, 당시의 예측치 5

"올해는 물가를 조심해."

퍼센트와의 차이까지 고려한다. 즉, 다음 분기의 물가를 예측할 때 과거의 기대와 경험을 동시에 반영하는 것이다. 이런 기대를 적응적 기대(adaptive expectations)라고 한다.

실패로 얼룩진 경험은 쓸모 없을 수도 있다. 그래서 경험보다는 현재 주어진 정보를 바탕으로 기대를 형성할 수도 있다. 현재 강남의 아파트 수급 상황은 어떻고, 경제 사회적 현실이 어떠하니, 미래는 이렇게 될 것이라고 예측하는 것이다. 즉, 완벽하지는 않지만 현재 갖고 있는 모든 정보를 활용해서 미래를 예측하는 것이다. 이를 합리적 기대(rational expectations)라고 한다.

물론 아무도 미래를 완벽하게 예측할 수 없다. 누구의 기대라도 오차는 있게 마련이다. 그 오차가 너무 컸다면 오른 아파트 가격이 언젠가는 떨어져야 한다. 다시 말하면, 오차가 컸기 때문에 가격에 거

나무 뒤에 숨은 사람

품이 생긴 것이다. 거품은 언젠가 사라지게 마련이다. 따라서 지금 내가 사는 아파트의 가격이 너무 뛰었다고 흥분하지 마라.

기대는 항상 경제를 움직이는 중요한 힘이 된다. 그래서 기업가의 기대는 경기실사지수(BSI), 소비자의 기대는 소비자신뢰지수에 반영하여 경기 예측 자료로 활용한다. 모두가 '금년의 운세는 장사로써 대통할 수'라고 기대한다면 어찌 투자가 활성화되지 않겠는가. 물론 그 기대에 오차가 적어야 내년에도 토정비결을 볼 것이다.

역선택이 만든 레몬 시장

레몬 시장에서는 역시 좋은 과일을 선택할 수 없다. 정치든, 경제든 역선택이 만드는
레몬 시장의 폐해는 고스란히 나무 뒤에 숨은 사람들에게 전가될 수밖에 없다.

사람들은 과연 얼마나 진실하게 자신의 의사를 표현할까? 얼마 전
자신의 속내를 숨기기 때문에 나타나는 역선택의 문제가 갑자기 정
치권의 화두로 등장한 적이 있었다. 사람들은 누구나 자신의 이익을
먼저 챙기려는 경제적 본능을 갖고 있다. 행여 조금이라도 손해를
볼까봐 자신의 진정한 선호를 드러내지 않는 경우가 많다. 많은 사
람들이 그렇게 행동한다면 모두가 최선을 찾지 못하고 오히려 최악
을 선택하게 될 수도 있다. 이런 현상을 '역선택(adverse selection)'
이라고 한다. 따라서 대통령 후보 단일화에 반대하는 집단이 자신의
이익을 위해 진심을 밝히지 않고 엉뚱하게 답변한다면 오히려 경쟁
력 없는 후보가 결정되는 전형적인 역선택이 발생할 수 있다.

실제로 이런 역선택은 우리 일상에서도 많이 나타난다. 중고차를

살 때나 보험에 가입할 때, 은행에서 대출을 받을 때도 역선택의 문제가 등장한다. 자신의 이익을 위해 진실한 정보를 밝히지 않는다면 누군가에게 피해를 주게 된다. 물론 일시적으로 '자신'은 이익을 볼 수 있다. 그러나 역선택이 유발하는 사회적 비용은 누군가 부담해야 한다. 역선택의 비용은 부메랑이 되어 '자신'은 물론 엉뚱한 제3자에게도 엄청난 부담을 가져오는 역설이 등장하는 것이다.

바로 보험 시장이 대표적인 사례다. 보험사의 최고 고객은 가입만 해놓고 보험금을 타가지 않는 사람일 것이다. 그러나 그런 우량 고

"겉은 멀쩡한데…"

객이라면 왜 보험에 들려고 하겠는가. 보험회사를 찾는 고객은 스스로 사고의 위험이 높거나 건강이 걱정되는 등 무슨 이유든 보험금을 탈 가능성이 높은 사람들 아니겠는가. 그래서 보험 시장에는 항상 자신에게 불리한 정보를 숨기는 달갑지 않은 가입자가 많다. 불량 고객을 가입시킬 역선택의 위험성이 그만큼 높은 것이다. 건강 검진이나 까다로운 절차도 역선택을 피하기 위한 수단이다. 은행도 동병상련을 안고 있다. 우량 기업은 돈을 빌리려 하지 않고, 부실 위험이 높은 기업만이 돈을 필요로 한다. 최고가 아니라 최악의 고객에게 돈을 빌려주기 쉬운 역선택의 문제가 있는 것이다. 이런 금융권의 역선택으로 그동안 얼마나 큰 사회적 부담을 지게 되었는가.

역선택의 비용은 정치권에도 예외일 수 없다. 중고차 시장과 비교해보자. 누가 좋은 차를 중고로 싸게 팔려고 하겠는가. 시장에는 몇 년식, 어떤 차는 얼마라는 게 널리 알려져 있다. 가격이 뻔하므로 이보다 저급 품질의 차량만 매물로 등장하고, 시장 가격보다 더 좋은 차는 찾아보기 힘들다. 사는 사람도 중고차에 대한 과거의 정보를 잘 알지 못하기 때문에 비싼 값을 주려고 하지 않는다. 매매 쌍방이 모두 좋은 제품의 거래를 막아버리는 속성을 갖는 것이다. 이런 시장을 맛없는 과일에 비유하여 '레몬 시장'이라고 부른다. 이 시장에서는 아무리 최고를 선택해도 역시 레몬 밖에는 찾을 수 없는 역선택의 문제가 등장한다.

지금 우리의 정치권이 바로 레몬 시장으로 변질되고 있다. 정치인에 대한 신뢰가 떨어질수록 시장에 진입하는 정치 지망생의 자질도 떨어지게 마련이다. 어쩌다 유능한 인재가 출마해도 유권자는 지역 감정과 표몰이에 휩쓸려 엉뚱한 역선택을 한다. 정치에 실망한 젊은 계층과 여론 주도층은 아예 투표를 외면하고 있다.

레몬 시장에서는 역시 좋은 과일을 선택할 수 없다. 정치든, 경제든 역선택이 만드는 레몬 시장의 폐해는 고스란히 나무 뒤에 숨은 사람들에게 전가될 수밖에 없다.

나무 뒤에 숨은 사람

3
오렌지와 낑깡

조던처럼 뛰고 싶은 운동화

명품은 속물들의 편승효과에 의해서 저절로 만들어지는 것이 아니다.
각고의 노력과 창의적인 아이디어, 좋은 품질이 어우러져 스타로 탄생한다.
명품이 나무 뒤에 숨은 사람들의 마음까지 사로잡게 되면
편승효과에 힘입어 대박을 터뜨리게 되는 것이다.

명품은 왜 잘 팔리는가? 명품을 찾는 사람들의 소비 행태는 속물
효과와 편승효과의 결합으로 설명된다고 했다. 남들이 쉽게 구할 수
없는 명품을 가짐으로써 느낄 수 있는 쾌감과, 남이 사니까 나도 따
라 움직이는 현상이 복합적으로 작용한 결과이다. 특히 우리나라처
럼 동질성이 강한 사회에서는 남과 구별되는 명품에 대한 구매욕구
가 더 크게 마련이다.

기업도 역시 명품을 탄생시켜야만 성공한다. 그러나 명품은 시장에
서 저절로 만들어지는 것이 아니라, 기업의 피나는 노력과 행운이 조
화되어 탄생하는 것이다. 기업은 어떻게 명품을 만들어내는가? 스포
츠의 명품으로 널리 알려진 나이키 운동화의 탄생 신화를 살펴보자.

나이키가 등장한 1970년대 후반에는 '컨버스'라는 메이커가 스포

나무 뒤에 숨은 사람

츠업계를 평정하고 있었다. 그러나 농구의 황제 마이클 조던이 등장하면서 스포츠업계의 판도는 완전히 뒤바뀌었다. 나이키는 1985년 조던의 이름을 딴 '에어조던 1'을 출시하면서 명품 가도를 질주하게 되었다. "조던이 신으니까 나도 신는다. 조던을 신으면 나도 조던처럼 뛸 수 있다. 당시 흑인들은 조던 신발을 갖고 있지 않으면 무시당한다고 생각했죠. 이렇게 해서 나이키 운동화가 등장했습니다." 두 번째 모델부터는 나이키보다는 조던 브랜드를 더 강조하여, '조던 2'를 출시했다. 그러나 조던은 부상으로 뛰지 못했고, 한때 나이키는 위기에 처하는 듯했다. 예상대로 '조던 2'는 최악의 매출을 기록했

"나도 조던 신발 신었다!"

고, 지금까지 나온 100개 이상의 조던 브랜드 중 가장 실패한 모델로 기록되었다. 조던을 통해 속물효과를 자극하려던 전략이 장애물에 부딪힌 셈이다.

나이키는 그 후에도 조던과 함께 부침을 거듭했다. 조던이 1993년에 처음 은퇴를 했을 때는 '조던 8'이 나왔는데, 사람들은 더 이상 조던을 코트에서 볼 수 없을 것이라는 기대로 사재기를 시작했다(현재 '조던 8'은 50만 원에도 구하기 힘들다고 한다). "실제로 '조던 8'이 발매되기 전날 나이키 타운 앞에는 극성 '운동화 팬'들이 학교에도 가지 않고 밤을 세웠으며, 등록금을 못 내면서도 조던을 사려고 장사진을 쳤습니다. 기다리다가 시비가 붙어 살인사건도 일어났고요. 조던 신발이 없는 미국의 청소년들은 대화 상대조차 되질 않았죠." (미시경제학 수강생 신우철의 글 인용)

대단한 편승효과가 아닐 수 없다. 나이키는 아직도 조던 컴퍼니를 산하에 두고 새 모델을 발굴하며 명품화의 노력을 지속하고 있다. 최근 모델의 시가는 26만 원 정도이니, 타이어 4개의 값보다 훨씬 비싸다. 대개는 품절이라서 구하기도 힘들다고 한다. 명품을 찾는 사람들의 욕구는 어딜 가나 차이가 없는 모양이다.

명품이 탄생하는 과정에는 공통적인 특징이 있다. 첫째, 자기 제품을 특별히 차별화할 수 있어야 한다. 품질이나 서비스를 달리하거나 특수한 계층에만 판매하는 전략을 채택하고, 스타와 결합된 이미지를 만들기도 한다. 어느 정도의 품질에 차별화된 특성을 보유하는 것이 명품의 최소한의 필요조건이다. 둘째는 소비자의 속물효과를

나무 뒤에 숨은 사람

활용해야 한다. 그 제품을 사야만 명품을 쓰는 품위 있는 소비자로서의 위상을 갖는다는 착각에 빠지게 해야 한다. 물론 품질이 좋고 가격이 적절하다면 착각에 빠진 것이 아니리라.

일단 속물효과를 불러일으키는 데 성공한 작품은 이제 편승효과로 매출을 늘려야 한다. 더 이상 물량을 통제할 것이 아니라 원하는 소비자 대부분이 그 제품을 쉽게 구할 수 있게 해야 한다. 동시에 다른 한편에선 새 모델을 준비할 게 뻔하다.

물론 명품은 속물들의 편승효과에 의해서 저절로 만들어지는 것이 아니다. 각고의 노력과 창의적인 아이디어, 좋은 품질이 어우러져 스타로 탄생한다. 명품이 나무 뒤에 숨은 사람들의 마음까지 사로잡게 되면 편승효과에 힘입어 대박을 터뜨리게 되는 것이다.

명품이 잘 팔리는 이유

세상에는 유난히 비싼 것만 찾는 고객도 적지 않다.
자신의 지위를 과시하려는 속물효과도 나타나고,
너도나도 함께 따라가는 편승효과도 등장한다.

모파상의 단편소설 '목걸이'는 한순간의 허영심으로 평생을 허비한 여자의 인생을 극적으로 그리고 있다. 아름답고 매력적인 여자, 루아젤. 가난한 사무원의 딸로 태어나 소박한 생활을 하였지만 마음속으로는 언제나 호화로운 상류층의 삶을 갈구하던 그녀에게 어느날 문화부 장관이 주최하는 무도회 초대장이 날아온다. 하지만 기쁨도 잠시, 초라한 옷과 변변찮은 보석 장신구를 생각하며 한숨만 쉬던 루아젤은 파티에 참석하기 위해 부유한 친구에게 다이아몬드 목걸이를 빌리게 된다. 무도회 당일 저녁. 어느 여자보다 아름답고 우아한 그녀에게 많은 남자들이 관심을 보였고, 그녀는 행복과 기쁨에 도취되었다. 하지만 집으로 돌아왔을 때 목걸이가 없어진 것을 안 그녀는 절망에 빠지고 결국 막대한 빚을 내 목걸이를 사서 친구에게 돌

나무 뒤에 숨은 사람

려주게 된다. 결국 그녀와 그녀의 남편은 10여 년 동안 빚을 갚기 위해 온갖 고생을 하게 된다. 10년 후 어느 날 우연히 목걸이를 빌린 그 친구를 다시 만난 루아젤. 여기서 그녀는 친구로부터 놀라운 이야기를 듣게 된다. 그 목걸이는 가짜였다는….

'목걸이'와 같은 이야기는 단순히 소설에서만 나타나는 것은 아니다. 얼마 전 사회를 떠들썩하게 만들었던 가짜 명품 시계 사례를 보면 자칭 유명하고 똑똑하다는 사람들이 얼마나 쉽게 속아 넘어가는지를 볼 수 있다.

그럼에도 불구하고 세상에는 유난히 비싼 것만 찾는 고객도 적지 않다. 자신의 지위를 과시하려는 속물효과도 나타나고, 너도나도 함

께 따라가는 편승효과도 등장한다. 그래서 비쌀수록 잘 팔린다는 말도 한다. 같은 명품이라면 싼값에 구입하는 게 더 좋을 텐데 여전히 비싼 것만 고집한다. 값이 내려야 물건이 잘 나간다는 수요의 법칙과는 상충된다. 비쌀수록 잘 팔리는 현상은 과연 어떻게 설명될 수 있을까?

베블렌(Veblen)은 이런 현상이 사람들의 자기 과시적인 소비 행태에서 비롯된다고 설명한다. 소비자는 어떤 물건을 구입할 때 두 가지의 가격을 동시에 고려한다는 것이다. 즉, 실제 지불하는 시장 가격뿐만 아니라 '남들이 얼마를 주었을 것이라고 기대하는 가격'까지 감안하는 것이다. 예를 들어, 10만 원짜리 청바지를 구입하면서 남들이 그 청바지에 기대할 가격도 고려하는 것이다. 10만 원짜리를 남들은 8만 원쯤 주었을 것이라고 기대할 수도 있고, 15만 원이라고 생각하는 사람도 있을 것이다. 이렇게 내가 산 물건에 대해 남들이 기대하는 가격을 과시 가격(conspicious price)이라고 한다.

과시 가격이 올라가면 그 제품에 대한 수요는 어떻게 되는가? 당연히 올라갈 것이다. 시장 가격은 동일한데 남들에게 과시할 수 있는 가격이 올라간다면 얼마나 기분좋은 일인가. 이제 청바지의 실제 가격이 10만 원에서 15만 원으로 올라갔다고 생각해보자. 가격 인상으로 인한 순수한 효과는 당연히 수요의 감소(-)로 나타난다. 그러나 소비자가 과시 가격도 고려한다면 얘기는 달라진다. 인상된 제품의 과시 가격이 올라간다면 이번에는 수요가 증가(+)한다. 만약 과시 가격으로 인한 수요 증대(+) 효과가 시장 가격 인상에 따른 감소(-)

효과를 상쇄할 수 있다면, 전체 효과는 당연히 수요 증대(+)로 나타난다.

과시 가격의 상승에 따라 나타나는 수요 증대(+) 효과를 '베블렌 효과'라 하고, 이 효과가 가격 상승에 따른 수요 감소(-) 효과보다 큰 재화를 '베블렌 재화'라고 부른다. 물론 베블렌 재화는 대부분 고급 사치품이다.

진짜처럼 보이는 가짜 보석은 실제 가격은 낮지만, 과시 가격은 높게 나타난다. 물론 가짜처럼 보인다면 과시 가격은 형편없이 낮아진다. 시장이 완전하여 그것이 가짜라는 것을 모두 알게 된다면 실제 가격과 과시 가격은 같아진다. 모든 사람이 그 제품의 시장 가격을 알고 있으므로, 남들이 생각하는 기대 가격도 당연히 시장 가격과 일치하기 때문이다. 따라서 시장이 불완전하거나 정보 유통이 제대로 안되면 베블렌 재화는 더 많아진다.

베블렌은 과시 가격을 중시하는 소비 행태를 자본주의 사회의 병폐라고 지적한다. 생산적인 투자보다 남에게 과시하고 싶은 욕구가 더 많이 분출되고, 실제 가격보다 과시 가격이 소비를 결정하기 때문이다. 100만 원이 넘는 청바지는 과연 명품일까, 아니면 과시 가격 때문에 잘 팔리는 것일까?

'짜가' 즐겨 찾기

한마디로 가짜도 진짜 못지않게 명품이 만들어내는 편승효과를 톡톡히 본다.
명품 하나가 만들어내는 외부효과의 수혜자가 되는 셈이다.

"이제 명품이 비싸도 잘 팔리는 이유를 알 듯합니다. 소비자의 과시욕구와 속물효과가 보통 사람들까지 함께 따라가는 현상을 유발하는 것이군요. 아무리 그렇다 해도 한 가지 의문이 남습니다. 왜 가짜 유명 브랜드를 붙인 '짜가'가 그렇게 잘 팔리는 것인지요? 진짜인 줄 알고 속아서 산 물건들은 그렇다 치더라도, 가짜인 것이 분명한 모조품도 판을 치는 것은 도대체 이해가 가지 않습니다. 단순히 속고 사는 현상으로는 설명이 부족한 것 같습니다."

실제로 가짜 명품이 판을 친다는 기사가 많다. 프라다, 샤넬, 루이뷔통, 펜디 등 꼭 하나쯤 갖고 싶은 명품 브랜드일수록 오히려 모조품이 더 많다. 중국에 '어머니만 빼놓고는 가짜 아닌 것이 없다'는 속담까지 있다니, 세상에 정말 그렇게 믿을 게 없는 것일까? 얼마 전

한국화랑협회가 미술 작품을 감정한 결과 이중섭의 그림 중 약 70퍼센트가 가짜로 밝혀졌다고 한다.

그렇다면 왜 '짜가'도 잘 팔리는 것일까? 우선 명품으로 오인하고 사는 경우다. 이것은 당연히 소비자의 정보 부족에서 비롯된다. 공급자는 그 제품에 대해 충분한 정보를 갖고 있지만, 소비자는 그렇지 못하기 때문이다. 정품은 모조품보다 평균 10배 정도 비싸다니, 명품에 대한 정보 부족으로 엄청난 돈을 가짜에 낭비하는 셈이다. 가짜를 진품처럼 오인시키는 기술도 그냥 지나칠 수 없는 요인이다. 디자이너와 기술, 자본이 힘을 합해 진품에 버금가는 '짜가'를 만드는 것이다. 가격도 거의 제 가격을 받는 경우가 많다.

공급을 제한하는 명품의 마케팅 전략도 가짜를 판치게 한다. 실제로 명품은 제품의 희소성을 유지하여 구매심리를 자극하는 판매 축소(demarketing) 전략을 구사하는 경우가 많다. 실제로 루이뷔통(Louis Vuitton)은 여권번호를 관리하여 진품을 1년에 한 개 이상 살 수 없도록 하는 것으로 알려져 있다. 물론 이런 전략은 오히려 고객의 명품에 대한 소비욕구를 자극한다. 그러나 다른 한편으로는 가짜를 양산하는 부작용을 초래하기도 한다. 그래서 정상적으로 진품을 구매하지 못한 소비자들이 '짜가'를 진품으로 알고 구매하게 만든다.

가짜인 줄 알면서도 찾는 이유는 무엇일까? "값이 싸니까." "진품과 차이가 없어 보이므로." "진품처럼 보일 것이므로." 경제학적으로 완벽한 대답이다. 한 마디로 가짜도 진짜 못지않게 명품이 만들어내는 편승효과를 톡톡히 본다. 명품 하나가 만들어내는 외부효과의 수혜자가 되는 셈이다. 물론 가짜가 많다고 진품에 나쁜 영향만 미치는 것은 아니다. 가짜의 보급을 통해 명품을 찾는 소비자가 훨씬 더 많이 증가한다. 가짜가 많을수록 진품의 가치는 더욱더 치솟게 마련이다.

편승효과(band-wagon effect)의 band-wagon은 행렬을 선도하며 분위기를 돋우는 악대 차 아닌가. 음악을 듣고 몰려온 군중들은 무슨 일이 벌어지고 있는가를 찾아보기 시작한다. 진품은 바로 악대 차이고, 그걸 보기 위해 몰려든 무작정 따라나선 군중은 상당수가 가짜에 만족하는 것이다.

가짜도 잘 팔리는 다른 이유는 진품에 대한 실망이다. "진품 매장

나무 뒤에 숨은 사람

에서 100만 원이나 주고 샀는데, 가죽 끈에서 물이 빠지는 바람에 입고 있던 명품 옷을 버렸습니다." 그게 진품이 아니라면 할 말이 없다. 그러나 "진품인데, 공정상 그런 하자가 나타날 수도 있다"면 소비자는 진품만 고집하지 않게 된다.

버버리(Burberry)는 영국, 샤넬(Chanel)과 루이뷔통은 프랑스가 자랑하는 세계적 명품이다. 우리도 내세울 수 있는 명품이 하나라도 있다면 비록 가짜가 많더라도 흐뭇하지 않겠는가.

남태평양의 휴가

유한계급은 교육과 패션, 여가 등에서도 남들과 과시적 경쟁을 하며 소비를 늘린다.
명품의 소비를 따라가듯 노는 것도 경쟁한다.

환상적인 바다의 풍경을 말하자면 영화 〈블루 라군(The Blue Lagoon)〉을 빼놓을 수 없을 것이다. 비록 선상의 화재로 작은 구명보트를 타고 표류하다 다다른 무인도이지만, 아름다운 산호와 환상적인 바다의 장관은 누구에게나 한 번쯤 가보고 싶은 욕구를 불러일으킨다. 어린 리처드와 에믈린은 그 섬에서 성인 남녀가 되고, 둘 사이엔 어느덧 아이가 생긴다. 이렇게 되자 리처드는 유일한 꿈인 섬으로부터의 탈출을 포기하고 행복한 삶에 만족해간다. 이들의 아름답고 풋풋한 사랑을 그린 영화가 바로 〈블루 라군〉이다.

이 영화가 많은 관객들을 매료시킬 수 있었던 것은 두 아이의 사랑 이야기보다는 남태평양의 환상적인 경치를 통해 그곳에서 며칠이라도 즐기고 싶은 욕구를 대리충족할 수 있었기 때문이리라. 얼마나

나무 뒤에 숨은 사람

"노세 노세 모두 노세, 내일이면 못노나니"

멋있고 여유있는 정경인가. 우리나라에서도 최근 많은 사람들이 남태평양의 환상적인 섬들을 찾고 있다. 그런 섬에서 여가를 즐기는 것을 싫어할 사람이 어디 있겠는가.

〈블루 라군〉과 같은 상태를 베블렌(Veblen)은 자본주의의 말기에 나타나는 '폴리네시아의 준평화(Polynesian quasi-peace)'라 이름하였다. 20세기 초 미국 자본주의의 병폐로 나타난 일부 계층의 과시적 여가를 비유한 말이다. 그는 여가를 즐기는 것도 상품을 사는 것과 같은 속성을 갖고 있다고 지적한다. 여가에도 속물과 편승효과가 나타나서 명품을 사는 것처럼 경쟁적으로 좇아가는 특성을 갖고 있다는 것이다. 베블렌에 따르면 자본주의 경제에서는 금전적인 이익을 극대화하기 위해 치열한 경쟁을 하며, 그 결과 얻게 되는 부(富)의 상징으로 여가를 즐긴다. 경제가 발전할수록 여가를 중시하는 유한 계급(leisure class)이 사회 전반에 확산되고, 결국에는 〈블루 라군〉과 같이 폴리네시아의 여가를 즐기는 평화상태로 발전(?)한다는 것이다. 유한 계급은 교육과 패션, 여가 등에서도 남들과 과시적 경쟁을 하며 소비를 늘린다고 한다. 명품의 소비를 따라가듯 노는 것도 경쟁한다는 것이다. 베블렌은 21세기 초에 이런 상태가 도처에 만연한다고 예측한 바 있다.

모든 사람이 여가만 즐기며 〈블루 라군〉과 같은 환상적인 생활에 도취될 수 있다면 얼마나 좋겠는가. 그러나 경제에는 '공짜 점심'이 없다. 베블렌은 오히려 이런 현상을 자본주의의 병폐라고 신랄하게 비난한 대표적인 학자이다. 과시적인 여가는 금전적 이익만 좇는 천민 자본주의의 속성이며, 생산적 노동을 기피하고 효율성을 저하시키는 장본인이라는 것이다. 따라서 과시적 소비와 과시적 여가가 심화되는 나라에서는 자본주의의 미래를 찾을 수 없다. 경제는 기술과 제도의 동학적 변화 속에서 발전하는데, 사람들의 일상이 단순한 금전 추구의 본능으로 가득하고, 과시적 여가와 소모를 즐긴다면, 자본주의의 역동적인 변화를 어떻게 기대할 수 있겠는가.

베블렌은 실제로 1929년에 일어난 미국의 대공황을 미리 예측했지만, 당시에는 아무도 믿지 않았고, 그 자신도 대공황이 발발하기 전 세상을 떠났다. 1910년대 주류 경제학을 통렬히 비판하고 자본주의의 위기를 역설했지만 여러 대학을 전전하며 일생 동안 제대로 인정받지 못한 학자였다. C학점 이상을 한 번도 주지 않았던 그를 학생들마저도 외면했다. 오히려 그의 업적은 사후에 더 높게 평가받았다. 베블렌은 사회와 역사, 경제의 역동적 관계를 제도적 관점에서 분석하는 제도경제학의 기틀을 세웠지만, 그가 비판했던 제도의 속성은 아직도 크게 변하지 않고 있다.

　과시적 소비와 여가가 자본주의의 병적 요소로 지적됐지만, 시장경제는 아직도 건강하게(?) 자라고 있다. 파멸로 치닫는 내부의 역동적 변화를 감지하지 못하고 있는 것일까, 아니면 과시적 소비는 기우에 불과한 것일까?

나무에은
뒤숨사람

4

대박을 꿈꾸는
사람들

도박사의 꿈

도박과 복권, 기업의 투자 행태는 기본적으로 같은 틀에서 분석할 수 있다.
미래가 불확실한 경우에는 어떤 사업에도 복권을 사는 것과 같은
위험이 존재하기 때문이다.

러시아의 문호 도스토예프스키는 한동안 거의 광적으로 도박에 빠졌다고 한다. 가진 것을 모두 잃을 때까지 도박 테이블에 앉아 있었으며, 완전히 손을 털어야만 도박장을 떠날 수 있었다. 그때가 되어야만 '악령'은 영혼으로부터 물러났고, 천재적인 창작활동을 하도록 길을 열어주었다고 한다. 젊은 아내에게 다시는 도박을 하지 않겠다는 맹세를 수없이 하면서도 결코 그 악령에서 헤어날 수 없었던 모양이다. 결국 그의 도박 때문에 아내는 지독히 궁핍한 생활로 내몰렸고, 그때마다 자신은 경멸받는 '죄인'으로서 '벌'을 받겠다고 약속했다. 그러나 변화한 것은 그가 아니라 오히려 젊은 아내였다. 아내가 차차 '도박사'에 적응해간 것이다. 그의 아내는 그로 하여금 문학작품을 쓰게 만드는 유일한 구원자가 바로 도박이라는 것을 깨

나무 뒤에 숨은 사람

"아무리 벼락 맞을 확률보다 낮다지만…."

달았다. 또한 모든 것을 잃고 전 재산이 저당잡히는 순간에도 도박의 악령에서 벗어나지 못하는 그의 모습을 보았던 것이다.

이러한 그의 경험은 작품 〈도박사〉에 잘 나타나 있다. 도박에 대한 집착을 끊지 못해 새디즘이나 매조키즘의 강박관념에 사로잡혀 행동하는 한 개인을 그리고 있다. 〈도박사〉는 채권자에게 붙들리지 않고 러시아로 돌아가기 위해 도박에서 이겨야 한다고 합리화시켰지만, 이것은 한낱 핑계에 지나지 않았다. 결국 도박에 대한 강박에서 헤어나지 못했던 것이다.

요즘 우리나라에도 814만 5,060 대 1의 확률에 운을 맡기고 수십억 원의 대박이 터지기를 기다리는 사람들이 많다고 한다. 로또 복권을 파는 은행 및 판매소 앞에서 복권을 사려는 사람들의 긴 행렬을 보는 것은 어렵지 않은 일이다. 이런 행위가 보편적이고 대중적인 사회적 관행이 되지 않을까 우려된다.

　도박과 복권, 기업의 투자 행태는 기본적으로 같은 틀에서 분석할 수 있다. 예를 들어, 2분의 1의 확률로 1만 2,000원을 벌 수 있고, 나머지 2분의 1의 확률로 8,000원밖에 기대할 수 없는 경우가 있다고 하자. 평균기대값은 $\{12,000 \times (\frac{1}{2}) + 8,000 \times (\frac{1}{2})\}$ 해서 1만 원이 된다. 만약 기업이 이런 사업에 투자한다면 1만 원짜리 복권을 사는 것과 크게 다를 바 없다. 미래가 불확실한 경우에는 어떤 사업에도 복권을 사는 것과 같은 위험이 존재하기 때문이다. 그러나 문제는 위험을 받아들이는 태도가 사람마다 모두 다르다는 데 있다. 이런 사업에 투자비가 1만 1,000원이 들어도 뛰어드는 투자가가 있고, 반대로 9,000원의 투자비에도 참여하지 않는 사업가도 있다.

　복권의 사례를 보면 더욱 분명하다. 100명에게 복권을 팔고, 이 중 당첨자 한 사람에게만 100만 원을 주는 경우를 생각해보자. 100만 원에 당첨될 수 있는 확률이 100분의 1, 떨어질 확률이 100분의 99가 되므로 기대값은 1만 원이 된다. 따라서 이 복권을 1만 원에 판다면 복권값과 기대값이 동일하므로 '공정한 도박'이 된다. 이런 복권에 대한 판단의 유형은 세 가지로 나누어볼 수 있다.

　첫째는 사도 그만, 안 사도 그만인 사람이다. 즉, 1만 원을 갖고 있는 것과 복권을 사는 것이 자신에게 아무런 차이가 없다고 느끼는 사람이다. 둘째 유형은 그런 복권을 1만 원을 주고 사는 것이 아깝다고 생각하는 사람이다. 차라리 현금을 갖고 있으면서 느끼는 만족감이 더 크다고 생각한다. 이 사람이 복권을 사려면 기대값이 복권 가격보다 더 높아야 한다. 이런 사람은 아예 도박장에 잘 나타나지도 않을 것이다. 세 번째 유형은 복권을 즐겨 사는 사람이다. 2만 원에도 기꺼이 복권을 구입한다. 이런 사람들은 대박을 기다리는 용기가 있다.

당신은 과연 어디에 속하는가? '도박사' 인가? 당신이 아니라면 누가, 왜 그런 행동을 하게 될까?

룰렛의 오류

균형에 접근하려면 엄청나게 많은 시도가 오랜 시간에 걸쳐 이루어져야 한다.
그러나 불과 몇 번을 시도하면서 2분의 1의 확률이 실현되기를 기대하기는 어렵다.

    룰렛(roulette)은 원래 '돌아가는 작은 바퀴'라는 프랑스어에서 유래한 말이다. 지금은 카지노에서 누구나 즐길 수 있는 간단한 도박으로 널리 활용되고 있다. 16세기 유럽 상류 사회에서 손님을 접대하며 사교용으로 즐겼다는 이 작은 원반이 지금은 카지노의 상징으로 통용되고 있는 것이다. 0에서 36까지 등분한 회전 원반에 주사위 하나를 넣고 전문가 쿠르피에(courpier)가 룰렛을 힘차게 돌린다. 회전판은 한참 후에 정지하고, 그 주사위가 어느 눈금에 들어갔느냐에 따라 수많은 도박꾼의 희비가 엇갈린다. 숫자에 돈을 거는 방법도 있고, 빨강과 검정, 녹색 등의 색깔에 운명을 걸기도 한다.

    과연 이 작은 바퀴가 얼마나 많은 사람들을 유혹했을까? 게임이 너무 쉬워보이고 승산이 높다고 믿는 보통 사람들도, 전문 꾼들 못지않게 상당한 푼돈(?)을 날리는 것이 바로 룰렛 게임이다. 그렇다면 과연 룰렛의 승산은 얼마나 될까?

빨강과 검정의 두 종류로만 이루어진 룰렛을 생각해보자. 빨강에 멈추면 이기고, 검정에 걸리면 잃는 도박이다. 둘 중의 하나는 걸릴 것이므로, 확률은 2분의 1로 상당히 높아보인다. 따라서 많은 사람들은 대개 두 번 중 한 번은 딸 것으로 생각한다. 그래서 돈을 여러 차례 잃어도 다음에는 내가 가져갈 찬스가 곧 올 것이라고 기대하고, 결국 주머니를 모두 털릴 때까지 원반에 집착한다.

정말 확률이 2분의 1인 게임에서 첫 번째에 실패하면, 두 번째는 이길 확률이 높아질까? 대개 한 번, 두 번, 세 번… 실패가 반복될수록 '이길 확률'은 2분의 1보다 높아진다고 믿는다. 그러나 몇 번을 잃었다 해도 다음에 이길 확률은 2분의 1에 불과하다. 첫 번째에 검정이 나와서 돈을 잃었으니 두 번째는 빨강을 기대한다고 해보자. 그러나 주사위가 이런 심정을 어떻게 알겠는가. 아무 데나 멎어버린다. 결국 수십 번을 검정에게 당했어도 다음 번에 빨강이 나올 확률은 여전히 2분의 1이다. 매번 나타나는 결과가 서로 영향을 미치지 않기 때문이다.

이렇게 각각의 결과가 서로 영향을 주지 않고 나타날 때 각 결과는 서로 독립적이라고 한다. 룰렛 게임과 같이 결과가 서로 독립적이라면 검정이 나왔다고 다음에 빨강이 나타날 확률이 높아지는 것이 아니다. 그럼에도 도박사는 처음에 실패하면 두 번째는 이길 확률이 더 높아지고, 세 번째, 네 번째는 더더욱 자기 것이라고 생각한다. 이

"그래도 내 것은 걸리겠지...."

런 착각을 '도박사의 오류'라고 부른다. 이것은 아기를 낳는 것과도 같다. 잇달아 딸 넷을 낳았더라도 다섯 번째에 아들을 낳을 확률은 여전히 2분의 1이다. 홍부처럼 아들을 18명이나 낳았어도, 19번째가 아들일 확률 역시 2분의 1이다.

도박사의 오류는 어디에서 비롯되는가? 확률이 2분의 1이므로 언젠가 많이 시도하다보면 기대값에 수렴하여 균형을 이룰 것이라는 믿음에서 비롯된다. 물론 수없이 많이 시도하면 그렇게 될 수밖에 없을 것이다. 그러나 10번 정도 시도했을 때 한 가지만 나올 확률은 여전히 존재한다. 균형에 접근하려면 엄청나게 많은 시도가 오랜 시간에 걸쳐 이루어져야 한다. 실제로 '수없이 많이 시도하면' 확률의 기대값에 수렴하는 현상을 '대수(大數)의 법칙'이라고 한다. 그러나 불과 몇 번을 시도하면서 2분의 1의 확률이 실현되기를 기대하기는 어렵다.

도박사의 오류와 대표성의 오류를 결합하면 룰렛 게임에서 내가 이길 가능성은 어떻게 되겠는가. 쿠르피에의 입장에서는 수없이 많은 사람들이 시도하므로 2분의 1의 균형에 접근할 수 있다. 그러나 개인이 과연 대수의 법칙만큼 수없이 많은 시도를 할 수 있겠는가. 거의 불가능한 일이다. 그럼에도 불구하고 실낱 같은 기대를 가진 사람들이 많다. 그 기대를 안고 나무 뒤에 숨은 사람들이 오늘도 카지노로 몰려온다.

이론이야 어찌되었던 누군가 대박을 터뜨리지 않는가.

천성이 '노름꾼'

"나는 결코 돈에 대한 탐욕 때문에 도박에 빠진 것은 아니다.
도박, 그 자체에 걸려든 것이다."

'목숨을 건 한 판 승부.' 영화 '타짜'는 대박 인생을 꿈꾸며 한 청
년이 도박에 빠져드는 과정을 그리고 있다. 잠시 끼어든 노름에서
주인공은 삼 년 동안 모아두었던 돈 전부와 누나의 이혼 위자료까지
몽땅 날리고 만다. 이 영화 속에서 묘사된 도박은 손가락이 잘리고
귀가 떨어져 나가는 그런 무시무시한 게임이지만 그럼에도 불구하
고 영화 속 인물들은 노름의 중독에서 벗어나지 못한다. 도스토예프
스키의 〈도박사〉나 '타짜'에서 나오는 노름꾼들이나 도박이라는 수
렁에서 헤어나지 못하는 속성은 아무런 차이가 없는 것 같다.

요즘에는 복권이나 경륜, 카지노 등 새로운 형태의 도박이 대중적
이고 공공연한 사회적 관행으로 자리잡고 있다. 기분 전환을 위해
오락으로 즐기는 사람도 있지만, 생계 수단으로 선택하는 전문 도박

나무 뒤에 숨은 사람

사도 있고, '도박꾼' 같은 노이로제성 도박자도 많이 늘고 있다고 한다. 한 번 빠져들면 헤어나기 힘든 '도박성'이 누구에게나 잠재되어 있다는 사실은 부인할 수 없을 것이다. 단지 '도박성'의 정도에 차이가 있을 뿐이리라.

복권을 사고 카지노에 빠지는 것도 일종의 경제적 선택임에 틀림없다. 같은 선택을 놓고도 어떤 이는 충분히 대박의 승산이 있다고 믿고, 자신의 기술을 과신하며 중독에 빠져든다. 되풀이할수록 대박의 승산이 높아진다고 믿는 것이다. 반대로 아무리 계산해도 합리적인 기준으로는 도저히 '그곳에 갈 수 없다'고 믿는 사람도 많다. 두 사람의 차이를 어떻게 구별할 수 있을까?

복권 100장을 다시 상기해보자. 오로지 1명만이 100만 원을 탈 수 있고, 나머지는 모두 허탕이라고 하자. 기대값은 당연히 1만 원에 불과하다. 공정한 복권 사업자가 관리한다면 1만 원씩을 주고 판매할 것이다. 그렇게 되면 사업비도 나오지 않는 '공정한 수준'이 된다. 이 복권을 1만 원에 판매할 때 세 사람의 유형이 등장한다. 대박을 기다리며 당연히 1만 원을 더 주고라도 적극 구매하는 '위험 선호적(risk-loving)'인 사람이 있는가 하면, 1만 원 미만이라도 사지 않겠다는 '위험 회피적(risk-averse)'인 인물도 등장한다. 이것도 저것도 아니라서 사도 그만 안 사도 그만인 사람은 '위험 중립적(risk-neutral)'이라고 볼 수 있다. 위험을 대하는 태도에 따라 복권의 수요가 결정되는 것이다. 실제로 복권은 당첨 확률은 낮지만 당첨될지도 모른다는 요행심 때문에 기대값은 높아진다. 즉 모험적인 행태가 복권과 도박을 즐기는 셈이다.

위험을 선호하는 수요자가 많
다면 복권값이 비싸도 잘 팔릴
것이다. 반대로 위험을 회피하
는 소비자로부터는 사업자가 자
금을 모으기 어렵다. 그렇다면 위험
에 대한 세 가지 유형은 무엇으로 결
정되는가? 개인의 소득과 재산의 정
도, 연령에 따라 위험을 대하는 태도
가 크게 달라진다. 대체로 소득 수준

"이 속에도 뭔가 있겠지."

이 높아질수록 위험 회피적인 특성이 많이 나타나고, 소득 수준이 낮
아질수록 위험을 선호하는 경향이 나타난다. 20~30대에는 위험을
선호하고, 40대 이후에는 대박을 기다리는 사람이 적어진다. 이것은
복권이나 도박의 주고객이 누가 될 것인지를 잘 설명해준다.

도스토예프스키는 도박을 하는 주된 이유를 '도박 그 자체를 하고
싶기 때문'이라고 했다. "나는 결코 돈에 대한 탐욕 때문에 도박에
빠진 것은 아니다. 도박, 그 자체에 걸려든 것이다." 그럼에도 그는
가진 모든 것을 잃을 때까지 도박을 했다. 이렇게 보면 위험을 즐기
는 성향을 단순히 돈만으로 설명하기에는 부족할 것 같다.

나무 뒤에 숨은 사람

보험에 들까, 복권을 살까?

복권으로 대박을 기다리는 사람도 의외로 많다.
그러나 과연 실제로 많은 소비자가 확률의 기대값이나 당첨 가능성을
면밀히 분석하겠는가?

복권의 기원은 로마 시대로 거슬러 올라간다. 초대 황제 아우구스
투스는 황제가 베푸는 연회에서 손님 몇 사람을 공개적으로 추첨하
여 다양한 상품을 나누어 주었다. 5대 황제 네로는 이 행사를 더욱
일반화시켜 대중적인 추첨행사를 매일 벌여 직업과 땅은 물론 노예
까지도 나누어 주었다고 한다. 이렇게 시작된 복권은 17세기에 접어
들어 미국을 중심으로 공공부문에서 필요한 사업 자금을 조달하기
위해 발행되었다. 특히 교회와 학교, 항구 등을 건설하기 위해 복권
이 발행되었고, 미국의 저명한 아이비리그 대학을 설립할 때도 복권
발행이 이루어졌다.

우리나라에서는 일제 시대부터 복권이 발행되었는데, 최근에는 통
신 수단의 발달과 더불어 경품을 첨부한 '유사 복권 서비스'까지 다

양하게 선보이고 있다. 월드컵 기간에도 한국이 폴란드를 꺾자 1만 3,000명의 무선 통신 서비스 가입자에게 20만 원씩을 지불하는 경품 행사가 있었고, ARS를 통해 그날의 승자를 맞히는 사람에게 경품을 주는 이벤트도 마련되었다. 이 사업으로 통신회사들은 많은 경품을 지급했지만, 실제로는 지급액보다 훨씬 많은 수입을 올려 월드컵 대박을 즐긴 셈이다.

따라서 이것 역시 낮은 확률로 소비자를 유혹하는 도박이나 복권의 속성과 차이가 없다. 그러나 과연 실제로 많은 소비자가 확률의 기대값이나 당첨 가능성을 면밀히 분석하고 전화를 걸었겠는가? 대부분 청소년들이 전화를 걸어 통신회사를 도울 뿐이다. 그다지 많지 않은 비용으로 무언가 얻을 수 있으리라 기대하는 것이다.

복권으로 대박을 기다리는 사람도 의외로 많다. 얼마 전 50억 원의 복권에 당첨된 행운의 주인공에게 당첨 소감을 묻자 "20년 동안 꾸준히 사모았다가 처음 당첨된 것"이라고 말했다. 아마 그 소식은 복권 사재기에 더 뜨거운 바람을 넣을 수도 있고, '20년'이라는 긴 세월 때문에 위험 회피적인 사람들을 더 멀리 가게 할지도 모른다.

복권으로는 자신이 없다고 믿는 사람들은 불확실한 상황에 어떻게 대처하는가? 도박사보다 위험을 덜 좋아하거나, 복권을 사는 것을 낭비라고 생각하는 위험 회피적인 사람들은 보험을 찾는다. 대체로 보험은 복권보다는 '당첨(?)'될 확률이 높다. 최근 유행하는 복권 중 하나는 4,000만 장을 발행하여 1등에게 5,000만 원을 준다고 하니, 당첨 확률은 0.000000025가 된다. 그러나 5,000만 원짜리 교통상해보험에 들면 운전자가 보험금을 받을 확률이 0.000170이라고 한다. 간단한 계산으로도 보험의 '당첨' 확률은 6,000배 이상 높다. 구입 비용도 보험이 복권보다 유리한 경우가 많다.

그럼에도 불구하고 보험보다 복권이 더 인기있는 이유는 무엇일까? 복권에 대해서는 행운의 대박을 기대하지만, 보험에 대해서는 불운한 사태에 대처할 '보험금'을 기대하기 때문일까? 보험을 들기가 어쩐지 마음내키지 않는 것도 원인이 될 수 있다. 보험시장에는 오히려 '보험을 타게 될 가능성이 높은' 가입자만 몰려든다. 가입자의 입장에서 보면 이것 역시 위험 회피적인 행동이고, 보험회사의 관점에서는 '피하고 싶은 가입자'만 안게 되는 셈이다. 그러나 회사가 어떻게 가입자의 모든 정보를 알 수 있겠는가.

"서로 다른 길"

가입자는 자신을 잘 알고 있지만, 보험회사와 가입자에 대한 정보는 부족하다. 흔히 말하는 정보의 비대칭성이 성립되고, 보험 시장에서는 회사는 꺼리고 가입자만 원하는 현상이 자주 나타난다. 따라서 시장이 정상적으로 작동하지 않는 결과를 초래하기 쉽다.

그러나 복권 시장에서는 역시 단 한 방에 가부(可否)가 결정된다. 보험과 달리 공급자는 소비자가 누구라도 가리지 않는다. 한 가지 흠이 있다면 복권으로 모으는 돈은 대부분 위험을 선호하는 청소년, 저소득층, 도박사의 호주머니에서 나오는 것이라고 할까.

이번엔 당첨되겠지

객관적 확률의 기대값은 매우 낮은데,
자신이 주관적으로 평가하는 기대값은 엄청나게 높은 것이다.
복권을 사는 사람도 '도박사의 오류'를 반복하는 것이다.

로또 복권은 2002년 12월 발매가 시작되면서부터 인기몰이를 하며 발매 초기에는 일주일에 1000억 원 어치가 팔리기도 했다. 하루에 팔리는 복권이 280억 원에 달할 때도 있었다고 하니 가히 그 열풍을 짐작하고도 남는다. 남녀노소를 불문하고 로또 복권 판매대마다 장사진을 이루는 장면은 뉴스에 자주 보도되었고, 매진으로 인해 미처 복권을 사지 못한 사람들이 행패를 부리기도 하였다.

이런 현상은 외환위기 때보다도 살기가 더 힘들다는 경기침체 속에서 서민들이 로또 복권을 통해 '대박 인생'을 꿈꾸고 있기 때문이리라. 올해 네티즌의 가장 큰 관심사 중 하나도 '로또'라고 한다. 6개의 숫자 모음을 맞춰야 하는 로또 복권의 당첨 확률은 대략 814만분의 1이다. 1천 원 하는 복권 한 장의 기대값이 5백 원 정도이다. 로또

를 사는 순간 5백 원을 버리는 셈이라고 할 수 있다. 그럼에도 불구하고 사람들이 장사진을 쳤다니 경제학적으로 어떻게 설명할 수 있을까? 1차적인 설명은 '위험을 선호'하는 사람들이 많다는 것이다. 그러나 과연 적은 금액 5백 원을 기준으로 '위험을 좋아한다'고 판단할 수 있을까? 왠지 궁색한 답변처럼 보인다.

그렇다면 2차적인 설명은 '그저 재미삼아' 복권을 구입한다는 것이다. 복권을 한 장씩 들고 TV 앞에서 초조하게 맞혀나가는 재미에 5백 원을 투자하는 셈이다. 그러나 한 장이 아니라 수십 장을 사는 사람도 매우 많다. '재미'만으로는 역시 충분한 설명이 될 수 없을 것 같다.

세 번째 설명은 '정보의 부족'이라고 할 수 있다. 일반 사람들은 당첨 확률이 814만분의 1이라는 사실은 염두에 두지 않고, 오로지 엄청난 당첨금에만 관심을 갖는다. 그 엄청난 액수가 사람들을 유혹한다. 보통 사람들은 주어진 당첨 확률에 따라 자신의 만족을 극대화하지 않을 수도 있는 셈이다.

실제 심리학자 카네만(Daniel Kahneman)과 트베르스키(Amos Tversky)는 복권을 구입하는 사람들의 심리상태를 실험하였다. 그들의 결론은 사람들이 당첨될 확률을 주관적으로 해석하여, 기대되는 자신의 만족과 효용을 계산하고 그 결과에 따라 행동한다는 것이다. "매우 낮은 확률"은 사람들이 실감하기 어렵기 때문에 그 가능성을 오히려 과대평가하는 경향을 보인다고 한다. 예를 들어 0.01은 매우 낮은 확률이지만, 상당히 실현가능성이 높은 것으로 과대평가하고,

0.99와 같은 높은 확률은 1보다 낮다는 생각으로 오히려 실제보다 과소평가하는 경향이 있다는 사실을 발견하였다. (성백남, 정갑영, 〈미시경제학〉, 박영사(2000)에서 인용)

"푼돈으로 팔자고쳐?"

이 이론에 따르면, 로또 복권의 경우도 814만분의 1이라는 지극히 낮은 확률을 주관적으로 해석하여 과대 평가한다면 위험을 싫어하는 많은 사람들도 복권을 구입할 수 있는 것이다. 어느 수준까지 주관적인 평가를 하는가. 그것은 역시 각자의 생각에 달려 있다. 위험을 선호하는 사람은 더 낙관적으로 생각하고, 회피하는 사람은 더 비관적으로 해석할지 모른다.

이렇게 보면 복권을 사는 사람의 속성도 도박사와 전혀 다를 바 없다. 복권을 사는 사람도 '도박사의 오류'를 반복하는 것이다. 객관적 확률의 기대값은 매우 낮은데, 자신이 주관적으로 평가하는 기대값은 엄청나게 높은 것이다. 이런 생각이라면 어찌 복권 구입을 주저하겠는가. 당첨금이 높으면 높을수록 자신의 주관적 평가는 더욱 비이성적이 될 것이다. 그래서 814만분의 1이 바로 내게 떨어질 것이라고 믿는다. 한 장으로 부족하다 싶으면 몇 장을 더 추가한다. 도박사가 룰렛을 떠나지 못하는 것처럼, 복권 판매대를 그냥 지나치지 못하는 것이다.

복권으로 꿈을 이룬 사람들

일시적인 횡재는 소득을 교란시키는 요인에 지나지 않으므로,
합리적 소비자의 행태에는 큰 영향을 주지 못한다.

복권에 관련된 어느 노교수의 경험담이다. 참으로 몇 년 만에 기쁜 일이 생긴 그날, 누구든 붙잡고 자랑을 하고 싶었다. 차를 시키며 "야, 이제 복권이 되었으니 오늘부터 마음 편하게 살게 되었다"고 했다. 눈이 휘둥그레진 그 종업원은 얼마짜리 복권이 당첨되었는데 그렇게 좋으시냐고 물었다. 노교수는 "나는 복권(復權)이 된 것이라 했네. 복권(福券)을 사지도 않은 사람이 어떻게 당첨될 수 있겠느냐"라고 했다. 그러자 종업원은 "복권(福券)이 당첨된 것도 아닌데, 그렇게 기쁘세요?"라며 실망스런 얼굴로 대답했다고 한다.

돈은 자유를 준다고도 하니, 복권(福券)에 당첨되면 복권(復權)의 혜택도 누릴 수 있으리라. 그래서 그 많은 사람들이 복권을 사서 주말마다 TV 앞에서 번호를 맞추어보는 것인지도 모른다. 그렇다면 즐

나무 뒤에 숨은 사람

거운 상상을 해보자. 만약 복권에 당첨된다면 그 많은 돈을 어떻게 할 것인가? 이웃에게 들킬세라 소리없이 지내며 전과 변함없는 소비 패턴을 유지하는 사람도 있을 것이고, 동네방네 요란하게 떠들며 낭비하는 낙천가도 있으리라. 일시적인 거금을 밑천으로 성공한 사람도 있지만, 그 복권이 화근이 되어 일생을 망친 사람도 허다하다.

자동차 수리공 쿠니도 마찬가지다. 그는 11년 전 행운을 얻어 스물여섯 살의 나이에 무려 2,070만 달러(약 200억 원)에 달하는 복권에 당첨되었다. 그 대박에도 불구하고 종전과 같은 생활을 하겠다는 당첨 소감은 불과 며칠 가지 못했다. 먼저 자신이 일하던 자동차 판매 회사를 인수하고, 그의 부인도 도너츠 가게를 그만두었다. 이 가정은 일시적인 소득의 증가로 소비문화가 완전히 바뀌어 상류층 생활을 즐기게 되었던 것이다. 그러나 얼마 가지 않아 그가 인수한 기업은 방만한 경영으로 부실화되었고, 넘치는 돈으로 투자했던 모든 사업이 순조롭지 못했다. 그 결과 부인과 이혼하여 가정이 파탄에 이르고, 재산은 탕진되어 빚에 얽매여 전전긍긍하는 처량한 신세가 되었다.

쿠니는 횡재로 얻은 거금이 부리는 재주를 감당하지 못했던 것이다. 그러나 일시적인 소득의 증가를 효율적으로 운용하는 사람들도 많다. 오히려 소비자가 합리적이라면 일시적 횡재가 자신의 소비에 큰 영향을 미치지 않아야 한다. 왜냐하면 그것은 일시적인 소득의 증가이므로, 자신의 소비 행태를 그 수준에 맞추면 머지 않아 적자를 면치 못하기 때문이다. 따라서 가계의 소비 행태는 상당히 오랫동안 지속되는 소득 수준에 맞추어서 소비 수준을 결정하게 된다. 상당히 오랫동안 지속되는 소득을 항상소득 또는 영구소득(permanent income)이라고 한다. 가계의 소비 행태가 일시적인 소득보다는 장기적인 소득 수준에 의해 결정된다고 보는 것이 바로 프리드만(M, Friedman)의 항상소득 가설이다.

　일시적인 횡재는 소득을 교란시키는 요인에 지나지 않으므로, 합리적 소비자의 행태에는 큰 영향을 주지 못한다는 설명이다. 물론 복권과 같은 거금을 안정적으로 운용한다면 적어도 이자수입만큼의 일정한 영구소득이 발생한다. 따라서 이 가설에서도 영구소득이 늘

"지금은 웃고 있지만…"

나무 뒤에 숨은 사람

어난 부분만큼은 소비 행태에 영향을 준다. 그러나 당첨금 자체는 일시적인 소득일 뿐 그 자체가 영구소득은 아니다.

IMF를 거치면서 우리 가계에도 많은 기복이 있었다. 영구소득 가설에 의하면, 소득 감소를 일시적인 교란 요인으로 받아들인 가계에서는 소비 지출이 크게 감소하지 않았을 것이다. 그러나 구조적인 소득 변화라고 인식한 가정에서는 상당한 긴축을 시도했을 것이다. 올해의 경기 회복에 따른 소비의 변화도 마찬가지이다. 영구소득 가설의 핵심은 곧 사람들의 소비가 일시적 변화 요인에 의해서 결정되는 것이 아니라, 항구적인 부(富)나 소득의 변화에 영향을 받는다는 것이다. 이 가설에 따르면 사람들은 일시적인 소득에 흥분하지 않는다. 증시가 달아오르고, 많은 보너스와 스톡옵션을 받아도 쿠니처럼 흥분하지 않는다. 그러나 당장 소득이 늘어났는데도 소비를 자제하는 것은 쉬운 일이 아닐지도 모른다. 돈이 사람들을 자유롭게 해주는 만큼 돈 때문에 생기는 고민으로부터의 자유는 돈으로 해결될 수 있는 문제가 아니다.

카지노는 망하지 않는다

카지노는 수없이 많은 옵션을 만들어서 손해 안 보는 장사를 할 수 있다.
노름꾼들이여, 카지노에 도전하지 말지어다.

프랑스의 천재 수학자 파스칼은 현대통계학의 개척자로 알려져 있다. 세 살에 어머니를 여의고 학교 교육을 제대로 받지 못한 그였지만 '파스칼의 정리'를 증명하여 기하학에 공헌하였고, 물리학자와 철학자로서 명성을 날렸다. 수녀가 된 여동생 자클린의 영향을 받아 수도원에서 교파 간의 사상 논쟁에 휘말리며 종교사상가로도 널리 알려졌지만, 39세의 젊은 나이로 요절했다.

파스칼은 한때 파리에서 귀족들과 어울리며 사교계에서도 또 다른 즐거움을 만끽했는데, 그 중 하나가 바로 도박이었다. 확률론에 대한 관심도 여기서부터 비롯되었다. 도박에서 딴 돈을 공정하게 분배하는 문제로 고민하면서 확률을 연구하게 된 것이다. 도박의 막판에는 항상 딴 사람은 적고 잃은 사람이 많은데, '공정하게 분배'하는 방법만 있다면 해피 엔딩이 되지 않겠는가. 금세기 최고의 경제학자 케인즈 역시 확률이 지배하는 보험회사 사장으로 명성을 날리며 〈확률론〉을 썼으니, 천재들의 세계는 일맥상통하는 모양이다.

도박장에서 과연 '공정한 분배'가 가능할까? 이는 어떻게 배팅했어도 최종적으로는 자신이 건 돈을 잃지 않게 하는 것으로, 위험 중립적인 결과를 만드는 것을 말한다. 이런 논리에 따라 개발된 위험 중립적인 상품을 옵션(option)이라고 한다. 실제로 수없이 많은 금융의 파생 상품들이 이 원리에 바탕을 두고 있다. 그러나 도박꾼은 원래 위험을 사랑하는 사람들이라서, 중립적인 옵션은 오히려 카지노가 선택한다. 그래서 옵션 때문에 카지노는 무일푼으로 시작하고도 절대 망하지 않는다.

어떻게 가능할까? 동전을 차례로 세 번 던져서 모두 앞면이 나오면 100만 원을 따는 노름을 생각해보자. 가능한 결과는 앞·앞·앞, 앞·앞·뒤, 앞·뒤·앞, 뒤·앞·뒤, 뒤·뒤·뒤, 뒤·뒤·앞, 뒤·앞·뒤, 뒤·앞·앞이므로 이길 확률은 8분의 1이 된다. 따라서 판돈(기대값)은 100만 원의 8분의 1인 12만 5,000원이 된다. 카지노가 아무런 대책없이 판을 벌였다가 누군가 앞·앞·앞이 나와버리면 부도가 날 수밖에 없다. 과연 카지노가 요행을 바라며 8분의 1의 확률만 믿고 영업을 할까?

카지노는 안전하게 영업할 수 있는 위험 중립적인 옵션을 만든다. 우선 처음 던지는 노름꾼 A에게 동전의 앞면을 걸고 12만 5,000원을 판다. 한편 고객 B에게는 옵션 상품으로 동전을 한 번 던질 때마다 끝나버리는 반대 계약을 한다. A에게 앞면을 팔았으니, B에게는 당연히 뒷면을 12만 5,000원에 팔아야 한다. 이렇게 되면 동전을 던지기도 전에 두 사람에게서 받은 판돈이 벌써 25만 원이나 된다. 이제 동전을 던졌다. 결과는 앞면이다. 카지노는 A로부터 받은 12만 5,000원이 있고, B에게는 이겼으니 역시 12만 5,000원을 수입으로 잡아 25만 원을 확보한다.

두 번째에는 B에게 뒷면이 나오면 25만 원을 주는 옵션을 걸 수 있다. 내기에서 진 B는 이번에는 뒷면이겠지 하는 '도박사의 오류'에 빠져 25만 원을 건다. 그러나 결과는 역시 앞면. 그래서 카지노의 수입은 50만 원이 된다. 드디어 마지막 세 번째. B는 이제 뒷면에 50만 원을 걸 수 있다. 최악의 시나리오로 세 번째 역시 앞이 나왔다. 세

나무 뒤에 숨은 사람

번 모두 앞면이 나왔으니, 카지노는 A에게 100만 원을 주어야 한다. 그러나 걱정할 건 없다. 세 번째 옵션 상품을 B가 50만 원에 사서 이미 100만 원이 확보되었기 때문이다.

이렇게 해서 카지노는 돈 한 푼 안 내고 '일'을 처리한다. A에게 준 100만 원은 사실은 반대 계약을 하는 B가 낸 돈이다. B와 같은 사람 10만 명이 10원씩 걸도록 한다면 한 사람이 잃는 돈은 적게 하면서 도박을 진행할 수 있다. 위험을 많은 사람에게 분산하는 것이다. 그러나 게임을 거듭할 때마다 판돈을 올려야만 위험에 대해 중립적이 된다.

카지노는 수없이 많은 옵션을 만들어서 손해 안 보는 장사를 할 수 있다. 노름꾼들이여, 카지노에 도전하지 말지어다.

개미들의 위험한 행진

옵션을 적절히 활용하면 카지노 주인처럼 주식 시장에서도 위험을 피할 수 있다.
그러나 복잡한 옵션 거래를 통해 위험을 회피하려는 개미들의 꿈은
쉽게 이루어지지 않는다.

9·11 테러의 와중에서도 엉뚱하게 대박을 터뜨린 사람들이 있었다. 유나이티드와 아메리칸 등 주요 항공사들과 투자은행들은 테러가 발생하기 직전 주가 하락시에 이익을 챙길 수 있는 옵션 거래를 해 대박을 터뜨린 것이다. 테러를 미리 알았던 것일까? 그러나 이것은 미국에서만 있었던 일은 아니었다. 서울의 증권 시장에서도 9월 12일 하루 만에 무려 504배의 수익을 올린 옵션 거래가 있었다. 당시 13일이 만기인 옵션 행사가격(62종목)이 0.01에서 5.05로 마감되었으니, 주가로 치자면 1,000원짜리가 50만 5,000원으로 치솟은 셈이다. 이날 54만 건의 거래에서 발생한 차액이 1,000억 원이 넘었다고 한다.

옵션이 무엇이길래 이런 대박이 가능한 것일까? 옵션은 적은 돈으

나무 뒤에 숨은 사람

로 많은 이익을 챙길 수도 있다는 데 매력이 있다. '적은 판돈'으로 '많은 이익'을 얻을 수도 있다면 도박이나 복권과 속성이 유사한 것 아닐까? 실제 옵션은 복권과 도박의 속성을 모두 갖고 있다.

앞서 이야기한 '카지노가 왜 망하지 않는가'의 내용을 이해한다면 옵션의 원리도 쉽게 알 수 있다. 삼성전자의 주식을 지금부터 한 달 후에 40만 원에 살 수 있는 권리를 갖는 계약을 생각해보자. 살 수 있는 권리를 부여하는 것을 콜 옵션(call option)이라고 한다. 그 옵션의 가격이 3,000원이고, 한 달 후 삼성전자의 주식이 50만 3,000원이 되었다고 했을 때 콜 옵션을 행사하여 40만 원에 주식을 인수하면 10만 원의 이익이 생긴다. 만약 40만 원 이하로 떨어졌다면 주식을 살 수 있는 권리를 포기하고 옵션을 행사하지 않으면 그만이다. 옵션 가격 3,000원만 손해보는 셈이다. 따라서 손실의 최대 규모는 3,000원이지만, 이익은 무한대로 커질 수도 있다. 이것이 바로 옵션의 특징이다.

물론 주식값이 떨어지면 오히려 이익을 보고, 올라가면 반대로 손해를 보는 옵션을 생각할 수도 있다. 이 경우에는 자신이 원하는 가격에 주식을 팔 수 있는 권리가 필요하다. 팔 수 있는 권리를 행사할 수 있게 하는 계약은 풋 옵션(put option)이라고 부른다. 주가가 하락할 것으로 기대한다면 풋 옵션이 더 유리하다.

옵션을 잘 활용하면 이론적으로는 주식 투자의 불확실성에서 벗어날 수 있다. 어떻게 가능한가? 어떤 사람이 1만 원짜리 주식을 한 달 후에 갚는 조건으로 빌려서 팔았다고 하자. 한 달 후에 그 주식이

"우리도 옵션을 걸면 빛 본 날이 있겠지."

5,000원으로 절반이 될 확률이 90퍼센트라면 1만 5,000원으로 올라갈 확률은 10퍼센트밖에 되지 않는다. 만약 한 달 후에 예상대로 내려가면 5,000원의 이익을 보고, 올라가면 반대로 5,000원을 손해본다.

이 상황에서 손해를 막기 위해 옵션이 필요한 것이다. 한 달 뒤에 9,000원에 그 주식을 살 수 있는 권리(콜 옵션)를 1,000원에 샀다고 하자. 만약 주가가 5,000원으로 떨어지면 9,000원에 주식을 살 수 있는 콜 옵션을 행사하지 않는다. 왜냐하면 시장에서 5,000원만 주어도 주식을 살 수 있기 때문이다. 이렇게 주식을 사서 1만 원에 되돌려주면 5,000원의 이익이 발생한다. 여기서 옵션에 지불한 1,000원을 공제해도 4,000원의 순이익이 발생한다.

반대로 1만 5,000원이 된다면 콜 옵션을 행사하여 9,000원에 주식을 산다. 이때는 1,000원의 이익이 발생하지만, 옵션을 사기 위해 그 돈을 썼으므로 남는 게 없다. 떨어지면 이익을 보지만, 올라가도 손실을 입지 않는 전략이 된다.

옵션을 적절히 활용하면 카지노 주인처럼 주식 시장에서도 위험을 피할 수 있다. 그러나 카지노에서처럼 증권 시장에서도 나무 뒤에 숨은 개인 투자가는 역시 '작은 손'에 불과하다. 복잡한 옵션 거래를 통해 위험을 회피하려는 개미들의 꿈은 쉽게 이루어지지 않는다.

나무에은사람
뒤숨

5

소비와 절약의
딜레마

절약은 미덕, 소비는 악덕?

저축은 개인 차원에서는 항상 미덕이 되지만,
사회적 차원에서는 경우에 따라 소비가 미덕이 되기도 한다.

절약과 저축을 애기하자면 '자린고비'를 빼놓을 수 없다. 자린고비란 원래 인색한 마음(자린)과 돌아가신 부모님(고비)을 이르는 말로, 돌아가신 부모님에게까지 인색한 사람이란 뜻이다.

맛있는 굴비를 먹지 못하고, 천장에 매달아놓고 식사 때마다 쳐다보기만 하던 자린고비의 딸이 어느 날 건넛마을 구두쇠집으로 시집을 가게 되었다. 며느리는 첫날부터 시아버지에게 야단을 맞는다. "굴비를 천장에 매달아놓으면 굴비 한 마리를 버리게 되지 않니? 대신 종이에 굴비 그림을 그려서 매달아놓아라." 다음날도 시아버지의 꾸중은 마찬가지다. 간장을 종지 바닥이 보일 정도로 조금밖에 담지 않았기 때문이다. "바닥의 간장을 먹으려고 종지를 기울이고 숟가락으로 긁으면 간장은 간장대로, 숟가락은 숟가락대로 닳아버

나무 뒤에 숨은 사람

리지 않느냐? 차라리 찰랑찰랑 넘치게 하여 짜다는 생각이 들게 하면 간장과 숟가락을 동시에 아낄 수 있다"는 것이다.

간장 독에서 날아가는 파리도 잡아서 다리에 묻은 간장을 다시 독에 넣고 나서야 놓아주었다던 그 구두쇠는 과연 얼마나 부자가 되었을까? 절약을 하면 집에 있는 것이 없어지지 않을 테니까, 무엇이든지 쌓아 담는 저축(貯蓄)이 되는 것은 사실일 것이다. 나라 전체로 보면 자원의 낭비도 줄어들고, 가계저축의 규모도 증대될 수밖에 없다. 그래서 우리는 자녀들에게 절약하는 습관을 교육시키고, 저축은 사회적 미덕이라는 관념을 심어준다. 씀씀이가 큰 사람은 부자가 될

"나같은 사람도 있어야지!"

수 없으므로, 개인의 차원에서는 당연한 명제이다.

그런데 최근에는 국민들의 씀씀이가 예년과 같지 않다. 고급 사치품과 내구재 소비가 급격히 늘어난 반면에 저축률은 감소하는 추세이다. 한국은행의 통계자료에 의하면 총 저축률은 1988년 40.4퍼센트였던 것이 점점 낮아져서 2005년에는 33퍼센트를 기록했다. 특히 개인의 순 저축률은 1989년 22.3퍼센트로 20퍼센트 대였던 것이, 1990년 16.3퍼센트로 10퍼센트 중반으로 낮아졌고, 급기야 2005년에는 3.9퍼센트를 기록하면서 6년째 한 자리수를 기록하고 있다. 일부에서는 과열된 소비를 걱정하고, 인플레를 우려하고 있다.

이렇게 보면 사회적 관점에서도 절약은 미덕이고 소비는 악덕인 것 같다. 과연 그러할까? 모든 국민이 지독한 구두쇠라면 간장과 굴비는 더 이상 판매되지 않을 것이다. 어디 그뿐인가. 극단적으로 말한다면 다른 재화도 추가적 생산이 불필요할 것이며, 현재 수준에서 가계의 모든 재고가 동결될 것이다. 그 결과 생산 위축→고용 감소→가계 소득의 하락→소비 수준의 하락→생산 수준 감소→고용 감소의 악순환이 계속될 것이다. 극단적인 절약이 가져오는 역설이다.

그렇다면 소비가 늘어야 하지 않는가. 소비도 필요하다. 그러나 소비가 과열되면 국내 생산의 부족으로 물가가 상승하고, 수입이 늘어나며, 무역 적자가 증가하고, 채무가 늘어나는 등 국민경제에 부정적인 영향을 미치게 된다. 따라서 일방적으로 소비나 저축이 유일한 미덕이라고 할 수만은 없는 것이다.

해답은 국민경제의 생산 잠재력에서 찾아야 한다. 잠재적 생산능력이 100인데 국민들의 소비가 120이라면 물가가 상승하고 과소비의 악순환이 나타난다. 생산능력을 확장시키는 투자가 필요하지만 저축이 적어 국내 자본만으로는 부족하다. 반대로 잠재적 생산능력보다도 적은 80이 소비된다면 이번에는 경기 침체를 유발하게 된다. 따라서 총공급능력이 수요보다 부족한 개도국에서는 저축을 늘려 생산 시설을 확장하는 것이 미덕이지만, 유휴 생산 시설이 많은데 소비가 적다면 경기 침체를 유발하는 원인이 된다.

저축은 개인 차원에서는 항상 미덕이 되지만, 사회적 차원에서는 경우에 따라 소비가 미덕이 되기도 한다. 우리 경제는 아직도 공급이 부족한 부문이 많아 저축이 필요한 것은 사실이지만, 소비가 위축된 부문에서는 고소득층의 소비가 경기를 부양시키는 요인이 된다. 자기 분수에 맞는 소비를 강조하는 것은 당연하지만, 고소득 계층의 소비를 일방적으로 매도하는 정서도 바람직하지 않다. 굴비를 매달아놓는 사람뿐만 아니라 먹는 사람도 있어야 하지 않겠는가. 너무 엄격한 내핍과 저축이 오히려 나무 뒤에 숨은 사람들에게 피해를 줄 수도 있다.

바른 연못 찾기

작은 연못에 사는 개구리는 쉽게 행복해질 수 있지만,
큰 연못에서 황소개구리와 함께 사는 개구리는
오히려 상대적 빈곤만 늘어가는 것이다.
이것이 바로 전시효과를 불러오는 소비의 상대성이다.

정보통신의 기술이 세계를 지배함에 따라 미국의 영향력이 더욱 빠른 속도로 확산되고 있다. 경제뿐만 아니라 언어와 문화에서도 미국의 생활 양식이 세계 표준으로 자리잡아가고 있다. 생태계도 이런 추세에 편승하고 있다. 서구 문명을 모방한 경제발전이 빚어내는 생태계의 파괴는 차치하고라도 미국의 종(種)이 토속적인 종자를 말살시키는 사태가 많이 나타나고 있다.

그 대표적인 사례가 황소개구리와 청개구리다. 이름 그대로 울음소리가 황소와 같은 그 개구리는 우리 고유의 청개구리와 참개구리보다 각각 10배에서 3배까지 크다고 한다. 식욕도 왕성하여 양서류와 파충류까지 잡아먹어 고유의 개구리는 곧 멸종될 것이라는 우려가 팽배하다. 이미 전국 분포율이 40퍼센트 이상에 달한다니, 머지않

나무 뒤에 숨은 사람

아 어머니에 대한 불효 때문에 비만 오면 서글프게 울어대는 청개구리 소리도 사라질 것 같다. 뿐만 아니라 먹이사슬에서 상위에 있는 파충류를 먹어치우는 황소개구리같은 신종 때문에 기존 생태계의 교란은 심각할 것이라고 한다.

덩치 큰 황소개구리는 미국과 같이 넓은 땅에서는 제 몸집과 그 영향력이 상대적으로 크지 않았을지도 모른다. 그러나 작은 종자만 옹기종기 모여 사는 한국의 연못에서는 가장 큰 왕자로 군림하며 생태

"나는 작은 동네로나 갈까...."

계를 휘젓고 다니는 것이다. 작은 연못에서 작은 몸집으로 분수를 즐겼던 고유의 참개구리들은 이제 거와(巨蛙)의 위세에 눌려 생존을 위협받게 된 셈이다. 자기 몸집은 종전과 같은데, 저보다 큰 침입자로 인해 일순간 왜소한 존재로 전락한 것이다. 황소개구리가 없는 작은 연못을 찾는다면 얼마나 행복하겠는가. 그래서 행복해지기 위해서는 '나에게 맞는 바른 연못' (R. H. Frank, 〈Choosing the Right Pond〉(Oxford, 1985)의 제목)을 골라야만 한다.

개구리에게만 연못이 중요한 것이 아니다. 우리들 인간에게도 나 자신의 절대적인 기준보다는 남과 비교되는 상대적 잣대가 더 중요한 경우가 많다. 이런 현상은 특히 소비에서 많이 나타난다. 옆집에서 어제 산 최신 유행물을 나도 구입해야만 마음이 평안하고, 고소득 국가의 상류층이 즐기는 소비를 흉내내야만 문화인 같고, 동창회에서 만난 친구네보다는 우리 남편의 소득이 더 많아야 만족하는 경우가 우리 일상에 비일비재하게 자리잡고 있다. 그래서 서양에서는 "존스네를 따라가야(Keeping up with the Johneses)"만 하고, 우리 사회에서는 "사돈이 땅을 사면 배가 아프다"고 한다. 동질성과 형평성이 강한 우리 사회에서는 특히 고소득 계층의 과소비가 널리 파급된다. 절대량보다 우리와 함께 사는 연못 속의 이웃을 따라가는 것을 더 중요하게 여기는 현상이다.

이와 같이 후진국이 선진국을 흉내내고, 사치스런 이웃의 행태를 모방하며, 내 소득보다는 남의 소비 수준을 따르는 현상을 듀젠베리 (J. S. Dusenberry)의 전시효과(demonstration effect)라고 한다. 경제

나무 뒤에 숨은 사람

학에서 효용으로 표시되는 사람들의 만족감이 소비의 절대량뿐만 아니라 남과 비교해서 상대적 소비 수준이 어떤 위치에 있느냐에 의해 결정되는 현상을 설명하는 이론이다. 비록 나의 소득이 적어 마음대로 쓰지 못해도 내 이웃보다 많으면 만족하는 것이다. 그러니까 작은 연못에 사는 개구리는 쉽게 행복해질 수 있지만, 큰 연못에서 황소개구리와 함께 사는 개구리는 오히려 상대적 빈곤만 늘어가는 것이다. 이것이 바로 전시효과를 불러오는 소비의 상대성이다. 어려운 때에도 세월 좋았던 시절의 소비 습관을 쉽게 버리지 못하는 것도 여기에 해당되며, 앞에서 소개했던 과시 소비도 전시효과에서 비롯되는 경우가 많다.

소비가 부족한 선진국에서는 전시효과가 경기부양에 도움이 될 수도 있지만, 저축이 중요한 후진국에서는 오히려 반대현상이 나타난다. 소비의 상대성 가설을 믿는다면 큰 이웃의 소비만 기웃거리는 사람은 영원히 행복할 수 없다. 큰 연못에는 언제나 나의 생태계를 교란시키는 황소개구리가 범실거리기 때문이다. 피곤한 오늘, 내 연못 하나라도 바르게 고른다면 적은 지출로도 큰 기쁨을 만끽할 수 있을 것이다.

빈곤의 악순환

빈곤은 저축을 불가능하게 하고, 이것은 다시 투자 부족을 유발한다.
투자가 부족하면 생산을 증대시키기 어렵고,
따라서 고용과 소득이 늘어나지 않는다.

20세기 최악의 빈곤과 기아를 얘기할 때면 에티오피아의 참상을
빼놓을 수 없다. 그곳은 우리에게 굶주림에 시달려 피골(皮骨)이 상
접한 어린이들을 돕자는 운동으로 널리 알려진 곳이다. 그곳을 방문
하여 직접 체험한 모습은 글자 그대로 목불인견(目不忍見)이었다.
에티오피아는 빈곤이 인간을 얼마나 참담한 생명체로 전락시킬 수
있는가를 여실히 보여주었다. 1989년 한 해 동안 기아로 200만 명이
죽어갔고, 수만 명에 이르는 내전 부상자들도 항생제가 없어서 사경
을 헤매었다. 2,000미터가 넘는 고원의 수도 아디스아바바의 거리마
다, 광활한 사막과 초원의 마을마다 배고픔으로 허덕이는 초췌한 모
습뿐이었다. 북한과 가장 가까웠던 사회주의 정권이 시바 여왕의 후
손들을 인류 최악의 기아로 몰고간 것이었다.

나무 뒤에 숨은 사람

지금은 내란 끝에 결국 두 나라로 분리되었지만, 10년이 지난 지금도 그곳의 참담한 모습이 눈에 선하다. 빈곤이 무엇인지조차 모르는 사람들을 숙연하게 만들고, 조금만 부족해도 불평을 늘어놓는 우리의 좁은 마음을 부끄럽게 만든다. 하지만 기아와 빈곤은 먼 나라의 얘기만은 아니다. 현재의 북한도 10년 전의 에티오피아와 별반 다를 바가 없고, 20퍼센트 이상의 세계 인구가 아직도 절대빈곤에서 벗어나지 못하고 있다고 한다. IMF 이후 자료에 의하면 우리나라 총가구 중 7퍼센트는 1인당 월소득이 22만 원 미만인 빈곤층으로 추정된다. 빈곤은 저축을 불가능하게 하고, 이것은 다시 투자 부족을 유발한다. 투자가 부족하면 생산을 증대시키기 어렵고, 따라서 고용과 소득이 늘어나지 않는다. 이렇게 되면 다시 소비가 줄어드는 '빈곤의 악순환(vicious circle)'이 나타난다. 저개발국은 이 악순환에서 탈피하기가 어렵기 때문에 선진국으로의 도약이 그만큼 어려운 것이다.

　소비는 지금까지 논의한 대로 여유로운 사람들의 사치스런 행태만 설명하는 것은 아니다. 절대빈곤 상태에서도 생존을 위한 소비는 있게 마련이고, 소득이 전혀 없는 계층도 때로는 지나친 낭비를 할 때가 있다. 절대소득 수준이 낮으면 소비에서도 다른 행태가 나타난다. 소득의 절대수준이 최저생계비 수준에도 미치지 못하면 소비가 오히려 소득을 초과할 수도 있다. 다시 말하면, 소득보다 소비가 많아질 수도 있는 것이다. 또한 소득이 증가할수록 소득 증가분에 대한 소비의 증가분도 높게 나타난다. 즉, 소득이 10만 원 증가할 경우 소비를 7만 원 증가시킨다면 한계소비성향이 70퍼센트라고 말하는

데, 낮은 소득 수준에서는 이 성향이 높게 나타난다. 이것은 소득 수준이 낮음에도 불구하고 소비증가율은 평균보다 높게 나타나는 경향을 말해준다. 그러나 케인즈(Keynes)의 절대소득 가설에서 설명되는 대로 소득 수준이 낮으면 소비의 절대수준은 낮게 마련이다.

비록 현재의 소득 수준은 낮아도 미래 소득까지 감안하여 소비하는 사람들도 있다. 젊은 계층이 중년층보다도 더 높은 소비성향을 나타내는 경우가 여기에 해당된다. 이것은 자신의 소득을 현재의 월급에만 국한시키지 않고, 평생 벌 수 있는 높은 소득 수준을 고려하여 소비 지출을 하기 때문이다. 이와 같이 일생의 소득 수준을 미리 감안하여 소비 수준을 결정한다고 보는 이론을 평생소득 가설(life-

"끝은 어디인가!"

나무 뒤에 숨은 사람

cycle hypothesis)이라고 한다. 평생소득은 앞서 설명한 영구소득과 유사하나, 인생의 주기에 따라 소비 행태를 결정한다는 측면에서는 차이가 있다. 실제 사람들의 소비 행태는 복합적인 요인에 의해 결정된다. 때로는 영구소득이나 평생소득에 좌우되고, 이웃의 행태에 흔들려 분에 넘치는 호피 무늬 옷을 과시 소비로 사들이기도 한다. 좋았던 시절의 영화를 잊지 못해 풍요로웠던 소비의 늪에서 평생을 헤어나지 못하는 경우도 있다.

자동차 왕으로 유명한 포드는 지독한 구두쇠였으나, 포드 2세는 낭비벽이 심했다고 한다. 부자 간의 대조적인 소비 행태를 묻자 "그 녀석은 아버지를 잘 만났지만, 나는 그렇지 못했다"라고 말했다. 평생소득 가설을 제대로 이해했다면 오늘부터는 낭비가 심한 아이를 꾸중하지 않아도 될 것 같다. 낭비를 하는 이유는 부모를 과신했거나, 그도 아니면 아마도 자신의 평생 기대소득을 부모보다 높게 책정하였기 때문이리라.

거품을 좇는 사람들

거품이 사라지면 나무 뒤에 숨은 사람들의 피해가 큰 경우가 많다.
붐이 버블로 바뀌는 순간은 항상 거품에 가려져 있기 때문이다.

　　이사 간 가정을 방문할 때 흔히 세제(洗劑)를 가지고 간다. 이는 새 집에서 이루어지는 모든 일이 거품처럼 부풀어오르라는 의미에서이다. 세제가 널리 통용되지 않았던 때에는 불처럼 활활 타오르라는 뜻에서 성냥이나 촛불을 선물했다고 한다. 재산이 거품처럼 불어나고, 타오르는 불처럼 빠르게 늘어난다면 세상살기가 얼마나 쉽겠는가.

　　이유는 가지각색이지만 대부분의 사람들은 돈을 좋아한다. 그래서 많은 사람들이 쉽게 돈의 유혹에 빠지고, 그 환상의 늪에서 빠져나오지 못한다. 당첨 가능성이 극히 낮은 복권을 사며 즐거워하고, 위험성이 높은 주식에 기대를 걸어보며, 높은 사채(私債) 이자의 매력을 외면하지 못한다. 거품이 사라지면 드러날 실체의 왜소함을 까맣게 잊어버리는 경우가 너무나 많다. 그러나 불행히도 거품은 일시

　　　　　　　　　　　　　　　나무 뒤에 숨은 사람

적이고, 남아 있는 실체는 영원하다.

경제학에서는 거품(bubble)을 '자산 가치가 기본 가치(fundamental value)를 벗어나 급등하는 현상'이라고 정의한다. 즉, 주식이나 상품, 부동산, 채권 등의 가격이 투기적인 수요로 인하여 일시에 급격히 상승하는 현상이다. 거품보다 약한 가격 상승 현상은 흔히 붐(boom)이라고 한다. 물론 거품은 실수요자에 의해서 발생되는 것이 아니라, 미래의 기대 수익을 찾는 투기적 수요가 뒷받침되어 생겨난다. 투기적 수요가 영원히 발생한다면 아무도 거품을 걱정하지

"빨래에만 거품이 생기는 줄 알았는데…."

않는다. 그러나 언젠가 투기적 수요는 사라지고, 급등한 자산 가치는 하루아침에 폭락하여 금융위기를 불러오게 된다.

만약 모든 사람들이 완전한 정보를 갖고 동일한 원칙 하에서 합리적인 의사결정을 내린다면 거품은 생겨나지 않을 것이다. 그러나 현실적으로 정보는 불확실하고, 사람들은 서로 다른 목적을 갖고, 투자 기간도 제각각이다. 또한 투기에 배팅할 수 있는 자산의 규모도 모두 다르다. 그래서 처음 붐을 일으킨 약삭빠른 투자자는 적당한 시기에 엄청난 수익을 얻고 빠져나오지만, 대다수의 소시민들은 막차를 타서 손실을 보는 것이다.

경제학에서는 돈을 좋아하는 사람들의 본성(?) 때문에 정보가 완벽한 상태에서도 거품이 완전히 사라지기 어렵다고 본다. 실제로 거품현상은 시간과 공간을 뛰어넘어 각국의 경제를 교란시켜왔다. 1600년대 중반에는 네덜란드에서 튤립 열풍이 불었고, 1720년대 프랑스는 미시시피 거품, 영국은 1840년대 철도 거품으로 시달렸다. 미국도 1920년대 초 주식 가격의 폭락을 겪었고, 1982년에도 금값이 온스당 850달러에서 350달러로 폭락하는 홍역을 치렀다.

미국에는 버블로 새로운 금융 용어까지 만들어낸 사람도 있다. 1920년대 카를로 폰지(C. Ponzi)는 플로리다의 개발 붐을 악용하여 허황된 주택 투자로 많은 사람을 모았다. 택지값의 10퍼센트만 있으면 건축비는 은행이 빌려주었고, 불과 몇 주 사이에 땅값이 두 배로 뛰는 분위기도 조성되었다. 높은 이익 보장에 넋이 나간 수많은 사람들이 몰려들었다. 앞서 투자한 사람에게 다음 투자자의 자금으로 높은 이익을 보상해주는 폰지의 묘안은 한동안 성공을 거두었다. 높은 수익에 대한 소문으로 투자는 끝없이 늘어났다. 이 과정이 무한히 지속되었다면 얼마나 좋았을까. 3년이 지난 후 새 집은 온데간데 없었고, 10억 달러의 투자 원금은 1,400만 달러만 남긴 채 폰지는 무일푼으로 감옥에서 사라졌다. 그 후로 수익보다도 이자가 더 많은 버블을 좇는 행태를 '폰지 게임'이라고 부른다.

이익은 생기지 않는데 어디서 이자가 나오겠는가. 그래도 사람들은 그 버블을 믿고 싶어한다. 돈의 묘약에서 깨어나지 못하고 있는 것이다. 한때 등장했던 벤처와 코스닥에 대한 열풍, 인터넷으로 이루어지는 '묻지 마 투자'도 자칫 넘어서는 안 될 선을 뛰어넘는 경우가 많았다. 거품이 사라지면 나무 뒤에 숨은 사람들의 피해가 큰 경우가 많다. 붐이 버블로 바뀌는 순간은 항상 거품에 가려져 있기 때문이다. 아, 나도 모르게 거품 속에서 거품을 좇고 있지는 않는가.

마네트의 두 도시

우리 모두 같은 땅에 발을 붙이고 있지만,
서로가 유리된 두 도시에서 살아가고 있는 것 같다.
비록 일부라 할지라도 상류층의 그 도시에서는 서민층이 상상할 수 없었던
또 다른 문화가 유행하고 있는 것이다.

상류층의 사치와 부패를 거론하자면 프랑스 혁명 직전의 루이 16세 시절을 빼놓을 수 없다. 그 중에서도 백미는 왕후인 마리 앙트와네트의 허영과 사치였다. 그녀는 왕정을 풍자한 〈휘가로의 결혼〉을 로코코 극장에서 공연하게 하고, 스스로 〈세빌리아의 이발사〉에 출연하면서 귀족 문화에 눈을 뜬다. 그러나 문화는 겉치레였을 뿐 온갖 사치를 만끽하며 사교계의 요정으로 군림하게 된다. 사치와 권세가 오죽했으면 왕가에서 버려진 고아 잔느가 그녀의 이름을 팔아 160만 루블의 다이아몬드를 사기로 구입할 수 있었겠는가.

그러나 권세도 일순간, 왕실의 권위를 갉아먹은 사치의 표상으로 낙인찍혀 국민들에게 혁명의 제물로 사라져갔다. 물론 부패는 왕후뿐이 아니었다. 고위직의 매관매직이 얼마나 극심했던지, 판검사 취

나무 뒤에 숨은 사람

임 선서문에는 그 직책을 얻기 위해 돈을 쓰지 않았다는 내용도 포함되어 있었다고 한다. 그래서 후세의 역사가들은 그들이 모두 취임 첫날을 위증죄로 시작했다고 평가하고 있다.

봉건왕정이라고는 하지만 같은 나라 같은 땅에 발을 붙이고 있었음에도 불구하고, 당시 귀족과 서민은 완전히 유리된 두 세계에서 살아가고 있었다. 행차길에 귀부인에게 휘파람을 불었다는 죄목으로 수십 년의 형을 받은 서민도 있었다니, 두 계층 간의 벽이 얼마나 높았던가를 알 수 있다. 어디 그뿐이랴. 평범한 의사 마네트는 18년을 바스티유 감옥에서 보냈는데, 그 이유가 가관이다. 우연하게 귀족의 비밀을 알게 되었다는 사실 하나만으로도 그토록 무거운 죄가 성립되었던 것이다. 18년 뒤에 석방된 마네트는 귀족문화의 부패와 잔인성에 대한 역겨움 때문에 파리를 떠나 런던으로 가게 된다. 이것이 디킨즈 소설 〈두 도시의 이야기〉가 전개되는 플롯이고, 제도와 문화가 전혀 다른 두 도시를 오가며 전개되는 마네트 일가의 파란만장한 얘기가 소설의 줄거리이다. 그 속에는 물론 귀족 문화의 횡포로 자신들의 생명조차 제대로 보전하지 못하는 서민들의 처연함이 담겨 있다.

그러나 두 도시의 이야기는 결코 남의 나라 얘기만은 아닌 것 같다. 발음조차 익숙하지 않은 외국의 명품 제품들, 몇백만 원을 호가한다는 머리핀, 몇천만 원대의 쇼핑, 잊을 만하면 터져나오는 뇌물 사건…. 세간에 가장 많이 오르내리는 이러한 사건들을 보는 나무 뒤에 숨은 사람들의 정서는 어떠할까. 자신의 세계와는 전혀 다른

"나도 저곳에 가고 싶다."

또 하나의 문화에 대한 냉소와 불신, 허탈감만 가득한 것 같다. 그렇
다. 우리 모두 같은 땅에 발을 붙이고 있지만, 서로가 유리된 두 도시
에서 살아가고 있는 것 같다. 비록 일부라 할지라도 상류층의 그 도
시에서는 서민층이 상상할 수 없었던 또 다른 문화가 유행하고 있는
것이다.

　두 도시의 경계는 완연히 구별되어왔던 것 같다. 서민들의 세계는
투명했지만, 또 한 도시의 벽은 그렇지 못했다. 그곳은 안에서만 바
깥을 볼 수 있게 코팅된 '반사유리' 속에서 보호되어왔던 것이다. 그

러다 어느 날, 그것도 내부의 갈등으로 작은 창의 코팅이 벗겨지면서 그 도시의 실상이 일부 드러난 셈이다. 우리 모두 마네트처럼 우연히 비밀을 알게 된 불경죄를 범하게 된 것이다. 그 도시의 작은 창을 통해 흘러나오는 진실과 비밀들이 모두 먼 나라 다른 도시의 얘기로 들릴 뿐이다. 반사유리의 코팅이 워낙 완벽했기 때문에 그 도시에 대한 추측과 의혹도 무성할 수밖에 없다. 어느 새 공식 발표마저도 반투명의 유리 속에서 흘러나오는 얘기로 치부하려는 불신의 늪이 크게 형성되어버렸다.

나라가 두 개로 분단된 것도 서러운데 언제까지 도시 사이의 불신과 냉소의 벽을 높게 쌓아만 갈 것인가. 지역 간 분열도 감당하기 어려운데, 문화마저 두 도시로 분열된다면 무엇을 기대할 수 있겠는가. 국민 통합이 성공하기 위해서는 반드시 두 도시 간 불신의 벽을 허물어내야 한다. 거리에 있는 사람이나 나무 뒤에 숨은 사람이나 모두가 서로 신뢰하고 존중하는 문화를 공유해야만 한다.

구체적으로 무엇을 해야 하는지는 이미 많은 해답이 나와 있다. 바람직한 정책도 많이 토론되어왔다. 단지 실행하지 않고 있을 따름이다. 더 이상 작은 것에 집착하여 두 도시의 불신을 높이는 우를 범하지는 말아야 할 것이다.

미시시피의 금광

거품이 수많은 물방울로 구성되어 있듯이
수많은 개미군단이 동조하지 않는다면 결코 버블은 일어나지 않는다.
돈을 좇는 우리의 나약한 심성이 거품을 만드는 공범자인 셈이다.

역사상 가장 큰 충격을 주었던 버블현상을 거론하자면, 프랑스의 미시시피사를 빼놓을 수 없다. 당시 루이 14세에서 16세로 이어지는 프랑스의 봉건왕조는 부패와 사치로 악명이 높았다. 법관의 취임 선서문에까지 '나는 이 직책을 뇌물로 사지 않았다'는 서약이 들어 있었다는 사실은 거의 모든 관직이 돈으로 매매되었던 그 당시 상황을 잘 보여준다.

이런 시대적 배경을 안고 존 로우(John Law)가 등장한다. 그는 1671년 영국의 스코틀랜드에서 태어나 런던에서 유학했다. 그는 사람을 죽인 죄로 투옥되었으나, 가까스로 유럽 대륙으로 탈출한다. 금이 곧 돈이었던 금 본위 제도 하에서 금을 빚은 아버지의 영향을 받아 어렸을 때부터 돈을 만드는 일에 관심이 많았던 그는 파리에서 금

대신 토지를 담보로 돈을 발행할 수 있는 제도를 고안해냈다. 돈을 쓰고 싶은 사람은 은행에 토지를 맡기고, 은행은 토지를 근거로 지폐를 발행하는, 말하자면 토지 본위 제도와 같은 지폐 제도인 셈이다.

루이 15세가 부임한 직후 로우는 운좋게도 왕실의 빚을 대납하는 조건으로 왕립은행의 설립권을 받아냈다. 이 은행은 토지를 담보로 은행권을 발행하고, 그 지폐는 언제라도 금으로 태환할 수 있게 했다. 미국 대륙에 엄청난 토지를 가진 프랑스는 이 제도 하에서 무한히 많은 지폐를 발행할 수 있기 때문이었다. 물론 금과 태환되는 조

"10만 원을 투자하면 100만 원을 드립니다!"

건이니 이 지폐의 인기는 대단했다. 그러나 태환을 보장하기 위해서는 엄청나게 많은 금이 필요하게 되었다. 그래서 로우가 설립한 회사가 바로 '미시시피'이다.

미시시피사는 미국 루이지애나에서 금광을 개발하는 목적으로 설립되었다. 금이 있다는 확실한 증거는 부족했지만 금광 개발이라는 신비의 호재에 주가는 폭등하기 시작했다. 미시시피는 돈을 모으기 위해 주식 발행을 늘려나갔고, 주식은 돈으로 바뀌어 그 은행으로 되돌아왔다. 그러나 그 돈은 왕실의 빚 갚기에 충당되었을 뿐 금광 개발에는 투자되지 않았다. 그럼에도 불구하고 사람들은 금으로 바꿀 수 있다는 믿음을 버리지 않았다.

이 거품의 끝은 어디로 갔겠는가. 지폐는 많이 풀렸지만 금광은 개발되지 않았고, 물가는 폭등하기 시작했다. 지폐 가치가 하루가 다르게 폭락하였다. 어느 날부터인가 사람들은 미시시피사의 주식을 돈이 아닌 금으로 태환해줄 것을 요구하였다. 그러나 그것은 불가능한 일이었다. 태환을 금지한다는 명령과 함께 왕립은행은 폭동으로 붕괴되었다. 1720년 휴지로 변한 지폐더미에 묻혀 경제는 큰 혼란을 겪었다. 로우는 또다시 간신히 탈출하였지만, 베니스에서 무일푼으로 죽었다. 이 사건으로 프랑스 사람들은 한동안 은행을 믿지 않았다고 한다.

영국의 남해회사(South Sea) 사건도 비슷한 시기에 발생했다. 당시 신대륙인 남미와의 독점적 무역권을 전제로 설립된 남해회사는 엄청난 인기를 얻었다. 너도나도 미지의 세계인 남미와의 교역에서 엄청난 수익을 올리리라 기대했던 것이다. 그러나 거품을 알게 된 후 주가는 폭락하고, 결과는 프랑스에서와 같았다. 네덜란드 사람들이 튤립 공황을 겪었던 사건도 본질적으로는 모두 동일한 내용이다. 꽃의 향기보다는 투기에 휘말려 5만 달러까지 치솟았지만, 역시 거품은 작은 한파에도 쉽게 꺼져버렸다.

버블에는 항상 공통점이 있다. 잘 알려지지 않은 신비로운 대상을 목표물로 삼는다. 그것이 갖는 잠재적 가치를 높게 평가하여 수없이 많은 사람을 동원한다. 거품이 수많은 물방울로 구성되어 있듯이 수많은 개미군단이 동조하지 않는다면 결코 버블은 일어나지 않는다. 돈을 좇는 우리의 나약한 심성이 거품을 만드는 공범자인 셈이다. 그러나 버블은 항상 여러 사람의 희생으로 소수가 이익을 챙기는 결과를 가져온다. 따라서 여타 범죄와는 달리 다수의 공범자는 아무런 이익도 얻지 못한다. 단지 거품을 구별하는 혜안을 가진 사람만이 그 열풍을 피할 수 있을 뿐이다.

당시 남해회사의 피해자에는 만유인력의 법칙을 발견한 천재 물리학자 뉴턴(Newton)도 포함되어 있었다. 그는 사과가 떨어지는 것을 보고 자연의 대법칙을 발견하는 혜안을 갖고 있었지만, 당시의 투기 열풍에서는 벗어나지 못하였다.

남해회사 사태에 휘말려 2만 달러를 날려버렸기 때문이다. 그는 투자에 실패한 이후 "나는 만유인력을 측정할 수 있어도 사람의 마음을 계측할 수는 없었다"고 고백했다.

경제의 황금률

"교수님, 벌써 종강하게 되었습니다. 언제나 학기가 끝날 때면 아쉬움과 후련함이 교차합니다. 그러나 이번 강의는 아쉽기만 합니다. 열심히 공부하지 않아서가 아니라, 여자 친구와 헤어졌기 때문입니다. 저는 사랑에도 경제학의 진리가 적용된다는 사실을 너무 늦게 깨달았습니다. 조금만 더 일찍 황금률을 알게 되었다면, 저는 아마도 그 친구를 잃지 않았을 것입니다. 먼저 베풀어야 하는 '성장의 황금률'을 실천하지 못하여 제가 버림받은 것이 너무나 가슴아픕니다. 기말고사를 준비하면서 뒤늦게 그 진리를 발견했으니, 결국 공부를 게을리 하여 사랑하는 사람까지 잃게 된 것입니다."

몇 년 전 가을학기를 종강하면서 어느 학생으로부터 받은 길고 애절한 편지의 일부이다. 미처 '사랑의 진리'를 생각하지 못하고 가르

친 내 마음을 찡하게 했던 글이라서 아직도 그 편지를 간직하고 있다.

"너희는 무엇이든지 남에게 대접을 받고자 하는 대로, 너희도 남을 대접하여라." (마태복음 7장 12절) 이 구절의 함의를 흔히 황금률 (Golden Rule)이라고 부른다. 이 내용이 어떻게 경제 성장과 거품 경제에 적용될 수 있는지 생각해보자. 같은 시대를 살아가는 노년기(1기)와 청년기(2기)에 각각 100명이 살고 있는 경제를 가정하자. 수입은 청년기(2기)에만 200원이 있고, 노년기(1기)에는 소비만 한다. 따라서 노인들은 청년기에 벌어들인 수입으로 살아가야 한다. 그런데 수입이라는 게 저장할 수 없는 소비재뿐이라면 어떻게 되겠는가. 청

"너희는 무엇이든지 남에게 대접을 받고자 하는 대로, 너희도 남을 대접하여라." (마 7:12)

년기에만 많이 먹고, 노년기에는 수입이 없으니 굶어야만 한다. 청년들은 노인들에게 빌려줄 수도 없다. 노인들이 죽으면 받을 수 없기 때문이다.

그래서 1기와 2기를 연결해줄 수 있는 제도가 필요하다. 2기의 청년들 100명이 자신의 수입 200원 중에서 절반을 1기의 노인에게 빌려주고, 노년기에 가서 받을 수 있는 제도가 있으면 된다. 이자까지 합하여 노년기에 102원을 받으면 되지 않겠는가. 그렇다면 청년이 노인이 되었을 때는 다음 세대의 청년(3기)이 2퍼센트 늘어나야 한다. 이것은 인구가 증가하면 된다. 이런 상태가 무한히 계속될 수 있다면 경제는 걱정이 없다.

그래서 인구증가율과 저축 및 투자가 균형이 되는 성장률이 일치하면 황금률이라고 부른다. 너희가 남(차기의 청년)으로부터 대접을 받고자 하는 대로 먼저 남(현재의 노인)에게 대접을 해야 하기 때문이다. 두 세대를 연결하는 제도가 노인을 부양하는 가족 제도였고, 현대에는 사회보장 제도로 발전되었다. 일하는 세대의 세금으로 노인의 생계를 보장하고, 자신의 노년기에는 다음 세대의 청년에게 의존하는 과정이 무한히 계속된다.

그러나 인구가 감소하거나 경기가 침체되어 청년의 세금이 줄어들면 당연히 황금률이 깨지게 된다. 사회보장적 성격의 각종 연금이 부실화되는 이유가 바로 여기에서 비롯된다. 부실화된 연기금에는 엄청난 공적 자금이 투입된다. 그러나 그 자금은 다음 세대의 어깨를 더욱 무겁게 만든다.

나무 뒤에 숨은 사람

따라서 황금률이 변함없이 유지되려면 성경 말씀대로 다음 세대로부터 대접받고자 하는 대로 이전 세대를 대접해야 한다. 그러나 만일 나를 대접해줄 수 있는 차기의 사람들이 존재하지 않는다면 어떻게 되겠는가. 벌어들이는 청년은 없고, 써야 하는 노인만 존재하기 때문에 그 제도는 붕괴된다. 그래서 이자가 수익보다 많은 폰지 게임에 걸려들게 되고, 언젠가 꺼져버릴 거품만 쌓여간다. 즉, 황금률은 미래에 등장할 사람들이 무한히 나타나야 한다. 주가도 파는 주식을 살 사람이 계속해서 나타난다면 떨어지지 않을 것이다.

거품이 깨지는 궁극적인 원인도 바로 차기에 등장할 청년이 없는 데서 비롯된다. 나보다 늦게 막차를 타는 사람이 있다면 거품은 꺼지지 않는다. 그러나 사람들을 또 다른 열차에 붙들어놓을 수 있는 그 '무엇'을 언제까지 만들어낼 수 있겠는가? 그것이 없다면 다음 열차는 텅텅 비고, 거품은 사라질 수밖에 없다. 남녀 간의 불붙는 사랑도 한 달을 채 넘기기 어렵다고 한다. 다음 열차에 붙들어놓을 수 있는 '진실한 가치'가 없다면 사랑도 경제도 주식도 거품처럼 사라지기 쉽다. 황금률이 없는 세상에서는 영원한 것도 없다.

나무 뒤에 숨은 사람

6

큰 기업,
작은 기업

작은 것의 미학

장기적으로는 적정한 규모를 유지하는 기업만이 살아남을 수 있다.
저렴한 생산비가 가장 중요한 경쟁력의 원천이기 때문이다.

작은 고추가 더 맵고, 작은 것이 아름답다고 한다. 실제로 멋없이 큰 것보다 작고 아담한 것이 얼마나 아름다운가. 그런데 과연 기업의 세계에서도 작은 것이 아름다울까? 물론 기업의 평가 기준은 미(美)나 추(醜)와는 거리가 멀다. '작은 것이 아름답다'는 표현은 문학이나 예술의 세계에서나 통용되는 것인지도 모르겠다. 기업이 아름다워야 얼마나 아름답겠으며, 또한 예쁘다고 우량한 기업이 되는 것도 아닐 테니 말이다.

그러나 역설적으로 기업에서도 '작은 것이 아름답다'고 설파한 경제사상가가 있고, 반대로 '큰 것'을 향하여 끝없이 규모를 늘리는 경영자도 많다. 어느 것이 옳은가? 기업은 왜 규모를 확장하려고만 하는가. 기업의 규모는 어느 수준이 가장 바람직한 것일까? 기업의 적정 규모를 결정하는 데도 무언가 이론적인 기초가 있어야 하지 않겠는가.

실제로 '작은 것이 아름답다'는 널리 알려진 경제사상가 슈마허(E. F. Schumacher)의 작품이다. 그는 현대 문명을 뒷받침하고 있는 제조업 중심의 산업 구조는 대규모 조직을 무조건 선호하며, 성장 일변도의 전략을 추구한다고 비판했다. 이것은 자원과 인력의 낭비를 초래하여 결국은 성장의 한계를 불러온다는 것이다. 따라서 대기업보다는 작은 '중간 조직'을 통해 자본주의에 속박된 인간을 제대로 활용하고 사람이 중심이 되는 경제 체제를 만들 수 있다는 것이다. 대량 생산과 자동화에 노예처럼 속박된 '사람'의 모습을 본다면 너무나 인간적이고 당연한 고언 아니겠는가. 그러나 기업은 역시 조직

을 늘리며 대형화를 선호하는 특성을 갖고 있다. 기업 규모가 때로 성공의 상징으로 비쳐지기 때문일까?

적정한 기업 규모는 소비자보다는 생산자 쪽에서 먼저 결정된다. 기업이 제품을 가장 효율적으로 생산할 수 있는 규모를 유지해야 하기 때문이다. 예를 들어 성냥을 만드는 기업을 생각해 보자. 하루에 몇 갑을 만드는 수준이 가장 적정할까? 생산량을 순차적으로 늘리면서 한 단위 생산에 소요되는 평균비용을 계산해 보자. 1갑, 2갑, 3갑… 이렇게 생산량이 늘어남에 따라 처음에는 생산의 평균비용이 하락한다. 그러다가 200갑을 만들 때 평균비용이 가장 낮아지고, 201갑부터는 다시 상승한다고 하자. 그렇다면 당연히 200갑을 생산하는 조직이 가장 효율적이다. 200갑에서 평균비용이 최소화되므로 더 이상 규모를 늘려서는 안된다.

이와 같이 가장 저렴한 비용에서 생산되는 규모를 최소효율 규모 (MES; minimum efficient scale)라고 한다. 다시 말하면, 이 수준에서는 비록 규모가 작더라도 생산비가 낮기 때문에 버텨낼 수 있는 것이다. 시장에서 하루에 팔릴 수 있는 규모가 1만 개라면 200개를 생산하는 기업 50곳이 생존할 수 있는 셈이다. 따라서 이 산업에서는 200개만을 생산하는 50곳의 중소기업이 생존할 수 있다. 전체 시장 규모(1만 개)를 최소효율 규모(200개)로 나누면 적정한 기업의 숫자가 나온다. 자장면집은 많은데 철강공장은 적은 이유가 바로 여기에 있다.

물론 자동차와 같이 엄청난 자본 투자가 필요한 산업에서는 MES

가 상당히 커질 수 있다. 시장의 크기는 200만 대인데, 최소비용으로 생산할 수 있는 규모가 50만 대라면 4곳의 기업이 가장 적정하다. 물론 실제 시장에서는 3개나 5개가 치열한 경쟁을 할 때도 있다. 경쟁의 결과에 따라 3개만 존재할 수도 있고, 5개가 공존할 수도 있다. 그러나 장기적으로는 적정한 규모를 유지하는 기업만이 살아남을 수 있다. 저렴한 생산비가 가장 중요한 경쟁력의 원천이기 때문이다.

미키 마우스의 탄생

작은 기업이 모두 큰 기업으로 성장하는 것은 아니다.
기업이 적정 수준 이상으로 비대화되면 효율성이 떨어질 수밖에 없기 때문이다.

'미키 마우스'를 만들어 낸 월터 디즈니(Walter Disney)는 1901년
시카고에서 목수의 넷째 아들로 태어났다. 그가 처음 설립한 스튜디
오는 초라하게도 자기 집 차고였다. 그것도 아버지에게 월 5달러의
임대료를 주고 계약한 것이었다. 그곳에서 디즈니는 '활동사진'에
만화를 담는 벤처를 출범시킨다. 그러나 만화 몇 장으로 생계를 유지
하려는 꿈은 결코 이루기 쉬운 일이 아니었다. 이곳 저곳으로 무대를
옮기며 실패를 거듭한 디즈니는 골드 러시(gold rush)의 행렬을 따라
캘리포니아로 옮겨간다. 그곳에서 온 가족이 힘을 모아 '만화 공장'
을 출범시키는데, 그것이 바로 '디즈니 브라더스 스튜디오(Disney
Brothers Studio)'였다. 형 로이가 200달러를 출자하고, 부모가 집을
저당잡혀 2,500달러를, 그리고 삼촌으로부터 500달러를 빌려 창업한

것이다. 1923년, 그의 나이 스물두 살 때의 일이다. 그 스튜디오에서 탄생시킨 캐릭터가 바로 미키 마우스(Mickey Mouse)이다.

오늘날의 월트 디즈니는 더 이상 설명이 필요없다. 우리 모두 〈인어 공주〉나 〈라이언 킹〉을 한 번쯤은 본 적이 있지 않은가. ABC 방송사에서부터 영화, 캐릭터 산업에 이르기까지 이제 연매출액이 250억 달러를 넘어서는 대기업으로 성장했다. 만화 한 장도 활동사진에 담을 수 있다는 벤처정신이 만들어낸 성공작이다.

물론 그의 성공에는 예기치 않은 우연과 행운도 뒤따랐다. '미키 마우스'라는 이름은 함께 일했던 부인 릴리안이 지은 것이다. 디즈니는 처음 남자 이름인 '모티머(Mortimer)'를 고집했다고 한다. 디즈니는 한때 스타의 꿈을 안고 서부 영화의 엑스트라 일자리를 얻기도 했다. 그러나 하필이면 출연 첫날 비가 와버려 촬영을 하지 못했다. 날씨가 맑았다면 스타 월터 디즈니가 탄생했을지 모른다.

용감한 형제가 만들어낸 대기업이 어찌 월트 디즈니뿐이겠는가. 가족끼리 생계 유지 수단으로 시작한 사업이 성장한 사례는 많다. 재벌의 창업자도 대부분 '무'에서 '유'를 창조한 사람들이고, 작은 규모에서 시작해 자수

"당신의 능력을 보여주세요."

성가한 기업인도 너무나 많다. 실제로 대부분의 기업은 가까운 친지끼리 운영하는 비공식 조직(informal organization)으로 출발한다. 아버지가 사장이고, 엄마가 총무과장을 맡는 것이다. 사업이 잘 되면 비공식 조직에서 중소기업으로 규모를 늘려나간다. 그리고 중소기업이 성장하면 또다시 규모를 늘려 대기업으로 발전하는 것이다.

경제 발전의 정도에 따라 기업 규모의 패턴도 달라진다. 저개발국에서는 비공식 조직이 가장 많고, 산업화가 이루어짐에 따라 중소기업이 점점 많아지며, 대기업의 비중도 더 커지는 패턴을 보인다. 통계적 분석에 따르면 1인당 소득이 2,000달러 이하의 저개발 경제에서는 비공식 조직이 압도적으로 많다. 반대로 선진 경제에서는 대기업의 비중과 규모가 더욱 커진다. 최근에는 세계화 현상에 따라 세계적인 대기업의 규모가 종전보다 훨씬 커지는 경향을 나타낸다.

그렇다고 작은 기업이 모두 큰 기업으로 성장하는 것은 아니다. 때로는 그런 변화가 바람직하지 못할 때도 있다. 기업이 적정 수준 이상으로 비대화되면 효율성이 떨어질 수밖에 없기 때문이다. 이때 가장 대표적인 요인으로 꼽는 것이 바로 기업가의 능력이다. 아무리 유능한 사람이라도 자신이 효율적으로 관리할 수 있는 능력에는 한계가 있지 않겠는가. 이것을 경제학자 윌리엄슨은 합리성의 제약(bounded rationality)이라고 말한다. 규모가 커지면 조직 내부에서 정보 유통의 효율성이 떨어지는 현상도 나타난다. 따라서 성공하는 기업도 결코 무한히 커질 수는 없는 것이다. 도(度)가 지나치면 오히려 화(禍)를 당할 수 있다. 행운이 함께할 때도 적정한 관리능력을 잃지 말자.

나무 뒤에 숨은 사람

커지고 싶은 욕망

기업의 규모가 커지면 적어도 어느 정도 수준까지는 경제적 이익이 발생한다.
크고 싶은 가장 큰 유혹은 여기에서 비롯된다.

어느 날 조수아는 카니발에서 여학생에게 프로포즈를 했지만 퇴짜
를 맞는다. 이유가 더욱 치욕적이다. 작고 어리기 때문이라는 것이
다. 낙망하여 집으로 돌아오다가 우연히 소원을 들어준다는 '졸타'
라는 기계를 만나게 되었다. 조수아는 장난 반 기대 반으로 큰 어른
이 되게 해달라고 빌어본다. 다음 날, 아뿔사, 조수아는 서른 살의 어
른으로 변해버린다. 크다는 것은 기쁨일까, 고통일까? 어머니는 갑
자기 커졌을 뿐, 그대로인 아들을 강간범으로 오인하고, 어쩔 수 없
이 가출하게 된 조수아는 이곳저곳을 전전하다 장난감 회사에 자리
잡는다. 덩치만 커버린 어린 마음이 장난감을 만드는 데는 상당히
유용했던 것이다.

이 이야기는 어른이 되면 무엇이든 할 수 있을 것이라고 믿었던 어

린 소년이 갑자기 커지면서 겪게 되는 갖가지 에피소드를 보여주는 톰 행크스 주연의 영화 〈빅(Big)〉의 내용이다. 열두 살의 소년이 갑자기 서른다섯 살의 어른으로 커 버리면 얼마나 많은 것이 달라지겠는가. 그래도 조수아는 큰 것의 기쁨보다 작았던 시절의 향수 때문에 결국은 어린 시절로 다시 돌아가려고 한다. 역시 덩치보다는 마음이 사람을 움직이는 모양이다.

소년 조수아와 같은 바람을 가진 기업인들이 많다. 작은 기업에서 큰 기업으로 성장하고 싶어하는 것이다. 조수아가 소원을 이룬 그 기계가 있다면 많은 기업인들이 복채를 들고 줄을 서지 않을까. 무엇이 그토록 크고 싶게끔 유혹하는 것일까. 조수아처럼 작다는 이유로 여기저기서 대접을 받지 못해서인가?

기업의 규모가 커지면 적어도 어느 정도 수준까지는 경제적 이익이 발생한다. 크고 싶은 가장 큰 유혹은 여기에서 비롯된다. 우선은 비용 면에서 효율이 올라간다. 예를 들어 TV를 생산하는 경우를 보자. 100대에서 120대로, 200대로 점차 생산량을 증가시킬 때마다 한 대당 생산비는 감소한다. 생산 규모를 늘리면서 비용이 절약되는 효과 때문이다. 이것을 규모의 경제(economies of scale)라고 말한다. 규모를 증대시킴에 따라 이익이 발생하는 경우다.

규모의 경제가 나타나면 기업은 당연히 비용이 절감되는 혜택을 본다. 100대를 생산할 때보다 300대 규모를 유지하는 기업이 더 낮은 비용으로 생산한다. 따라서 시장 경쟁에서도 큰 기업이 비용 면에서 우위를 누린다. 같은 시장 가격에서도 큰 기업이 더 저렴하게 생산해

나무 뒤에 숨은 사람

더 많은 이윤을 얻을 수 있다. 따
라서 규모의 경제가 기업 규모
를 늘리게 하는 가장 큰 동기
가 된다. 조수아에게는 여학생
이 큰 자극이 되었지만, 기업에는
역시 이윤이 가장 큰 유혹이다.

　그렇다고 생산 시설을 늘릴 때 언제
까지나 생산비의 절감효과가 나타나는
것은 아니다. 일정 수준 이상이 되어 기업
이 감당하기 어렵게 되면 조수아와 같은 비극이 시작된다. 적게 생
산할 때보다 오히려 평균비용이 더 많이 소요되는 상태로 반전하는
것이다. 예를 들어, 300대를 생산할 때는 평균단가가 800만 원이었
는데, 310대로 늘리니 850만 원이 소요되는 경우다. 이렇게 되면 규
모를 늘려감에 따라 비용이 더 증가하는 현상이 나타난다. 이른바
규모의 비경제(diseconomies of scale)가 발생하는 것이다. 크기 때
문에 오히려 효율이 더 떨어지는 셈이다. 규모를 확대하는 것이 항
상 최선의 전략이 되는 것은 아니다. 이 경우에는 오히려 규모를 줄
이거나 분사를 해야 한다. 효율적인 생산 규모로 구조조정을 해야만
살아남을 수 있다. 크면 항상 좋을 것 같지만, 규모를 늘린다고 반드
시 평균비용이 감소하는 것은 아니다. 덩치가 커도 적당히 커야지,
일정 수준을 넘어서면 오히려 효율이 떨어진다. 따라서 어느 시점에
서는 조수아처럼 작던 시절로 되돌아가는 지혜도 가져야 한다.

기업이 커지면

기업을 단지 규모가 크다는 이유 하나만으로 규제하는 것은 바람직한 접근이 아니다.
우리 기업도 외국의 초거대 기업과 국내외에서 경쟁해야 하는
숙명적인 처지에 놓여 있지 않은가.

세계에서 가장 큰 기업의 규모는 얼마나 될까? 그런 대기업은 과연
국민경제에 어떤 영향을 미칠까? 단지 기업이 크다는 이유로 비난받
아야 하는가. 우리나라에서는 아직도 재벌과 대기업에 대한 부정적
정서가 많다. 그러나 비난에 앞서 기업의 규모가 경제에 미치는 영
향을 먼저 분석하는 것이 좋을 것 같다.

최근 〈포춘(fortune)〉 자료에 따르면 2005년 세계에서 가장 큰 기
업은 매출 실적으로 보면 석유화학회사 엑손 모빌이었다. 무려
3,399억 달러의 실적을 올렸으니 우리나라의 2005년 총 수출액인
2,844억 달러보다 훨씬 많다. 월마트가 그 뒤를 이어 3,156억 달러를
기록했다. 그리고 뒤를 이어 3위는 로열더치쉘(3,067억 달러), 4위는
BP(2,676억 달러)가 각각 차지했다. 가장 큰 엑손 모빌과 월마트의

나무 뒤에 숨은 사람

매출액만 합해도 우리나라 2005년 국내총생산(7,875억 달러)에 버금 간다.

우리 기업은 어디에 서 있는가? 발표된 세계 500대 기업에는 미국 176개 사, 일본 81개 사 등 전 세계 대표적 기업이 포함되어 있다. 그 러나 한국 기업은 고작 11개 사에 불과하며 그나마 50위권 안에 드 는 기업은 삼성전자 하나뿐이다. 최대 기업이 이 정도니 세계 속의 우리 대기업의 모습은 아직도 초라하기 짝이 없다. 더욱이 우리는 이러한 세계적 기준의 대기업을 과연 몇 개나 갖고 있는가?

기업의 규모가 커지면 무엇이 문제가 되는가? 물론 생산량이 많아 지고 고용 규모가 더 커지는 것은 긍정적인 기여이다. 기업은 당연 히 규모를 늘리면서 여러 방법으로 단위당 생산비용을 줄이려 한다. 따라서 경쟁력을 높이는 수단의 하나가 바로 규모의 확장이다. 규모 를 증가시킴에 따라 평균생산비용이 하락하는 것을 규모의 경제라 고 했다. 규모의 경제가 발생하면 생산 용량이 많은 기업이 경쟁에 서 우위에 서게 된다.

1만 개를 생산하는 기업이 5,000개를 공급하는 기업보다 생산원가 가 낮다면 시장은 결국 대기업이 지배하게 된다. 또한 규모가 큰 기 업일수록 시장에 미치는 영향력도 크다. 기업이 시장에 미치는 영향 력을 시장 지배력(market power)이라고 한다. 그러니까 규모의 확 장은 시장지배력을 확보하기 위한 수단이 되는 셈이다. 물론 생산량 을 무한히 늘릴수록 생산비가 지속적으로 줄어드는 것은 아니다. 일 정 수준 이상이면 규모가 오히려 부담이 될 수도 있다.

또한 시장지배력이 커지면 소비자에게 피해를 줄 수 있다. 인위적으로 가격을 올리거나 물량을 조절하고, 소비자에게 불리한 조건의 거래를 강요할 수도 있다. 특정한 물건과 끼워서 판매할 수도 있고, 신생 기업의 진입을 의도적으로 방해할 수도 있다. 공정한 경쟁을 방해할 가능성이 높아지는 것이다. 이렇게 되면 소비자의 보호와 공정한 경쟁을 위한 정부 규제의 필요성이 등장한다. 그러나 시장 경쟁이 치열하고 소비자에게 불공정한 거래를 강요하지 않는 한 대기업을 규제할 명분은 없는 것이다.

독점에 대한 규제가 가장 엄격한 미국에서도 이런 논리는 마찬가지다. 엑손도 1882년 록펠러에 의해서 스탠다드 오일로 설립된 후

"작은 물에서는 나만 찍히는데..."

사세를 확장하다가 1911년에는 대법원에 의해 34개 회사로 분할명령을 받은 바 있다. 벨(Bell)이라는 이름으로 유명한 통신회사인 AT&T도 1984년 분할명령을 받아 8개로 분사된 적이 있다. 마이크로소프트도 최근 가까스로 분사의 위기에서 벗어나지 않았는가. 이것은 모두 독점에 의한 시장지배력을 규제한 사례이지, 기업 규모 자체를 억제한 정책은 아니었다.

그러나 기업을 단지 규모가 크다는 이유 하나만으로 규제하는 것은 바람직한 접근이 아니다. 우리 기업도 외국의 초거대 기업과 국내외에서 경쟁해야 하는 숙명적인 처지에 놓여 있지 않은가. 차라리 분할명령을 받을 만한 기업이라도 있으면 좋으련만.

호박(琥珀)을 비비다 원자력으로

경제학에서는 한 단위 추가 공급에 소요되는 비용을 한계비용이라고 했다.
한계비용이 지속적으로 낮아지면
기업은 많이 공급할수록 유리한 입장에 놓이게 된다.

그리스 사람 탈레스는 어느 날 호박(琥珀)을 가지고 장난을 하다 우연히 신기한 사실을 발견하였다. 장신용으로 많이 활용되던 호박을 모피에 비벼대자 이상한 기운(氣運)이 나타나며 옷과 종이 등 가벼운 물건을 끌어당기는 것이었다. 죽은 광물로만 보였던 호박이 마치 살아 있는 생명체처럼 어떤 힘을 만들어 주변을 끌어들였던 것이다. 이것이 전기에 대한 최초의 발견이라고 한다. 무려 기원전 600년경의 일이다. 당시 호박은 그리스어로 '엘렉트론(elektron)'이었고, 이는 오늘날 전기(electricity)의 어원이 되었다.

당시에 탈레스는 물론 전기와 자기의 차이도 구별하지 못했다. 16세기에 엘리자베스 여왕의 시의였던 길버트가 마찰전기와 자기를 본격적으로 연구하였고, 프랑스 학자 뒤페이가 전기에도 음과 양이 있다는 중요한 사실을 발견했다고 한다. 전기현상이 점차 신비의 베일을 벗으면서 에디슨은 1879년 전구를 개발했고, 이때부터 전기는 인류에 가장 필수적인 문명의 이기로 자리잡았다. 오늘 하루 전기 없는 생활을 상상해보자. 당장 세상이 얼마나 깜깜하고 불편했겠는가.

한국전력(이하 한전)의 자료에 따르면 최근 전등용 전기를 공급받는 가구 수는 1,298만 호에 달한다. 기업이나 농업에 주로 쓰이는 동력용 전기의 수요도 367만 호를 넘고 있다. 전국 방방곡곡에 전기가 들어가지 않는 가구가 없는 셈이다.

가구 수 통계는 실제로 전기계량기의 숫자로 구별된다고 한다. 한 집에 여러 가구가 사는 경우 전기요금을 각기 계산하면 사용 가구 수는 더 늘어난다. 누진제가 적용되는 우리 현실에서는 이런 현상이 나타날 수밖에 없다.

이제 한전이 전력을 공급하는 가구의 수를 하나 늘린다고 가정해보자. 추가적으로 소요되는 비용은 얼마나 될까? 1,298만 호에 추가로 하나 더 공급하는 비용은 결코 크지 않을 것이다. 이미 발전 시설과 송배전망이 전국에 구축되어 있으니 이 비용은 무시할 수 있을 정도로 적다. 경제학에서는 한 단위 추가 공급에 소요되는 비용을 한계비용이라고 했다.

한계비용이 지속적으로 낮아지면 기업은 많이 공급할수록 유리한 입장에 놓이게 된다. 간단한 사례를 생각해보자. 100가구에 전기를 공급하는 데 드는 총비용이 1,000만 원이라고 하자. 이렇게 되면 한 가구당 소요되는 평균비용은 10만 원이 된다. 이제 한 가구에 추가로 공급하는 데 들어가는 한계비용이 평균비용 10만 원보다 적은 9만 원이라고 하자. 그러면 101가구에 공급하는 총비용은 1,000만 원 +9만 원이 되며, 평균비용은 1,009/101=9.99만원이 되어, 100가구에 공급할 때보다 낮아진다. 한 가구 더 공급하여 경쟁력이 향상된 셈이다. 다시 말하면 공급량을 늘려서 규모의 경제가 발생한 것이다.

이런 현상이 지속되면 많이 공급할수록 더 유리한 상황이 전개된다. 400만 호에 공급하는 기업보다 1,000만 호에 공급하는 대기업의 평균비용이 훨씬 더 낮아지는 것이다. 이런 상태를 그대로 놓아두면 시장에서는 작은 규모의 기업이 살아남기 어려워진다. 따라서 많이 공급하는 대기업이 시장을 전부 차지하는 결과가 나타난다. 이를 자

"역시 큰 고추가 제일이야!"

나무 뒤에 숨은 사람

연독점(natural monopoly)이라고 한다.

자연독점은 전국적인 망이나 대규모의 설비 투자가 필요한 전력이나 통신, 철도 서비스 등에서 나타날 수 있다. 규모의 경제가 나타나서 공급을 늘릴수록 평균비용이 지속적으로 떨어져야 하기 때문이다. 이것은 하나를 추가로 공급하는 한계비용이 평균비용보다 항상 낮아야만 가능하다.

지브랏의 발견

기업의 흥망성쇠가 언제라도 달라질 수 있다는 사실을 자연스럽게 받아들여야 한다.
모든 경제 주체가 이런 변화를 수용할 수 있을 때
경제의 생존력은 오히려 더 강화된다.

지브랏은 일찍이 미국 기업의 흥망사를 분석하며 신기한 사실을 발견하였다. 70년 이상 걸친 수천 개의 기업 자료에 의하면, 내일 얼마나 성장할 수 있는가 하는 기업의 운명은 오늘의 기업 규모와는 관계없이 결정된다. 한마디로 잘 나가는 대기업과 규모가 작은 중소기업이 직면하는 생존의 확률은 모두 동일하다는 것이다. 이른바 지브랏의 법칙이다.

얼마 전까지도 이 법칙은 한국에는 적용되지 않는 것 같았다. 쓰러져 가는 대마(大馬)를 붙들기 위해 정부가 나서고, 멀쩡한 계열 기업이 담보가 되었으며, 금융기관이 볼모가 되어왔다. 예외 없는 법칙이 없다고 하지만, 이제는 불행히도(?) 이 예외에서 벗어나지 못하게 되었다. 30대 재벌이 지금 몇 개나 변변히 살아남았는가? 현대건설이 이렇게 쉽게 벼랑에 떨어지는 것을 누가 예측할 수 있었겠는가.

그러나 이런 현상은 고도 성장에 친숙했던 우리에게만 생소했을 뿐 이미 선진국에서는 보편화된 사실이었다. 지난 10년 동안 미국의 100대 기업에 신규로 진입한 기업이 213개나 되었고, 수명은 평균 4.8년에 불과하였다. 경제의 글로벌화로 불확실성이 증대되었고, 기업의 수명은 짧아지고 있으며, 내일의 운명은 더욱 점치기 어렵게 되었다. 대기업이 사라져야 우리 경제가 활력을 찾을 수 있다고 믿는 사람은 쾌재를 부르겠지만, 이것은 기업 규모와 상관없이 나타나는 현상이다. 우리 힘으로는 도저히 거역할 수 없는 추세라서 경제 기반이 모두 무너질 수도 있는 잠재적 위협이 되고 있는 셈이다.

이러한 불확실성 속에서 우리 경제는 아직도 어려운 고통에서 벗어나지 못하고 있다. 한때 한국을 대표한다던 현대그룹과 세계 경영의 상징이라던 대우그룹은 이미 역사속으로 사라지고 있다. 우리 경제는 아직도 외환위기 이후 투입된 막대한 공적자금의 부담으로부터 자유롭지 못하다. 해외의 경제 여건이 좋은 것도 아니다. 더욱 심각한 것은 이런 어려움이 언제까지 지속될지 아무도 예측할 수 없다는 사실이다. 이런 위기와 변화 속에서 우리 경제가 어떻게 살아남을 수 있을까?

우선 기업의 흥망성쇠가 언제라도 달라질 수 있다는 사실을 자연스럽게 받아들여야 한다. 모든 경제 주체가 이런 변화를 수용할 수 있을 때 경제의 생존력은 오히려 더 강화된다. 따라서 일정 기간 한시적으로 구조조정을 완료하겠다거나, 쓰러져가는 대기업을 고용 불

안이나 정치적 고려로 연명시키려는 발상도 버려야 한다. 구조조정
은 일상적이고 지속적으로 일어나는 현상이며, 어려워지면 시장에서
자연스럽게 퇴출되는 것이 사회적 비용을 최소화하는 길이다. 이런
사실을 인식하는 데 더 이상 학습비용을 지불해서는 안 될 것이다.

　기업이 시장 환경에 신축적으로 적응할 수 있도록 유연성을 부여
하는 것도 중요하다. 고용의 유연성은 물론이고, 신규 투자와 퇴출에
이르기까지 신속히 적응할 수 있는 부드러운 환경이 만들어져야 한
다. 수익성과 무관하게 기존 사업을 유지하는 경직적인 전략이나, 구
조조정을 거부하는 강경한 노사 대립은 결국 퇴출을 앞당길 뿐이다.
역설적으로 근로자가 원하는 고용의 창출은 신속한 구조조정을 통

"대마불사(大馬不死)라더니…"

나무 뒤에 숨은 사람

해 이루어질 수 있다는 사실을 받아들여야 한다. 특히 시장이 어려울수록 신속한 구조조정이 필요하다. 구조조정은 피할 수 없는 선택이지만, 실업은 피할 수도 있는 결과이다.

시장에 역행하는 기업 행태도 과감히 버려야 한다. 기업은 시장에서 살아 움직이는 생명체이다. 그 시장에서 버림받고서 어떻게 생존할 수 있단 말인가. 기업 규모가 커질수록 시장의 영향력은 당연히 증대된다. 정부의 정책도, 기업의 전략도, 노조의 투쟁도 모두 시장이 지켜보고 있다. 수없이 많은 사람들이 나무 뒤에서 소리 없이 바라보고 있다. 오늘 시장을 거스르는 선택은 내일 엄청난 사회적 비용을 유발하게 될 것이다.

경제의 위기는 항상 기회와 함께 온다. 수십 년 동안 성장한 우리 경제가 몇 년 침체되는 것은 결코 특이한 현상이 아니다. 문제는 침체가 아니라 얼마나 더 많은 학습비용을 지불해야 생존의 지혜를 발견할 수 있는가이다.

나무 뒤에 숨은 사람

7

붉은 깃발,
푸른 깃발

푸른 하늘의 자유

노고지리가 하늘을 난다고 모든 것을 얻은 게 아닌 것처럼 구호만 거창하다고
자유가 저절로 주어지는 것은 아니지 않은가.
처음 시작할 때의 고독한 개혁을 다시 시작해야 한다.

푸른 하늘을 제압하는

노고지리가 자유로웠다고

부러워하던

어느 시인의 말은 수정되어야 한다

자유를 위해서

비상(飛翔)하여 본 일이 있는

사람이면 알지

노고지리가

무엇을 보고

노래하는가를

나무 뒤에 숨은 사람

어째서 자유에는

피의 냄새가 섞여 있는가를

혁명은 왜 고독한 것인가를

혁명은 왜 고독해야 하는 것인가를

(김수영, '푸른 하늘을')

소중한 것은 저절로 굴러들어오지 않는다. 뜻대로 말하고, 푸른 하늘을 날 수 있는 자유도 쉽게 얻어지지 않는다. 자유라고 이름지어진 모든 것은 얼마나 많은 희생을 대가로 얻어진 열매인가.

경제적 자유도 신체의 자유나 정치적 자유 못지않다. 오히려 자유로운 것처럼 보이는 나라에서도 경제적 자유는 엄격하게 규제되는 경우가 많다. 그래서 원하는 사업에 투자하고, 마음대로 직업을 선택하며, 좋은 상품을 고를 수 있는 경제적 자유도 희생 없이는 얻기 힘들다.

경제적 자유는 포괄적으로 투자와 무역, 조세, 기업 경영, 금융 등 여러 측면에서 정부의 간섭 없이 얼마나 자유로운 의사결정을 할 수 있느냐를 말한다. 우리의 경제적 자유는 어느 수준에 와 있는가? 1960~1970년대의 경제 발전이 정부 주도로 이루어졌기 때문에, 금융 산업에 대한 정부 규제가 만연하였고 아직도 그 유산을 버리지 못하고 있는 것이 사실이다. 최근에도 정부가 재벌 개혁에 깊이 개입

"한 번 날아보면 알지. 푸른 하늘의 자유를…."

하여 '관치 경영'이라는 말까지 등장하였다. 사기업 총수의 운명도 정부의 입김에 따라 좌우되기 때문이다. 이런 요인으로 경제적 자유는 정치 민주화와는 달리 지속적으로 하락하는 추세에 있다.

실제로 월스트리트 저널과 헤리티지 재단이 공동 발표한 2006년 경제자유지수(IEF) 보고서에서 한국은 OECD 국가 중 최하위이자 칠레, 에스토니아보다 낮은, 세계 157개국 중 45위를 차지하고 있다. 지수가 낮을수록 높은 자유도를 나타내는데, 한국은 평균 2.63으로 전년도 2.64에 비해 거의 차이가 없어 경제자유 수준이 제자리걸음을 걸으며 여전히 낮은 것으로 평가되었다. 우리의 경제 규모가 세

나무 뒤에 숨은 사람

계 10위권을 감안하면 부끄러운 수치라고 할 수 있다. 경제자유도가 가장 높은 나라는 홍콩이고 싱가포르, 아일랜드, 영국 등이 상위에 올라 있으며, 경기 침체에서 벗어나고 있는 일본은 27위에 기록되어 있다.

지나친 자유는 흔히 혼란과 과당 경쟁을 유발하여 부정적인 결과를 가져올 수도 있다고 한다. 그러나 경제적 자유도가 높을수록 성장률과 국민소득도 높아지는 엄연한 현실을 어떻게 받아들여야 하는가. 경제자유도가 최하위인 쿠바와 북한이 최빈국에서 벗어나지 못하고 있는 것은 결코 우연이 아니다. 사회주의 경제가 수십 년간 참담했던 '인민의 희생'을 제물로 이제야 시장 체제로 이행하는 것은 자유에 얼마나 많은 아픔과 '피의 냄새'가 스며 있는가를 역설적으로 보여준다.

경제 자유는 시장경제가 지향하는 궁극적인 가치의 하나이다. 창의적 혁신과 책임, 생산성이 모두 자율적 의지가 있을 때만 최선의 결과를 가져오기 때문이다. 반대로 정부의 간섭과 통제가 많아지면 효율성은 낮아질 수밖에 없다. 경제자유도가 낮아질수록 기업의 사업 환경은 악화된다. 물론 경제적 자유로만 해결될 수 없는 현안에는 정부 개입이 불가피한 경우도 있지만, 정부는 항상 자신이 모든 것을 가장 효율적으로 움직일 수 있다는 환상을 가질 때가 많다. 그러나 역사적 경험은 오히려 그 반대였다.

우리는 이미 IMF의 환란으로 엄청난 대가를 치렀다. 그 희생의 원인이 정부 주도형 관치 경제의 폐해에서 비롯된 것도 잘 알려져 있다. 그래서 자유를 듬뿍 담은 '시장경제와 민주주의'의 기치를 내걸고 출발했지만, 과연 경제적 자유는 얼마나 확보되었을까. 노고지리가 하늘을 난다고 모든 것을 얻은 게 아닌 것처럼 구호만 거창하다고 자유가 저절로 주어지는 것은 아니지 않은가. 처음 시작할 때의 고독한 개혁을 다시 시작해야 한다.

풀어야 할 규제, 묶어야 할 규제

모든 경제적 규제에는 반드시 규제의 비용이 발생한다.
그 비용이 너무나 커서 규제를 철폐하는 것이 바람직할 때도 많다.

자동차 부품을 생산하는 어느 중소기업 사장으로부터 들은 얘기다. 다행스럽게 사업이 잘 되어 얼마 전부터 중국과 한국에 공장을 확장하는 프로젝트를 시작했다. 중국에서는 정부가 외국인 투자유치에 너무 적극적이라 모든 일이 일사천리로 진행되었다. 불과 4개월 만에 700평 규모의 공장 확장을 거뜬히 완료했다. 사업 허가와 건설 공사 등이 거침없이 진행되었기 때문이다. 그러나 경기도에 짓는 700평 규모의 공장은 사정이 딴판이었다. 규모는 비슷했지만 허가 단계에서부터 건축 심의와 환경 규제에 이르기까지 산 넘어 산이었다. 마지막 단계에서는 '은행나무 11그루' 때문에 구청과 씨름을 하며 시간을 소비하게 되었다고 한다. 왜 은행나무 11그루가 말썽이 되었던 것일까? 구청 측이 공장을 세우되 원래 부지에 있던 11그루의

은행나무는 반드시 보전되어야 한다는 단서를 내걸었기 때문이다. 나무를 좋아하는 사장은 어차피 공장의 조경을 위해 더 좋은 나무를 심을 계획인데 반드시 그 은행나무 11그루만을 보전하라니 답답하기만 했다. 여러 차례 사정해 보았으나 구청은 막무가내였고 사장은 아예 모든 공장 건설을 중국에서 시작하지 못한 것을 후회하게 됐다.(정갑영, 〈카론의 동전 한 닢〉, 삼성경제연구소(2005)에서 인용)

그렇다면 무엇을 어디까지 규제하는 것이 바람직한가? 우리나라에서는 건축 규제를 완화해야 한다고 주장하다가 대형 사고가 나면 일제히 규제가 소홀하다고 비판한다. 난개발을 막기 위해 준농림지를 폐지한다는 규제도 마찬가지다. 사회적 필요성도 많지만, 한편에서는 사유재산권을 침해하고, 주택 공급 부족을 초래할 것이라는 지적도 많다. 도대체 어느 장단에 춤을 추어야 하는가. 어디까지 시장 자율에 맡기고, 정부는 무엇을 규제하는 것이 바람직한가?

경제학에서는 정부 규제를 사회적인 측면과 경제적인 측면으로 나누어 설명한다. 사회적 규제는 환경의 보전이나 사회적 안전, 인명의 보호를 위해 필요한

"자를건 자르고 키울 건 키운다."

정부 개입을 말한다. 반면 경제적 규제는 시장의 실패를 막기 위하여 정부가 경제활동에 직접 개입하는 것이다. 시장 자율만으로는 해결될 수 없는 부문이 존재하기 때문이다. 그러나 모든 경제적 규제에는 반드시 규제의 비용이 발생한다. 그 비용이 너무나 커서 규제를 철폐하는 것이 바람직할 때도 많다.

선진국일수록 사회적 규제는 점차 강화하는 반면, 생산활동에 직접 관련이 있는 경제적 규제는 줄어드는 것이 일반적이다. 소득이 높아질수록 환경과 인명, 사회적 안전에 더 관심이 많아지기 때문이다. 따라서 우리나라도 사회적 규제는 지속적으로 강화하고, 생산활동에 직접 관련이 있는 경제 규제는 철폐해야 한다. 그러나 우리 현실은 오히려 정반대이다. 불필요한 경제적 규제는 많고, 사회적 규제는 오히려 부족한 편이다.

은행나무 사례처럼 환경을 제대로 보존(?)하려면 사회적 규제를 강화할 수밖에 없다. 그러나 세상에는 오히려 사회적 규제로 포장된 불필요한 규제도 적지 않다. 그 결과 은행나무 보호를 빌미로 엉뚱하게 나무 뒤에 숨은 사람들이 피해를 당하는 사례가 많지 않은가.

금주법(禁酒法)의 유산

프리미엄이 형성된 모든 것에는 반드시 공급을 제한하는 규제가 있게 마련이다.
규제의 혜택을 받았기 때문에 프리미엄이 붙은 것이다.

오늘도 얼마나 많은 사람들이 술로 기쁨을 나누고, 슬픔을 달래겠
는가. 그러나 술은 태생부터가 비극으로 시작되었다. 그리스 신화에
나오는 디오니소스가 술을 만드는 비법을 처음 개발했지만, 그의 수
제자 이카리오스부터 비극의 술잔은 시작된다. 이카리오스가 만든
술을 처음 마신 양치기들은 술에 취하자 자신들이 독약에 취한 줄 알
고 그를 죽여버렸기 때문이다. 성경 속의 노아도 홍수가 끝난 뒤 술
에 취하여 벌거벗고 자다가 아들에게 발각되었다. 이 사건으로 세
아들의 운명은 축복과 저주로 뒤바뀌게 된다. 그러니까 술이 불러오
는 비참한 역사는 꽤나 오래된 셈이다.

이렇게 나쁜 술을 금지할 수 있다면 얼마나 좋을까? 주당들에게는
고언이 되겠지만, 실제로 많은 나라가 술을 규제해왔다. 경제적 자유

나무 뒤에 숨은 사람

가 폭넓게 주어지는 미국에서조차도 모든 술의 제조와 판매, 수출입을 금지하는 금주법이 실시된 적이 있었다. 1919년에 제정된 금주법은 강력한 사회적 규제의 하나로 실시한 셈이다. 그러나 규제에는 항상 부작용이 있게 마련이다. 아이러니하게도 금주법은 마피아 조직을 급성장시키는 발판이 되었다. 멕시코와 캐나다로부터 술을 밀수, 밀매하는 갱조직이 등장하여 지하조직을 통해 엄청난 이익을 챙기는 황금의 밀주업이 활개를 치게 되었다. 암시장의 황금을 놓고 유혈극을 일삼는 광란의 1920년대가 시작되었고, 말론 부란도가 열연한 〈대부〉도 바로 이 시대를 배경으로 하고 있다.

"규제로 나를 때리면 누가 덕을 보나?"

규제에는 항상 예외가 있게 마련이다. 그 당시에도 성찬용이나 의사의 처방, 의료용 알코올만은 제외되었다. 어느 명망 있는 변호사는 금주법을 위반한 피고인에 대해 '인사불성이 되어 상처의 통증을 잊기 위해 마신 것이고, 취해서 기분이 좋은 것은 부작용'이라고 변호했다고 한다. 그러나 시간이 흐를수록 금주령을 비웃는 무허가 술집과 관리들의 부패만 늘어났다. 금주법은 결국 숱한 규제의 부작용만 남기고, 14년 만에 폐지되었다. 당시에는 금주법을 '고상한 실험(noble experiment)'이라고 불렀지만, 오늘날 이 말은 '허무맹랑한 탁상공론'으로 통한다. 고상한 실험의 실패를 경험한 세계 각국은 술에 높은 세금을 부과하는 경제적 규제가 오히려 더 술 소비를 억제하는 데 효과적이라는 사실을 터득하였다.

그러나 그 고귀한 실험은 술로 끝나지 않았다. 아직도 수없이 많은 규제가 사회적 규제라는 미명 하에 엄연히 살아 있고, 규제가 만들어 준 먹이사슬을 좇아 기생하는 사회적 부패가 심각하지 않은가. 시장의 기능을 무시한 규제는 부작용이 따르게 마련이다. 그래서 마피아가 활개치는 암시장도 생겼던 것이다. 과외를 규제하면 오히려 과외비가 올라가고, 유흥업소를 규제하면 비밀요정이 생긴다.

경제적 규제를 '고상하게' 생각해보자. 환율이나 외환 거래를 규제하면 암달러 시장이 생긴다. 사업권을 엄격히 규제하면 로비스트가 등장하고, 정치인과 기업인이 야합하는 정경 유착이 나타난다. 프리미엄이 형성된 모든 것에는 반드시 공급을 제한하는 규제가 있게 마련이다. 규제의 혜택을 받았기 때문에 프리미엄이 붙은 것이다.

때로는 그 규제를 풀기 위해서, 규제로 보호받기 위해서, 또는 경쟁 사업자를 규제로 묶기 위해서 수없이 많은 비리와 부패가 생기는 것이다. 그래서 규제가 많은 나라일수록 정책의 투명성이 낮고, 관리들은 부패해진다. 그들을 '고상한 마피아'라고 부르면 실례되는 표현일까? 경제에 자유가 필요한 이유도 여기에 있다.

아직도 우리 주변에는 분에 넘치는 '고상한 실험'이 너무 많다. 경제 자유의 핵심인 경영의 자율권을 규제하는 관치 경영도 고상한 실험의 위험을 안고 있다. 실험실에서만 끝나면 다행이련만, 고상한 희생을 엉뚱한 사람들이 당하게 되면 어찌하나.

붉은 깃발을 단 자동차

경제는 반드시 법대로 움직이지는 않는다.
환율을 규제하면 암달러상이 등장하고,
알사탕 가격을 규제하면 봉지 속의 사탕 개수를 줄인다.

영국에서는 1865년 '붉은 깃발법(Red Flag Act)'이 선포되었다. 자동차의 등장으로 퇴색하기 시작한 마차를 보호하기 위해 빅토리아 여왕이 성은(聖恩)을 내린 것이다. 기발한(?) 아이디어로 가득한 그 법안의 주요 내용은 이러하다.

(1) 한 대의 자동차에는 세 사람의 운전수가 필요하고, 그 중 한 사람은 붉은 깃발(낮)이나 붉은 등(밤)을 갖고 55미터 앞을 마차로 달리면서 자동차를 선도해야 한다. (2) 최고 속도는 시속 6.4킬로미터, 시가지에서는 시속 3.2킬로미터로 제한한다. (3) 밤에는 촛불이나 가스불을 달고 운행해야 하며 (4) 시 경계를 지날 때는 도로세를 내야 한다.

산업혁명 이후 엔진의 발명으로 급속히 발전된 자동차는 법안이

나무 뒤에 숨은 사람

선포될 당시 이미 시속 30킬로미터 이상으로 달릴 수 있었다. 그러나 영국에서는 빅토리아 여왕의 성은으로 시속 6.4킬로미터로, 그것도 마차가 선도하면서 달릴 수밖에 없었다. 누가 영국 땅에서 자동차를 타고, 좋은 자동차를 개발하겠는가. 이 법은 1896년에 폐지되었다. 그러나 영국에서는 달리지 못하던 자동차가 이미 프랑스와 독일에서 대량 생산 체제를 갖추며 대단한 인기를 누리고 있었다. 사양 산업인 마차를 보호하기 위한 규제가 결국은 마차와 자동차를 모두 잃게 한 셈이다.

경제는 반드시 법대로 움직이지는 않는다. 환율을 규제하면 암달러상이 등장하고, 알사탕 가격을 규제하면 봉지 속의 사탕 개수를 줄인다. 그것도 모자라면 알사탕에 구멍을 만든다. 경제는 법보다는 시장이 움직이고, 시장은 자신의 이익을 추구하는 우리의 마음이다. 그 마음에 과연 누가 돌을 던지겠는가.

법대로 안 되는 사례는 우리 주변에 수두룩하다. 영세 상인을 보호하기 위해 백화점 셔틀버스의 운행을 제한했지만, 그 효과는 미미하다. 오히려 백화점 주변은 승용차로 가득 차 교통만 더 복잡해졌다. 별다른 실익도 없이 사회적으로 더 큰 비용만 유발한 것 아닌가. 영세상을 보호하려면, 영세상이 소비자의 마음을 끌게 만들어야 한다. 버스를 폐지한다고 해서 시장으로 향하던 발걸음이 방향을 바꾸는 것은 아니다. 요즘처럼 인터넷으로 장을 보는 세상에 어떻게 그런 기대를 할 수 있겠는가.

의약분업과 건강보험의 적자도 너무 당연한 시장의 결과이다. 의

약분업으로 국민 건강을 증진시키는 효과가 달성된다 해도, 시장의 유인은 보험 재정의 악화를 불러올 수밖에 없다. 의사는 종전보다 자유롭게 고가약을 처방하며 처방료를 얹고, 약사는 약값에다 조제료를 다시 부과한다. 거래 단계마다 부가가치가 발생하고, 또 다른 비용이 추가되는 셈이다. 며칠분 약을 한꺼번에 처방하기보다는 여러 차례 나누고, 규제받지 않는 비보험 서비스를 더 즐겨하지 않겠는가. 그렇게 해야만 자신에게 이익이 되기 때문에 시장은 더 많은 보험 지출을 유발하는 쪽으로 움직인다. 의약분업은 국민 건강에 기여하지만, 보험 재정의 건실화를 유도할 아무런 인센티브도 없는 셈이다.

만약 시장이 법대로 움직인다면, 그것은 바로 법이 시장 논리를 따르기 때문이다. 버스 전용차선제를 보라. 법이 벌과금이라는 시장의 힘을 활용하고 있기 때문에 성공하는 것이다. 이것을 시장 친화적 규제라고 한다. 그럼에도 불구하고 반시장적 규제가 오래 지속되는 이유는 역시 규제의 성은을 즐기는 계층이 많기 때문이다. 자동차를 즐기는 '야타족'의 출현을 시기하는 '마차(馬車)족'이 있었기 때문에 한 번 등장한 '빨간 깃발'은 쉽게 사라지지 않았던 것이다. 그런 마차족 때문에 선진국에서는 모든 규제법이 일정 기간이 지나면 자동으로 그 효력을 상실하게 하는 일몰법(日沒法)을 적용한다. 우리도 인력거(人力車) 타고 '붉은 깃발'을 휘두르며 자동차를 규제하지는 않는지. 정부가 개입하여 규제하는 것이 항상 모든 문제를 합리적으로 해결해주는 묘약일까? 나무 뒤에 숨은 사람들에게 물어보자.

미아패로의 아파트

경제 정책은 항상 '나무 뒤에 숨어 있는 사람들'의 후생도 고려해야 한다.
오늘 시장에 나오지 않은 나무 뒤에 숨어 있는 사람들에게
큰 부담을 전가시켜서는 안 될 것이다.

인기 스타 미아 패로(Mia Farrow)는 우디 앨런과 명콤비를 이루며
숱한 화제를 남겼다. 별로 미인이 아니라는 평가 속에서도 앨런을
만난 후 일약 스타로 떠올라 〈범죄와 비행〉, 〈아일랜드의 연풍〉에서
열연했고, 한때는 자신의 헤어 스타일까지 유행하게 만들었다. 그녀
의 숱한 남성 편력도 빼놓을 수 없다. 프랑크 시나트라, 지휘자 앙드
레 프레빈, 우디 앨런 등과 살다가 헤어지며 끝없는 염문을 만들었기
때문이다.

그녀의 명성은 여기서 그치지 않는다. 뉴욕시에서는 한때 '미아
패로의 법(Mia Farrow law)'도 있었다. 인기 스타의 이름이 어떻게
법안에까지 붙어다니게 되었을까. 그것은 임대료를 엄격히 규제하
는 법령으로 패로가 큰 혜택을 받았기 때문에 붙인 별명이다. 그녀

는 1997년 당시 센트럴파크 서쪽의 방이 10개나 딸린 호화 아파트에 살고 있었다. 그러나 임대료는 방이 하나뿐인 아파트와 비슷한 수준에 불과했다. '미아 패로의 법(임대료 규제법)' 때문에 주인이 임대료를 올리지도, 내보낼 수도 없었기 때문이다.

물론 이 법의 취지는 저소득층을 보호하겠다는 것이었다. 그러나 누구든 일단 입주만 하면 법의 혜택을 즐길 수 있게 되어 있었다. 그래서 유명 배우와 의사, 펀드 매니저 등 돈 많은 사람들이 호화 아파트를 값싸게 임대한다고 화제에 올랐고, 미아 패로도 그 중의 한 사람이었던 셈이다(최근 법 개정으로 일부 고소득층의 호화 아파트는 규제가 적용되지 않는다고 한다). 규제는 정말 임대료를 안정시킬 수 있을까?

미아 패로의 법이 만들어낸 기현상(?)과 불평을 들어보자. "3층의 방 세 개짜리 아파트에는 노부부만이 살고 있는데, 2층에는 두 아이와 젊은 부부가 단칸 방에서 살고 있다. 그런데 임대료는 젊은 부부가 사는 작은 아파트가 2.5배나 비싸다. 노부부가 오래 사는 동안 임대료를 제대로 올릴 수 없었기 때문이다. 경제가 효율적으로 움직인다면 당연히 두 부부가 서로 바뀌어야 옳지 않겠는가. 그러나 규제는 엄격하다. 노부부가 이사를 가면 자식들이 현재 수준의 임대료를 내고 들어올 수 있다. 다른 사람에게 임대를 주려 해도 현재 수준에서 조금밖에 올릴 수 없다."

"이런 상황에서 당신이 주인이라면 친지나 신세를 진 사람에게, 아니면 뇌물이라도 주는 사람에게 방을 내주지 않겠는가. 누가 아무

"누가 내게 돌을 던지랴..."

관계없는 일반인에게 주겠는가? 그래서 시장에 공급되는 임대 아파트는 더욱 줄어들고, 임대료는 더욱 치솟는다. 누가 임대 아파트를 새로 지으려 하겠는가. 당장 임대 아파트도 부족하지만, 시간이 흐른다고 더 공급된다는 보장도 없다. 오히려 임대료를 규제하면 장기적으로는 공급이 감소하여 값은 더 오르지 않겠는가."

"임대 아파트에는 대부분 저소득층이 살고 있습니다. 만약 규제하지 않는다면 오히려 아파트는 값이 너무 비싸 텅비게 될 것입니다. 임대료 규제로 저소득층을 보호하는 것은 너무나 당연한 것 아니겠습니까?"

나무 뒤에 숨은 사람

"저소득층의 보호를 위해서는 좋은 제도같지만, 10년 후에 저소득층은 오히려 공급 부족으로 아파트 임대료를 엄청 비싸게 내야 한다."

임대 시장이 발달하지 않은 우리에게 아직은 생소한 이야기들이다. 그러나 결코 남의 나라 얘기만은 아니다. 전세에서 월세로 전환할 때 임대료를 규제하는 법안이 통과되지 않았는가. 시장의 반응은 어떠할까? 임대료 규제는 일시적으로 저소득층을 보호하지만, 시장의 움직임마저 통제할 수는 없다. 아예 전세금을 올리거나 임대업을 포기하는 사람이 서서히 나타난다. 시간이 흐를수록 공급은 줄고 가격은 오히려 더 올라간다. 그래서 어느 경제학자는 "폭격 다음으로 도시를 파괴시키는 것이 바로 임대료 규제"라고 혹평한다. 미아 패로의 법도 뉴욕의 일부 지역을 슬럼화시키는 데 큰 기여를 했다. 그러나 누가 넓은 아파트에 살면서 싼 임대료를 내는 미아 패로에게 돌을 던질 수 있겠는가. 임대료를 더 받으려는 주인도 패로의 마음과 다를 바 없다.

임대료를 규제한 법은 궁극적으로 누구에게 더 많은 혜택을 주게 될까? 머지않아 직장을 갖고 결혼을 하여 새 집을 찾아야 하는 사람들에게는 어떤 영향을 미치게 될까? 경제 정책은 항상 '나무 뒤에 숨어 있는 사람들'의 후생도 고려해야 한다. 오늘 시장에 나오지 않은 나무 뒤에 숨어 있는 사람들에게 큰 부담을 전가시켜서는 안될 것이다.

쥐꼬리만한 월급

시장의 반응은 반드시 정부의 의도대로 움직이지 않는다.
최저임금은 이미 일자리를 얻은 사람은 보호하지만,
새로운 실업자를 늘어나게 하는 부작용을 불러올 수 있는 것이다.

쥐가 꼬리로 계란을 끌고 갑니다

쥐가 꼬리로 병 속에 든 들기름을 빨아먹습니다

쥐가 꼬리로 유격훈련처럼 전깃줄에 매달려 허공을 횡단합니다

쥐가 꼬리의 탄력으로 점프하여 선반에 뛰어오릅니다

쥐가 꼬리로 해안가 조개에 물려 아픔을 끌고 산에 올라가 조갯살을 먹

습니다

쥐가 물동이에 빠져 수영할 힘이 떨어지면 꼬리로 바닥을 짚고 견딥니다

30분, 60분, 90분… 쥐독합니다

그래서 쥐꼬리만한 월급으로 살아가는 삶의 눈동자가 산초 열매처럼

나무 뒤에 숨은 사람

까맣고 슬프게 빛납니다

(함민복, '셀러리맨 예찬')

왜 하필 '쥐꼬리만한 월급'이라고 했을까? 이제 그 이유를 알 것 같다. '쥐꼬리'의 기준은 모두 다르지만 많은 사람들은 자신이 쥐꼬리만한 월급으로 살아간다고 푸념한다. 큰 꼬리도 있고 작은 꼬리도 있겠지만, 요즘에는 그 꼬리마저 잘린 사람들도 많다. 그래서 꼬리의 길이야 어떻든 셀러리맨이라는 사실 자체를 예찬하는 것 아니겠는가. 일자리를 찾는 사람은 많고, 일자리는 적으니 어떻게 모든 사람이 꼬리를 붙이겠는가.

일자리를 사고 파는 것이 바로 노동 시장이다. 일하려는 사람은 많고, 노동력을 고용하려는 기업이 적다면 노동 시장에서는 공급이 수요보다 많은 초과 공급 상태가 나타난다. 공급이 많으면 가격은 떨어지게 마련이다. 이것은 어느 시장에서나 공통적인 법칙 아닌가. 가격은 시장마다 다른 이름을 갖고 있다. 노동 시장에서는 임금이고, 금융 시장에서는 이자율이며, 외환 시장에서는 환율이다. 그래서 초과 공급이 나타나면 임금, 이자율 등이 하락한다. 노동 시장에서도 동일하게 초과 공급이 해소될 때까지 임금이 하락한다.

그렇다면 어디까지 임금이 하락해야 초과 공급이 사라지겠는가? 쥐꼬리만한 월급을 자르다보면 그렇게 낮은 임금으로는 아예 일을 하지 않겠다는 근로자도 등장할 것이다. 일하려는 사람이 줄어들기 때문에 노동 시장에서는 공급이 줄어든다. 반면, 노동력의 수요자인 기업은 임금을 내릴수록 고용을 확대하고자 할 것이다. 이렇게 되어 수요와 공급이 일치하는 점에서 균형임금이 결정된다. 초과 공급이 많을수록 이렇게 결정되는 임금은 상당히 많이 떨어진다.

경기 침체로 일자리가 줄어들수록 노동력의 초과 공급도 많아진다. 따라서 시장에 맡겨두면 아무리 적은 월급이라도 그저 일자리만 준다면 받아들일 수밖에 없는 처지가 된다. 임금 수준이 낮아지는 것은 물론이고, 쥐꼬리가 너무 작아 노동력이 착취당하는 수준에 이를 수도 있다.

이런 비극을 방지하기 위해 도입된 제도가 바로 최저임금제다. 사

"어떻게 내 꼬리보다 더 작니?"

나무 뒤에 숨은 사람

람을 고용하려면 최소한 얼마를 주어야만 한다는 법령이다. 노동 시장의 가격인 임금을 정부가 직접 나서서 통제하는 것이다. 목적은 물론 근로자의 최저생계 수준을 보호하고, 소득 격차를 줄이며, 후생을 증진시키는 데 있다. 이런 취지로 도입된 우리나라의 최저임금은 2006년 11월 기준 시간당 3,100원, 월 환산액으로는 70만 600원이다.

그러나 시장의 반응은 반드시 정부의 의도대로 움직이지 않는다. 왜 그러한가? 최저임금은 시장의 균형임금보다 높은 수준에서 결정된다. 시장에서 지급되는 임금이 법정 최저임금보다 높다면 최저임금제는 도입할 이유가 없다. 받을 수 있는 임금이 높아지면 새로 일하겠다는 사람이 늘어나게 된다. 반면 종전보다 높은 임금으로 고용하겠다는 기업은 적어진다. 이 결과 노동의 수요는 줄고 공급이 늘어나서 실업은 더 늘어난다. 즉, 최저임금은 이미 일자리를 얻은 사람은 보호하지만, 새로운 실업자를 늘어나게 하는 부작용을 불러올 수 있는 것이다. 실업자가 많아질수록 낮은 임금으로 불법 취업하는 사람도 늘어날 수 있다. 근로자를 보호하겠다는 최저임금제나 노동 시장에 대한 규제가 오히려 실업을 늘리고 임금을 떨어뜨리는 부작용을 유발할 수 있다.

쥐꼬리만한 월급을 보호하는 제도에도 부작용이 있을 수 있다. 쥐는 제 꼬리라도 맘대로 움직이지만, 우리는 꼬리도 제대로 통제하기 힘들다. 시장에는 워낙 많은 사람들이 움직이기 때문이다.

두 도시 이야기

외환위기의 원인은 환율 하나뿐이 아니지만,
인위적인 환율의 규제 역시 많은 부작용을 불러온다.
자유로운 변동환율제가 경제위기를 막는 데 더 효과적이다.

부에노스아이레스와 서울. 비록 2001년과 1997년으로 시간과 공간은 다르지만, 외환위기의 긴박함과 혼란, 경제 파탄 등 두 도시의 정경이 소설처럼 비교된다. 특히 위기의 직접적인 도화선이 되었던 환율 관리는 바로 '두 도시의 한 이야기'이다.

부에노스아이레스는 이미 2001년 초부터 새 환율 제도로 크게 흔들리고 있었다. 달러와 페소화를 1 대 1로 고정시키고, 자유롭게 교환하는 제도를 채택했기 때문이다. 달러화에 환율을 고정시켜 달러 보유액만큼만 국내 통화량을 조절하는 것이었다. 따라서 재정 적자가 발생해도 돈을 찍어 메울 수 없고, 인플레이션도 억제할 수 있었다. 만약 아르헨티나 경제가 미국만큼 건실하다면 장점도 많은 시스템이다.

나무 뒤에 숨은 사람

그러나 경기가 침체된 아르헨티나에서 어떻게 페소를 달러에 1 대 1로 고정시킬 수 있겠는가. 불가피하게 높은 이자율로 자금을 유인할 수밖에 없어 금리는 300퍼센트로 3배나 폭등하였다. 경기는 더욱 침체되고, 재정 적자도 누적되었다. 페소화가 평가절하되고 환율이 올라가야 했는데도, 정부는 지속적으로 페소를 달러에 묶어놓았다. 규제를 통해 페소화의 가격을 높게 유지시킨 것이다.

이런 규제에 시장은 어떻게 반응하는가. 나무 뒤에 숨은 사람들은 어떤 행동을 보일까? 환전까지 보장되어 있으니, 너도 나도 페소를 버리고 달러로 바꾸기 시작했다. 외환보유고는 급격히 감소했고, 주식과 금융 시장이 혼란에 빠져 결국 경제 위기로 치닫는 도화선이 되었다.

1997년의 서울, 공간적으로는 부에노스아이레스의 정반대 쪽에 있지만 두 도시의 이야기는 매우 유사하다. 한국은 세계화의 열풍으로 경상수지 적자가 1995년에 85억 달러에서 1996년에는 230억 달러로 확대되었다. OECD 가입과 국민소득 1만 달러의 환상으로 너도 나도 해외 여행에 나섰고, 적자는 단기 외채로 메워졌다.

적자가 발생하면 당연히 원화 가치가 떨어져 환율이 올라가야 한다. 그래야 해외 여행과 수입이 줄어들고 적자폭도 감소한다. 자연스런 시장의 조정현상이 환율을 통해 나타나는 것이다. 그럼에도 불구하고 환율은 1996년 9월 1달러당 820원대에서 1997년 9월에도 915원을 유지했다. 고정환율제는 아니었지만, 경상수지의 적자를 반영하는 환율 조정은 나타나지 않았다.

1997년 10월, 사태는 더 심각하게 나타났다. 해외에서 원화 환율이 폭등하기 시작한 것이다. 그러나 정부는 엉뚱하게도 환율을 방어하겠다고 나섰다. 그 이후의 결과는 더 말할 나위 없다. 공간은 다르지만 지구 반대편의 두 도시에서 똑같은 상황이 되풀이된 것 아닌가. 또 하나의 '두 도시 이야기'가 쓰여진 것 아니겠는가. 정부는 기초경제여건(fundamental)이 강하다고 자신했지만, 사람들은 원화를 버리고 달러를 사들였다. 규제로 원화의 가격을 높게 유지시킬 수는 없었던 것이다.

시장 흐름에 반하는 규제가 두 도시에서 비극의 도화선이 된 셈이다. 아르헨티나는 엄청난 비용을 치르고 난 후에야 정부 규제를 버

"동병상련(同病相憐)"

　　　　　　　　　　　　　　　　　나무 뒤에 숨은 사람

리고 변동환율제로 돌아섰다. 물론 역사는 두 도시에서만 되풀이되는 것이 아니다. 어디서나 자유로운 변동환율제가 경제위기를 막는 데 더 효과적이다. 물론 외환위기의 원인은 환율 하나뿐이 아니지만, 인위적인 환율의 규제 역시 많은 부작용을 불러온다.

보이는 손은 약손?

빅딜과 같은 사업 교환에는 정부가 개입하는 것이 바람직하지 않다.
시장은 항상 불확실한 상태에서 역동적으로 변화하기 때문이다.

1997년 말 외환위기가 발생한 직후 한동안 빅딜이 추진되었다. 빅딜을 추진한 논리는 분명했다. 우리 경제가 위기를 맞게 된 요인이 바로 재벌의 과잉 투자에서 비롯되었다는 것이다. 또한 특정 분야에서 국내 대기업 간의 과당 경쟁이 심각하기 때문에 정부가 개입하여 교통정리를 해야 한다는 논리였다. 이에 따라 삼성자동차는 대우가, 엘지반도체는 현대전자가 인수하는 등 재벌 간의 대대적인 사업구조 개편이 추진되었다. 이것은 물론 재벌 간의 자율적인 합의 형태로 추진되었다. 그러나 실질적으로는 정부가 사업 교환을 밀어붙인 강력한 구조조정의 하나였다.

국내 기업 간의 경쟁적인 과잉 투자를 해소하고 과당 경쟁을 방지하여 국제적인 경쟁력을 갖추도록 한다면 얼마나 좋은 일인가. 실제

반도체와 자동차, 석유화학은 공급 과잉 상태에 있었기 때문에 누가 보아도 구조조정이 시급했다. 그러나 지금 평가해보면 빅딜은 과연 소기의 성과를 거두었는가? 그렇지 않은 것 같다.

자동차, 반도체, 석유화학 등 빅딜 대상이 되었던 산업의 경쟁력은 아직도 요원하기만 하다. 누군가가 최소한의 도덕적 책임감이라도 느껴야 할 판이다.

빅딜과 같은 사업 교환에는 정부가 개입하는 것이 바람직하지 않다. 이유는 분명하다. 시장은 항상 불확실한 상태에서 역동적으로

"이렇게 한다고 살아남을 수 있을까?"

변화하기 때문이다. 변화하는 시장에 대한 투자의 결정은 당연히 기업이 해야만 한다. 왜냐하면 그러한 의사결정에는 항상 위험이 따르기 때문이다. 위험의 대가는 기업 스스로 책임지게 하는 것이 효율적이다. 그때의 선택으로 아직도 혜택을 (또는 고통을) 받고 있는 쪽은 정부가 아니라 기업이 아닌가. 반도체가 불과 몇 달 후에 호황으로 변할지, 혹은 불황일지는 아무도 정확하게 예측할 수 없다. 이렇게 불확실하고 역동적인 상황에서는 정부 개입이 효율적이지 않다.

과당 경쟁과 과잉 투자는 언제든지 나타날 수 있는 시장현상의 하나이다. 기업은 수요가 늘어나고 재고가 줄어들면 미래를 위한 투자를 대비한다. 업종마다 다르긴 하지만, 대체로 공장의 가동률이 75퍼센트를 넘으면 벌써부터 새로운 투자를 준비한다. 시장의 수요도 마찬가지다. 때로는 불황이 지속되다가도, 어떤 전기로 수요가 증대하는 경우도 많다. 최근에는 경제의 세계화 추세로 시장의 불확실성과 역동성이 더욱 커지고 있다. 따라서 어느 수준이 진정한 '과잉 투자'인지 또는 '과당 경쟁'인지를 파악하기 힘든 경우가 많다.

실제 과당 경쟁을 명분으로 하는 정부 규제는 수없이 많다. 인허가를 통해 사업자 수를 제한하는 것도 대부분 과당 경쟁을 막는다는 논리에서 비롯된다. 그러나 규제는 일단 도입되면 시장 수요가 늘어나더라도 지속되는 것이 일반적이다. 새로운 사업자가 진입해도 아무런 문제가 없음에도 불구하고, 소수의 기존 사업자만 영업을 하는 경우가 많아진다. 이렇게 되면 현재 사업권을 가지고 있는 기업만이 특혜를 누리게 된다. 흔히 말하는 프리미엄이 형성된다.

그렇다고 과당 경쟁으로 인해 쓰러지는 영세업자를 보호하지 않을 수는 없지 않은가. 옳은 얘기이다. 그러나 과당 경쟁을 막는 규제는 일정 기간이 지나면 자동적으로 폐지하는 것이 좋다. 빅딜처럼 인위적인 교통정리가 더 큰 불편을 초래할 수 있기 때문이다.

8

'뷰티플 마인드' 의 경제

또 하나의 균형

그가 생각하는 것을 나도 생각하며 행동한다면
경쟁자와 나 자신 모두가 만족할 수 있는 균형에 도달할 수 있다!

경제학자 존 내시의 일생을 그린 영화 〈뷰티플 마인드〉가 상영되
어 화제를 모았다. 수십 년 동안 정신분열증으로 광인과 같은 역경
을 겪었던 천재 수학자 존 내시. 그가 노벨 경제학상을 받게 되는 감
동적인 전기가 영화로 만들어진 것이다.

영화에는 노벨상으로 이어지는 내시의 업적은 물론 한 천재가 겪
는 정신분열증의 참담한 모습과 제자 엘리샤와의 사랑과 결혼, 냉전
시대의 덫에 걸려 고통을 겪는 천재의 영혼이 생생하게 그려져 있
다. 광기의 천재와 엘리샤의 순수한 사랑과 헌신도 때로는 안타깝고
처절하게 느껴져서 관객들의 가슴을 뭉클하게 만든다. 과연 '사랑
은 그를 만들었고, 그는 세상을 만든 것일까.' 게다가 〈글래디에이
터〉의 영웅 러셀 크로(내시 역)와 제니퍼 코넬리(엘리샤 역)가 벌이

는 명연기와 매력이 〈뷰티플 마인드〉의 영혼을 더욱 아름답게 한다.

경제학자의 일생이 영화화되어 이번처럼 흥행에 성공하는 것은 흔치 않았다. '합리성'을 추구하는 경제학자의 속성상 내시와 같은 감동적인 삶을 찾아보기 어려웠던 것일까? 아니면 경제학의 어려운 개념을 영화 속에 담기가 힘들기 때문이리라. 〈뷰티플 마인드〉에서도 내시의 가장 큰 업적인 '내시 균형'을 관객에게 설명하는 데 상당히 고심한 흔적이 보인다.

괴짜 천재인 내시는 기숙사 유리창을 노트 삼아 독창적인 아이디어를 찾으려 한다. 그러던 어느 날 4명의 짓궂은 친구들과 함께 간 바에서 친구들과 함께 온 금발의 미녀를 보게 되고 그녀를 둘러싼 친구들의 '경쟁'을 보며 직관적으로 '균형이론'의 핵심을 파악한다.

금발 미녀에게 매료된 한 친구가 이렇게 외친다. "우리의 애덤 스미스 선생이 말했지. 각 개인이 이기적으로 자신의 이익을 추구하면, 그게 곧 공공의 이익을 극대화시키는 결과를 가져온다고. 자, 서로 고민하지 말고 각자 미인을 차지하기 위해 노력하자고. 그렇다면 승자는 결국 한 명뿐이겠지만, 그게 곧 최선의 결과가 될 거야." 친구들은 모두 고개를 끄덕인다.

내시가 갑자기 외쳐댄다. "아니, 그럴 필요 없어. 우리 모두가 승자가 되는 길이 있다고. 만일 우리 모두가 그녀를 원한다면 승자는 한 명뿐이겠지. 그렇지만 모두가 한 사람에게만 관심을 갖지 말고, 그녀와 같은 다른 네 친구들에게도 고개를 돌려 대쉬한다면 우리 모두가 동시에 행복해질 수 있어. 한 사람만 행복해지는 결과에서 다섯 명

모두 행복해지는 상태가 되는 거지. 서로 조정만 잘 하면 모두가 행복해질 수 있는 거라고."

내시는 그 길로 나가 '내시의 균형'을 논문으로 발표하여 세상에 등장시킨다. 그의 논문을 읽은 교수는 다음과 같이 묻는다. "자네가 150년이란 역사를 지닌 경제학을 부정하고 있다는 사실을 알기나 하나?" 내시는 고개를 끄덕거린다. 교수는 말을 잇는다. "훌륭하군!"

내시 균형을 요약하면 이렇다. '그가 생각하는 것을 나도 생각하며 행동한다면 경쟁자와 나 자신 모두가 만족할 수 있는 균형에 도달할 수 있다!' 따라서 경쟁자가 지금과 같은 행동을 지속한다면 나 자신도 현재의 선택을 바꿀 필요가 없는 '내시의 균형'이 존재하는 것이다.

과연 스미스 이래로 내려온 '150년의 균형'과 '내시의 균형'은 어떻게 다른가? 커피 한 잔을 선택하는 데 15분이나 걸린다는 실존의 주인공 존 내시와 영화 속 배역 러셀 크로가 촬영장에서 조우했을 때 두 천재의 만남은 과연 어떤 균형을 이룰 수 있을까.

두 사람 모두 그 상태에서 자신의 역할을 바꾸고 싶지 않다면 그것 역시 내시 균형의 하나였으리라. 직업이 전혀 다른 영화 배우와 경제학자도 서로 만족하는 또 하나의 균형을 찾을 수 있을 것이다.

나무 뒤에 숨은 사람

자비심보다 자비로운 이기심

사람들이 자신의 이익(self-interest)을 열심히 추구하는 가운데 '보이지 않는 손'에
의해서 원래 의도하지 않았던 사회나 국가 전체의 이익이 증대된다.

"오늘 저녁식사는 정육업자, 양조업자, 제빵업자들의 자비심 때문
이 아니라 그들의 개인 추구 때문이다. 사람은 누구나 생산물의 가
치를 극대화시키는 방향으로 자신이 갖고 있는 자원을 활용하려고
노력한다. 개인이 공익을 위해 움직이는 것은 아니며, 자신이 얼마나
공익에 기여하는지도 알지 못한다. 단지 자기 이익과 안전을 위하여
행동할 뿐이다. 그러나 사람들이 자신의 이익(self-interest)을 열심히
추구하는 가운데 '보이지 않는 손'에 의해서 원래 의도하지 않았던
사회나 국가 전체의 이익이 증대된다."

스코틀랜드에서 유복자의 아들로 태어난 애덤 스미스는 말이 적고
내성적이며 항상 우울한 편이었다. 어린 시절 유괴를 당한 기억 때
문이었을까? 한 번 생각에 빠지면 다른 일은 거들떠보지도 않은 편

집광(偏執狂)이었다고 한다. 그래서 잠옷 바람으로 산책하러 집을 나가면 저녁때나 돌아오곤 했다. 생계 때문에 한때는 철도원으로, 은행원으로, 문학평론가로 전전긍긍하며 힘겨운 생활을 했던 그는 언젠가 셰익스피어를 혹평하는 글을 썼다가 평론계에서 '스코틀랜드의 잡초'로 사라져야만 했다.

그가 세인의 관심을 끌며 역사를 바꾼 경제학자로 변신하게 된 것은 당대 명문(名文)의 철학서 〈도덕정서론〉으로 명성을 날리고, 부유한 공작의 개인 교수로 프랑스를 여행하며 〈국부론〉을 저술한 후부터였다. 그의 메시지는 매우 간단하다. "모든 개인이 자신의 이익을 좇아 행동한다면 '보이지 않는 손'에 의해 조정이 되면서 공공의 이익은 극대화된다." 우울한 성격과는 달리 매우 낙관적인 경제철학을 제시했던 것이다. 세상 모든 사람이 자기 이익에만 몰두한다면 자연적인 조정을 통해 최대 다수의 공익과 후생이 극대화되는 균형이 달성된다니 얼마나 낙천적인가.

바로 이 '보이지 않는 손'이 오늘날 시장경제의 근간이 되었으니, 시장경제는 태초부터 낙관적 자연주의를 바탕으로 한 셈이다. 시장경제의 '보이지 않는 손'이란 가격을 말한다. 가격이 수요와 공급을 자동적으로 조절하며, 수요자와 공급자 사이에서 서로의 이해를 조정하여 시장의 균형을 이끄는 것이다. 이 기능으로 경쟁시장에서는 각 개인이 노력하지 않아도 수요와 공급의 균형이 이루어진다는 것이다.

이런 자유방임과 시장의 자동 조절 기능을 믿는 애덤 스미스는

나무 뒤에 숨은 사람

"빵을 사고 파는 데도 보이지 않는 손이 움직이는 거야."

"정부는 법령과 규제로 경제에 도움을 준다고 생각하지 마십시오. 차라리 자유방임하십시오. 간섭하지 말고 그대로 내버려두십시오. '이기심이라는 기름'이 경제라는 엔진을 잘 돌아가게 할 것입니다"라고 말하였다. "교수와 법관의 월급도 학생 수와 판결량에 따라 결정되어야만 열심히 일한다"는 스미스의 논리는 법 제도나 국가보다도 개인의 동기가 훨씬 더 중요한 발전의 원동력이 된다는 것이다. 이해관계의 상충과 갈등은 모두 시장의 보이지 않는 손에 의해 조정되어 균형에 이른다.

물론 균형의 개념은 가격과 국민소득, 이자율, 고용과 임금, 국제수지 등 경제학의 거의 모든 분야에서 활용되고 있다. 역설적으로 모든 경제학의 문제가 균형을 찾는 문제라고도 할 수 있다. 경제학 뿐만이 아니다. 다윈의 진화론도 애덤 스미스의 영향을 받아 "생존

경쟁이 얼핏보기엔 잔혹하고 무질서하지만, 전체적으로는 진화하고 발전해간다"고 말했다.

전통적인 균형과 달리 '내시의 균형'은 비록 공공의 이익이 근대화되지 않은 상태에서도 서로가 변화를 원치 않는 평화로운 균형이 성립한다는 사실을 보여준다. 때로는 비효율적이거나 사회적 낭비가 많은 상태에서 적당한 타협의 결과로 균형이 성립될 수도 있는 것이다. 그래서 실업과 같이 바람직하지 않은 현상도 오래 지속될 수 있다.

"나는 고백한다"

참여하는 기업이 서로 믿고 신뢰한다면 그만큼 전략적 선택이 용이해진다.
그러나 경쟁 기업이 서로 적대적인 관계에 있다면
결국은 최악의 결과를 가져올 수 있다.

로건 신부는 어느 날 고해성사를 통해 켈러의 범행 사실을 알게 된
다. 성당의 사제관에서 일하던 켈러는 돈을 훔치러 변호사의 집에
침입했다가 우발적으로 살인을 저질렀던 것이다. 신부는 성직자의
윤리를 지키려고 노력하지만, 현실은 전혀 엉뚱하게 뒤틀린다. 비밀
을 지키려고 노력할수록 신부는 오히려 경찰로부터 진범으로 오인
을 받게 되는 것이다. 게다가 범인 켈러마저도 신부를 진범으로 몰
기 위해 계략을 꾸민다. 이 궁지에서 벗어나려면 범인의 고해성사
내용을 폭로해야 한다. 그러나 그것 역시 신부로서 지켜야 할 원칙
을 위반하는 것이니, 누명에서 벗어나려는 로건의 갈등은 끝이 없다.
고백해야 하나, 자신이 덮어써야 하나?

알프레드 히치콕이 연출하고, 몽고메리 클리프트(로건 신부역)가

출연했던 명작 〈나는 고백한다〉의 줄거리다. 살인자의 고해성사를 들은 신부의 갈등이 사이코 스릴러의 영화 속에 인상적으로 그려져 있다. 신부의 갈등 못지않게 세상에는 말을 해야 할지, 말아야 할지를 고민하는 경우가 많다. 비록 살인범처럼 무거운 누명을 쓰는 일이 아닐지라도, 말 한 마디의 고백 여부가 큰 차이를 가져오는 일이 얼마나 많은가. 게다가 어떤 상대방과 연루되어 서로 의존적인 행동이 나타날 때는 더욱 그러하다.

예를 들어 A와 B가 공모하여 어떤 일을 저질렀다고 가정하자. A와 B는 각각 다른 방에서 검사의 조사를 받는다. 범행 여부에 대한 확증이 부족한 상황에서 두 사람이 모두 끝까지 범죄 사실을 부인한다면 사건은 영원히 미궁에 빠질 수도 있다. 그러나 어디 그게 쉬운 일인가. A가 입을 다물어도, 다른 방에 있는 B가 비밀을 지킨다는 확신이 서지 않는다. 재수없게 나만 침묵하고, 그 녀석이 나에게 모든 누명을 씌울 수도 있지 않은가. 차라리 내가 먼저 고백하는 게 나을지 모른다. 게다가 진실을 말하면 선처하겠다는 검사의 유혹까지 있다면, 믿음은 더욱 연약해진다. 의리고 뭐고, '나는 고백한다'?

전형적인 죄수의 딜레마(prisoner's dilemma)이다. 각자가 어떻게

나무 뒤에 숨은 사람

행동하느냐에 따라 네 가지의 경우를 생각할 수 있다. 두 사람 모두 부인하면 무죄로 석방되고, 반대로 모두 고백해버린다면 각각 5년형을 받게 된다고 하자. 또한 A만 자백하고 B는 부인한다면 자백한 A는 2년, 부인한 공범자 B는 7년을 받는다고 하자. B가 고백하고, A만 부인한다면 그 반대의 형량이 선고될 것이다. 상대방을 얼마나 신뢰하고, 내가 어떻게 행동을 하느냐에 따라 결과가 달라지는 것이다.

죄수의 딜레마는 경제학에서도 많이 응용된다. A와 B가 공범자가 아니고 치열하게 경쟁하는 두 기업이라고 해보자. 자백할 것이냐의 여부는 바로 기업의 전략적인 변수다. 생산량을 늘릴 것이냐, 가격을 올릴 것이냐를 선택하는 것이다. A가 가격을 올리는데 B가 따라오지 않는다면 A의 전략은 당연히 실패로 끝난다. 담합을 해서 서로 보조를 맞출 수만 있다면 정말 좋을 것이다.

그러나 경쟁 기업끼리 담합하기가 어디 쉬운가. 또한 공개적으로 담합하면 공정거래법에 위배되고 국제적으로도 문제가 될 수 있다. 다른 감방에서 공개적으로 얘기하지 못하는 죄수의 딜레마가 그대로 적용되는 것이다. 참여하는 기업이 서로 믿고 신뢰한다면 그만큼 전략적 선택이 용이해진다. 그러나 경쟁 기업이 서로 적대적인 관계에 있다면 결국은 최악의 결과를 가져올 수 있다.

로건 신부는 결국 옛 애인이 사건 당일 날 밤 같이 있었다는 사실을 증언함으로써 누명에서 벗어난다. 기업도 경쟁 기업과 신뢰관계가 있으면 전략적 선택에 큰 비용을 지불하지 않아도 된다. 그러나 시장에서도 과연 신뢰가 존재하는가?

기업의 생존 게임

남의 전략에 상관없이 자신에게 최선이 되는
우월 전략(dominant strategy)이 존재한다.

얼마 전 농구계의 황제라는 마이클 조던이 다시 복귀했다. 이유는 단순하다. 그저 농구가 좋아서란다. 어쩌면 아주 단순해보이는 그의 결정이 경제적으로 100억 달러가 넘는 부가가치를 창출한다니, 스포츠의 경제적 영향력은 엄청나게 크다. 그런 스타가 40명만 모이면 우리나라 전체의 국내 총생산에 버금가는 것이다.

스포츠는 정해진 규칙에 따라 상대 팀과 치열한 경쟁을 하는 데 묘미가 있다. 이런 스포츠의 특성을 따서 경제학에도 게임이론이 등장했다. 기업 간에 벌어지는 시장경쟁을 운동경기에 비유하는 것이다. 특히 생산자가 소수에 불과한 과점 시장에서는 기업 간의 경쟁을 운동경기와 같은 차원에서 설명한다. 다시 말하면 기업이 곧 운동경기의 선수가 되는 것이다. 농구에서 다섯 명이 뛰듯이 시장에서도 5개

나무 뒤에 숨은 사람

기업이 경기를 벌인다고 생각하면 된다.

두 사람이 치열한 눈치경쟁을 하는 죄수의 딜레마도 전형적인 게임이다. 나의 '작전'은 고백할 것이냐, 안 할 것이냐, 둘 중의 하나다. 그런데 내 전략은 상대방이 어떻게 나오느냐에 의존할 수밖에 없다. 상대팀이 수비 전략을 어떻게 세우고, 어떤 포지션으로 공격할 것인가에 따라서 우리 팀의 작전이 결정되는 운동경기와 다를 바 없는 것이다.

죄수의 딜레마는 몇 년을 감방에서 지내야 하는가를 좌우하는 운명의 결단이다. 기업의 게임도 결국은 죽느냐 사느냐로 연결된다. 예를 들어 어떤 시장에 A, B 그리고 C 세 기업만 있으며, 상품의 가격이 계속 하락하면서 각 기업의 영업 적자는 계속 심각해지고 있는 상황이라고 하자. 이 시장에서 벌어지는 생존 게임은 바로 죄수의 딜레마와 같다. 가격이 폭락한 이유는 공급 과잉 때문이다. 따라서, 최선의 전략은 바로 모든 기업이 협력하여 생산량을 줄이는 것이다. 기업이 이 사실을 모르겠는가? 그럼에도 불구하고 모두 감산을 외면하고 있는 셈이다. 감산이 결코 자신에게만 유리하지도 않고, 오히려 경쟁 기업에만 도움을 줄 수도 있을 것이라는 의구심 때문이다.

죄수의 딜레마 게임으로 풀어보자. A가 감산하고, B와 C는 감산하지 않는다면 시장가격의 안정에 따른 혜택은 A보다 B와 C에게 돌아간다. 오히려 A의 시장점유율만 줄어들 뿐이다. 빈사상태의 B와 C가 회생할 수도 있다. B와 C의 생각도 마찬가지이다. B와 C는 감산하는데 A가 따라오지 않는다면? 차라리 지금 상태로 버티는 게 더 유

"너한테 빼기면 내가 죽는데…"

리하지 않겠는가. 모두가 합심하여 생산량을 줄이면 좋겠지만, 각 기업의 이해관계를 독자적으로 판단하면 이것은 결코 각 기업에게 최선의 전략이 되지 않을 수 있다.

공범자 두 사람은 파트너가 어떻게 하든 고백을 하는 것이 자신에게 유리하다. 나만 고백하거나, 두 사람이 동시에 고백해도 자백하지 않았을 때보다 형량이 적기 때문이다. 이렇게 남의 전략에 상관없이 자신에게 최선이 되는 우월 전략(dominant strategy)이 존재한다. 그러나 두 사람이 모두 입을 다물었다면 그것은 금상첨화 아니겠는가.

나무 뒤에 숨은 사람

이런 가능성 때문에 협력이 잘 안되는 것이다. 이 딜레마가 업체간 협력을 가로막고 있는 것이다.

게임은 언제 끝나는가? 승자와 패자가 확인될 때 경기는 끝나고 관객도 사라진다.

역사를 바꾼 내시 균형

"그가 생각하는 걸 나도 생각한다고 그가 생각하리라는 걸 나는 생각한다."

　　"그가 생각하는 걸 나도 생각한다고 그가 생각하리라는 걸 나는 생각한다." 어디 한 군데 쉼표라도 있으면 좋으련만, 보통 사람은 이 추론의 연속을 이해하기 쉽지 않다. 이것은 수학자 존 내시(John F. Nash Jr.)가 약관 21세에 쓴 27쪽짜리 박사학위 논문의 일부이다. 이 논문으로 50년 뒤 노벨 경제학상까지 받았으니, 천재성이 한결 더 돋보인다. 그가 프린스턴으로 진학할 때 그의 추천서에는 단 한 줄의 문장밖에는 없었다고 한다. "그는 천재입니다(He is a genius.)"

　　그러나 그 천재가 명성을 막 날리기 시작할 무렵, 비극적인 사건이 터졌다. 천재는 항상 기이하고 고독하며 광인(狂人)의 소인(素因)을 갖고 있는 것인가. 내시는 어느날 뉴욕 타임즈를 들고 교수실로 뛰어들며, "오늘 신문에 나만이 해독할 수 있는 은하계에서 보낸 암호가 실려 있다"고 외쳐댄다. 원인 불명의 편집증적 정신분열증이 서른 살의 내시에게 몰아닥친 것이다. "이성과 논리적인 증명에 몸바친 자네가, 어떻게 외계인이 자네에게 은밀한 메시지를 보내고 있다고 믿는가?" 하버드 대학의 조지 매키 교수가 물었다. "초자연적인 존재에 대한 착상이든, 수학적 착상이든 내게 떠오를 때는 똑같은 길을 따라 오기 때문이지."

그 후 내시는 남루한 옷차림으로 대학 내를 배회하면서 남들은 알 수 없는 낙서를 칠판에 쓰고, 심각한 망상과 환상 등으로 비극적인 광인의 생활을 했다. 30여 년이 지나서야 겨우 광기에서 약간 회복된 그에게는 게임이론을 창시한 업적으로 노벨상이 기다리고 있었다. 생애 동안 단 세 편만의 논문을 남겼지만, 수학과 경제학, 정치학, 생물학 등에 '내시 균형(Nash equilibrium)'이라는 새로운 개념을

제시했던 것이다.

　내시는 게임이론을 창안했다. 경쟁의 대응에 따라 최선의 선택을 하면, 서로가 자신의 선택을 바꾸지 않는 균형이 있다는 사실을 밝혀낸 것이다. 죄수의 딜레마와 같은 개념이다. 서로가 협력하여 자백하지 않으면 차라리 말해버리는 것이 낫다. 이런 균형을 '내시 균형'이라고 한다. '상대방이 현재의 전략을 유지한다는 전제 하에서 나 자신도 현재의 전략을 바꿀 요인이 없는 상태'이다.

　물론 서로가 협조적일 경우와 비협조적일 경우의 균형은 크게 달라진다. 그래서 협조적 게임과 비협조적 게임으로 나누어서 살펴볼 수 있다. 그림에서와 같이 두 기업 A와 B가 가격을 각각 1만 5,000원과 1만 원에 설정했을 때 이윤을 생각해보자. A와 B가 동시에 협조하여 가격을 1만 5,000원으로 유지하면 A, B 모두 150만 원의 이윤을 얻는다. 그러나 서로 협조하지 않고 A가 먼저 1만 원으로 내린다면, A의 이윤은 200만 원으로 늘어나고, 가격이 비싼 B의 이윤은 80만 원으로 줄어든다. 따라서 A의 가격이 인하하려는 인센티브를 갖는다. 그러나 A가 가격을 인하하면 B도 당연히 가격을 인하하려는 인센티브가 주어진다. 그림에서와 같이 결국은 A, B 모두 100만 원의 이익을 얻게 되는 균형으로 가게 된다.

　즉, A의 전략(가격 1만 원)이 주어진 상황에서 B의 최선의 전략은 가격을 인하하는 것이다. 또한 가격을 인하한 A로서는 B의 가격인하 전략이 주어진 상태에서 더 이상의 가격 변화가 오히려 이익을 더 적게 만들게 되므로 움직이려는 유인은 사라진다. 따라서 모두가 가격을 협조한다면 더 많은 이익을 실현할 수 도 있다.

내시 균형의 개념은 협상 전략으로도 널리 활용된다. '상대방이 생각하는 걸 나도 생각한다고 상대방이 생각하리라는 걸 내가 생각한다면', 결과는 항상 서로의 생동에 의존적이 된다.

〔내시 균형〕

		B의 전략에 따른 이윤	
		가격 1만 5,000원	가격 1만 원
A의 전략에 따른 이윤	가격 1만 5,000원	150만 원 150만 원	200만 원 80만 원
	가격 1만 원	80만 원 200만 원	100만 원 100만 원

내시 균형

고장난 신호등

정부가 일관된 신호를 보내면 협상의 질서는 쉽게 균형으로 간다.
그러나 신호가 오락가락하면 교통사고가 나게 마련이다.

1981년 8월 3일, 미국은 사상 초유의 공항 마비 상태를 겪었다. 1만 3,000명의 항공관제사들이 파업에 돌입했기 때문이다. 정부와의 오랜 협상이 결렬되자 관제사 노조는 파업을 강행하며 3가지 조건을 요구했다. 1만 달러의 급여 인상과 40시간에서 32시간으로의 주당 근무시간 감축, 그리고 퇴직 수당 인상.

그러나 항공 운항의 안전을 책임져야 할 공공서비스 부문의 파업에 대처하는 레이건 행정부의 태도는 과거와는 달랐다. 48시간 내에 복귀하지 않는 관제사는 무조건 해고하기로 한 것이었다. 게다가 재취업을 금지한다는 초강경 방침도 덧붙였다. 누가 이 조치를 선뜻 받아들이겠는가? 그렇게 많은 관제사를 해고하고, 재취업까지 금지할 수 있겠는가?

레이건의 조치는 위협적인 것으로 받아들여지지 않았다. 파업은 계속되었고, 48시간 내에 복귀하지 않은 1만 1,350명이 해고 되었고, 관제사의 70퍼센트를 해고한 후 정부는 한시적으로 비행을 통제하고 항공 서비스를 감축했으며, 군 인력까지 동원하여 대응했다. 수많은 법적 투쟁이 지속되었지만 공항으로 되돌아갈 수 없는 관제사들은 결국 직업을 바꿔야만 했다.

영국에서도 1984년 유사한 사례가 벌어졌다. 20개 탄광의 폐쇄와 2만 명의 인력 감축을 골자로 한 석탄산업 구조조정 계획에 맞서 세계 최고의 강성 노조로 알려졌던 영국 탄광노조가 총파업에 나섰던 것이다. 당시 마가렛 대처 수상은 타협에 익숙했던 과거 정권과 달리 탄광노조 파업을 불법으로 규정하고 무려 1년여 동안 경찰력을 동원해 정면 대응하였다. 그리하여 공급 과잉 속에 비효율이 심각했던 정부 소유의 석탄산업을 성공적으로 개혁하고 민영화한 것이다. 대처는 "법이 폭도의 논리에 제압될 수 없다"는 명언을 남기고 , 고용법까지 개정하였다. 탄광 노동자들은 결국 백기를 들었다.

강성 노조와 강한 정부가 부딪치면 균형은 어디로 갈까? 강성 노조는 파업과 투쟁으로 이익을 극대화하는 결과를 가져올 때가 많다. 그러나 강성이 지나쳐 불법으로 비껴가면 얻는 것도 없이 위세만 꺾일 수 있다. 이 과정에서 균형의 결과를 좌우하는 가장 중요한 요소는 역시 정부 전략의 일관성과 신뢰성 여부이다.

노사 간 협상을 경제학에서는 대표적인 게임(game)의 사례로 본다. 노동조합과 사용자가 벌이는 협상 과정인 것이다. 규칙이 있고,

		정부	
		강경 대응	타협 · 양보
노조	파업	30 / -20	50 / 40
	복귀	100 / 20	80 / 20

불법적 행동에 대한 불이익도 명시된다. 노동자는 태업과 파업 등 각종 전력을 적절히 사용하며, 자신의 이익을 최대한 관철시키고자 한다. 사용자 역시 모든 전략으로 자신의 이익을 극대화하려 할 것이다. 두 당사자의 전략이 상호작용하여 게임이 진행되고 결국은 균형을 찾아가다.

불법 파업에 대응하는 정부와 노조의 협상도 이 범주에 포함된다. 관제사나 탄광노조가 처음부터 정부의 강경 방침을 '신뢰'할 수 있는 위협으로 받아들였다면 파업은 오래 가지 않았을 것이다. 그러나 과거에 계속된 관행으로 정부의 '말'이 전혀 위협으로 들리지 않았기 때문에 무리한 투쟁을 계속했던 것이다.

정부와 맞서는 노조는 둘 중 하나를 선택해야 한다. 파업을 지속하든가. 직장에 복귀하든가. 만약 정부가 강경한 자세로 대응을 하고 그 위협이 신뢰할 만한 것이라면 당연히 노조는 복귀하는 편이 유리하다. 파업을 계속하면 20을 잃게 되지만, 복귀하는 경우에는 20만큼 얻을 수 있기 때문이다. 그러나 정부가 일관성 없이 타협을 한다면 파업을 지속해야 더 좋은 결과를 얻을 수 있다. 이때 노조는 복귀하는 경우 20만큼 얻지만, 파업을 계속하면 40을 얻을 수 있다.

정부가 일관된 신호를 보내면 협상의 질서는 쉽게 균형으로 간다. 그러나 신호가 오락가락하면 교통사고가 나게 마련이다.

불균형 속의 균형

수요와 공급이 일치하지 않는 불균형의 균형은
실업이라는 비극만 남길 뿐 결코 아름답지 않다.

모스크바를 여행하는 사람들은 누구나 '붉은 광장' 남쪽 끝자락에
서 있는 특이한 건축물에 놀라움을 느낀다. 어딘가 조화를 이루지
않은 듯하면서도 서로 다른 모양과 색깔이 아름답게 얽혀있는 바실
리 사원이다. 언뜻 보면 여러 개의 양파 같은 지붕을 제멋대로 올려
놓은 듯하다. 이반 5세(1530~1584)가 카잔 한을 정복한 기념으로 만
들었다는 이 사원은 8개의 작은 예배당이 대각선으로 이어지며 2개
의 십자가를 그리고 있다. 그러나 서로 균형이 맞지 않는 듯하면서
도 아름답기 그지없이 절묘한 조화를 이루고 있어 '16세기 러시아
건축 미학을 대변하는 결정체'로서 손색이 없다. 지금도 이 사원은
불균형이 조화를 상징하는 세계적 건축물로 꼽힌다. 사원이 완성되
자 황홀에 빠진 이반 4세는 설계자인 포스토닉 바르마의 눈을 뽑아

더 이상 이런 건축물을 짓지 못하도록 했다니, 아름다움이 지나쳐 비극도 뒤따랐던 것 같다.

세상에는 단 1밀리미터의 오차도 용납하지 않고 정확하게 균형을 이루는 것도 있지만, 바실리 사원처럼 서로 다른 크기와 모양을 갖는 불균형 속에서도 조화를 이루는 경우가 많다. 경제학의 균형도 마찬가지다. 수급이 조화된 균형도 있고, 불균형 속의 균형도 있다.

먼저 애덤 스미스의 전통적인 균형은 수요와 공급이 딱 들어맞는 상태에서 이루어진다. 예를 들어 균형 가격이 1만 5,000원이라고 하자. 시장 가격이 1만 5,000원에서 1만 6,000원으로 오르면 수요는 줄고 공급이 늘어난다. 이렇게 되면 시장 가격은 다시 떨어지게 되고, 결국은 균형상태(1만 5,000원)를 회복한다. 1만 5,000원에서 벗어나면 다시 균형 가격으로 되돌아오는 힘이 생기는 것이다. 이는 정부가 시장에 개입하지 않아도 자동적으로 작동하는 '보이지 않는 손'이다. 이때 수요와 공급이 서로 조화를 이루는 균형이 달성된다.

이런 균형이 항상 성립될 수 있다면 얼마나 좋겠는가? 그러나 실제 경제에서는 전통적이 균형이 반드시 만족되는 것은 아니다. 노동 시장을 생각해보자. 현재 월급 200만 원에서 200만 명이 고용되어 수요와 공급이 일치하는 균형상태에 있다고 하자. 그런데 갑자기 경기가 침체되어 일자리가 줄어들고 기업이 180만 명을 채용하려고 한다면 어떻게 될까? 수요가 줄어들었으니 당연히 임금도 낮아져야 한다. 임금이 낮아지면 일하고 싶어하는 노동력의 공급도 줄어들 것이다. 따라서 180만 명이 180만 원을 받고 고용되는 새로운 균형을 기

"불균형도 쓰러지지 않고 오래갈 수 있대."
"그럼 나는 어떻게 해."

대할 수 있다. 이 상태에서는 일하고자 하는 사람(공급)과 고용하고
자 하는 인력(수요)이 일치해 일하고 싶어하는 사람은 모두 일자리
를 찾는 균형상태가 된다. 물론 실업자도 없다. 바로 전통적인 애덤
스미스의 조화로운 균형상태다.

이런 균형이 항상 성립될 수 있다면 얼마나 좋겠는가? 그러나 세상
이 그렇게 단순한가? 실제로는 경기가 나빠져도 기업이 임금을 낮추
기가 힘들다. 우선 노동조합과 협의해야만 한다. 또한 임금은 내려
가지 않으려는 속성, 즉 하방 경직성을 갖고 있기 때문이다. 일자리
가 주었는데도 임금이 종전(200만 원)과 같이 높은 수준에 있다면 문
제가 발생한다. 임금이 높으므로 일자리를 원하는 사람(공급)이 200

나무 뒤에 숨은 사람

만 명에서 줄지 않기 때문이다. 일자리는 180만 명밖에 없으니, 결국 20만 명의 실업자가 발생한다. 수급이 맞지 않아 실업자가 많은 것이 어찌 조화로운 균형이겠는가? 그러나 임금이 떨어지지 않기 때문에 실업상태가 오래 지속되는 '균형'이 등장하는 것이다.

부조화의 균형을 이루는 건축물은 비록 비극이 뒤따랐어도 아름답기라도 하다. 그러나 수요와 공급이 일치하지 않는 불균형의 균형은 실업이라는 비극만 남길 뿐 결코 아름답지 않다. 이 균형은 어떤 자극 없이는 부서지지도 않는다.

케인즈의 편지

케인즈는 외쳤다. 기다리고만 있다가는 우리 모두 죽게 될 것이다
(In the long run, we are all dead)라고.

"대통령님, 당신의 정책은 잘못 가고 있습니다. 몇백 년 동안 내려온 전통이 틀릴 수도 있는 것입니다. 지금의 경기 침체에는 정부가 개입해야 합니다. 가만히 지켜본다고 다시 새로운 균형으로 안정되는 것이 아닙니다. 물가가 하락한다고 임금도 내려가고 일할 사람도 줄어드는 것이 아닙니다. 저절로 안정된 균형이 다시 돌아온다는 믿음을 버려야 합니다. 실업을 줄이려면 지금은 정부가 재정 지출을 늘려야 합니다. 그래야만 후버의 실패를 피할 수 있습니다." "생산만 한다고 수요가 저절로 만들어지는 균형은 더 이상 나타나지 않습니다."

경제학자도 시대를 잘 만나야 빛을 볼 수 있는 것일까? 1930년대 대공황 때 젊은 케인즈가 뉴욕타임즈에 루스벨트 대통령에게 보내

나무 뒤에 숨은 사람

는 공개 서한을 썼다. 저명한 논리학자 존 네빌 케인즈와 최초의 케임브리지 여시장을 역임한 플로렌스 브라운 사이에 태어난 케인즈는 이튼과 킹스 칼리지를 거쳐 알프레드 마샬의 제자로 명문 가도를 질주한다. 졸업 후 공무원으로서 재무성에 들어가지만, 역설적이게도 경제학 성적이 나빠서 본인의 희망과는 달리 식민지 인도에 배치를 받는다. 그러나 인도에서의 한량한 시간이 전화위복이 된 것일까? 그곳에서 〈확률론〉을 저술하고, 경제학의 대가로서 성장하는 초석을 닦는다.

당시의 케인즈는 시대를 거슬러 올라가며 전통적인 경제학의 흐름을 바꾸는 역사를 만들고 있었다. '공급이 수요를 창조한다'는 세이의 법칙을 되새겨 보자. 애덤 스미스 이후 고전학파 경제학을 한 마디로 표현한 이 법칙은 생산만 하면 수요는 저절로 생겨난다고 한다. 수요가 부족한 것은 전혀 문제가 되지 않는다는 것이다. 일시적으로 민간의 소비나 기업의 투자가 부족해도 '보이지 않는 손'에 의해 곧 균형이 이루어진다고 믿었다. 실제 1930년대 이전까지만 해도 고전학파의 이러한 생각은 아무런 도전을 받지 않았다. 항상 공급이 부족하지, 수요는 문제가 되지 않은 시절이었기 때문이리라.

그러나 대공황이 발생하자 몇 년이 지나도 안정된 '균형'은 다시 돌아오지 않았다. 깨진 균형을 빨리 회복시킨다고 통화 긴축과 재정 안정을 시도했으니, 경제는 오히려 더 깊은 침체의 나락으로 빠지지 않았겠는가.

과연 무엇이 바뀐 것일까? 근대 자본주의의 발달과 더불어 대량 생

In the long run, we are all dead.

산 체제가 정착되면서 수요보다는 공급이 많은 상황으로 패러다임이 바뀐 것이다. 세계 경제에 새로운 문제가 등장한 것이다. 그러나 모든 사람이 '공급이 수요를 창조하고', '기다리면 균형이 온다'는데 누가 감히 그 정책에 도전할 수 있겠는가. 그러나 케인즈는 외쳤다. 기다리고만 있다가는 우리 모두 죽게 될 것이다(In the long run, we are all dead)라고.

균형은 항상 바람직한 상태에서만 나타나는 것은 아니다. 실업이 존재하는 불완전 고용상태에서도 균형이 성립되어 오래 지속될 수 있다. 이것을 '불완전 고용의 균형'이라고 한다. 여기서 실업을 줄이고 '완전 고용'을 달성하려면 약효가 있는 새로운 수요가 필요하다. 이것을 유효 수요(有效需要)라고 하며, 대표적인 처방이 바로 적자를 내서라도 정부 지출을 늘리는 것이다. 문제가 수요 부족에서 비롯되었기 때문이다.

지금 생각하면 우리에게도 너무나 익숙한 상황이다. IMF의 외환 위기와 같이 외부적인 충격에 의해 경제가 침체하고 수요가 부족해지면 당연히 정부가 지출을 늘려 유효 수요를 창출해야 한다. 그래야 '불완전 고용의 균형'을 '완전 고용의 균형'으로 끌어올릴 수 있다. 물론 경기가 과열되면 그때는 다시 수요를 줄이는 처방이 필요하다.

역사상 케인즈만큼 경제 정책에 큰 영향을 미친 사람은 없다. 그래서 통화 만능을 주장하는 밀튼 프리드만까지도 "우리는 모두 케인지언"이라고 하지 않았는가. 우리 경제도 아직 케인즈의 처방에서 벗어나지 못하고 있다.

만나면 헤어지고 싶다

두 선이 협력하면 모두가 행복을 누릴 수 있다.
그러나 일단 만나면 헤어지고 싶은 유혹이 등장하는 것이 바로 카르텔이다.

나란히 가는 평행선이 있었습니다

서로는 늘 서로를 바라보며

먼 길을 동행했지요

그러다 하나의 선이

다른 하나의 선을 만나기를 갈망했습니다

그 선은 다른 하나의 선에게 말했지요

우리 서로 만나자고

(중략)

하나의 선은 방향을 틀어

252   나무 뒤에 숨은 사람

다른 하나의 선을 향해 달렸습니다.

두 선은 마침내 만났습니다

잠시 그 행복을 만끽했습니다

그리고는 서로 엇갈리며 멀어지기 시작했습니다

그 후론 다시 동행할 수 없게 되어버렸습니다

(이정현, '백 통의 편지와 한 통의 답장 II 50' 중)

같은 길을 가던 2개의 선이 서로 만나 행복을 만끽하지만, 그것도 잠시, 두 선은 영영 헤어질 수밖에 없는 운명이었던 것이다.

같은 길은 가는 동업자들은 경쟁보다는 협력을 갈망할 때가 많다. 그러나 어디 그게 쉬운 일인가. 어렵게 협력에 합의해도 대부분 오래가지 못한다. 경제에서도 두 선은 엇갈릴 수밖에 없는 운명인 모양이다. 동업자들이 만나서 협력을 다짐하는 대표적인 형태가 바로 카르텔이다. 상호간 담합을 통해 협조적인 균형을 유지하자는 것이다. 그런데 경제에서도 카르텔과 같은 두 선의 협조적 균형은 결코 오래갈 수 없다. 왜 카르텔을 통한 협조적 균형은 오래가기 힘든 것인가?

중동 산유국을 중심으로 1960년 9월 출범한 OPEC는 1973년 중동전쟁을 치르면서 카르텔의 위력을 발휘하기 시작했다. 동업자끼리 협력하여 공급량을 통제하고 높은 가격을 유지했던 것이다. 그러나 OPEC처럼 카르텔이 오래 지속되는 것은 매우 드문 사례다. 실제로

"가까이 하기엔 너무 먼 당신?"

OPEC 역시 지금껏 명맥을 유지하고 있지만, 그 위력은 예전같지 않다. 카르텔에는 어떤 속성이 내재된 것일까?

카르텔 회원들의 생산 여건은 모두 다르게 마련이다. A는 생산원가가 10달러인데 100만만큼 생산할 수 있고, B는 원가 15달러에 20만의 생산능력을 보유한다고 하자. 담합하여 카르텔을 형성하면 가격과 생산량은 어떻게 결정되겠는가. 가격은 당연히 시장의 경쟁 가격보다 높아질 것이고, 공급량은 줄어들어야 한다. 예를 들어, 18달러에서 60을 생산하기로 합의했다고 하자. 생산능력을 고려하여 배분한다면 A에게 50, B에게 10을 할당할 것이다. 카르텔이 잘 유지되어 협조적 균형이 지속되려면 A, B모두 이 생산량을 엄격히 준수해야 한다.

나무 뒤에 숨은 사람

그러나 시장은 항상 자기에게 이익이 되는 방향으로 움직이게 마련이다. 카르텔 가격이 고정되어 있으므로 두 회원 모두 생산량보다 더 많이 생산하는 것이 이롭다. 한 단위 더 생산할 때의 비용(한계비용)이 추가적으로 들어오는 수입(한계수입)보다 작기 때문에 더 생산할수록 이윤이 더 늘어나는 것이다. 따라서 모든 회원이 협정을 위반하려는 유혹을 받게 된다. 그러나 역설적으로 모두가 협정을 위반하면 어떻게 되는가. 시장에서 공급량은 늘어나고, 가격은 떨어진다. 협조적 균형이 무너지고, 서로가 자신의 이익을 좇아 움직이는 비협조적 균형이 나타나는 것이다.

협조적 균형이 오래 지속될 수 없는 또 다른 이유가 있다. 카르텔에 가입하지 않은 C가 덩달아 반사이익을 챙길 수 있기 때문이다. OPEC가 유가를 인상하니, 북해 유전과 대체 연료 등 여러 형태의 C가 등장하지 않는가. 카르텔이 오래 작동할수록 C의 영향도 더욱 커진다. 따라서 협정에 가입한 A와 B의 노력만으로는 시장 가격이 제대로 유지되지 않는다.

두 선이 협력하면 모두가 행복을 누릴 수 있다. 그러나 일단 만나면 헤어지고 싶은 유혹이 등장하는 것이 바로 카르텔이다. 누군가 24시간 감시하고, 새로운 경쟁자가 등장하는 것을 막지 못하면 두 선은 엇갈릴 수밖에 없다. 그럼에도 불구하고 아직까지 OPEC가 위력을 갖는 것을 보면, 경제의 균형은 역시 먼 훗날에나 이루어지는 것일까?

빚의 함정

효율적인 빚 관리와 신속한 구조조정은 아무리 강조해도 지나치지 않는다.
그러나 더 절실한 것은 기업 환경을 획기적으로 개선하여
흑자를 내게 만들어야 한다.

경제는 때로 깊은 함정에 빠질 때가 있다. 한 번 떨어지면 쉽게 헤어나올 수 없는 늪에 빠지는 것이다. 이것은 결코 멀리 있는 얘기가 아니다. 1960년대 이전 우리 경제도 함정에 빠졌었다. 소득이 너무 낮아 저축은커녕 소비 지출과 투자가 부족하고, 이것이 다시 저성장과 저소득을 가져오는 빈곤의 함정이었다. 최근의 일본 경제는 또 다른 함정에 빠져 있다. 제로 금리에서도 소비와 투자가 늘지 않는 함정이다. 더 이상 이자율로는 어떻게 할 수 없는 침체에 빠진 것이다. 이름하여 '유동성 함정'이라고 한다. 미국도 1930년대 초 극심한 대공황의 함정을 겪었고, 1970년대의 남미는 연 1만 퍼센트가 넘는 인플레의 함정을 경험하였다. 형평을 지나치게 강조했던 사회주의의 실험도 대표적인 함정의 사례로 지적된다.

나무 뒤에 숨은 사람

경제의 함정은 시공을 초월하여 여러 형태로 나타난다. 때로는 외부의 급격한 충격으로 발생하고, 인기에 영합하거나 변화를 수용하지 못하는 경직된 정책이 주범이 되기도 한다. 원인은 다양하지만, 어떤 함정에서도 공통적으로 나타나는 현상이 있다. 즉, 기존 정책의 답습이나 일시적인 자금 투입만으로는 함정에서 탈출할 수 없었다는 점이다. 오히려 구조적 변화를 수반하는 엄청난 충격요법이 등장했던 것이다. 그래서 탈출에 성공한 경제마다 새로운 패러다임이 등장했고, 지도자의 카리스마와 리더십이 뒷받침되었던 것이다.

우리 경제가 빈곤의 함정에서 벗어난 것도 예외가 아니었다. 과감한 외자 도입과 수출 지향적 개발 전략은 당시로서 획기적인 발상의 전환이었다. 미국의 대공황도 뉴딜 정책으로 수습되었다. 모두가 공급만 강조하던 경직된 정책에 집착할 때 수요를 늘려야 한다고 주창

"어떻게 이 늪에서 빠져나오나?"

하지 않았는가. 한때 세계의 우상이었던 일본 경제를 보면 이런 교훈은 더욱 분명해진다. 침체의 늪에서도 기존 정책만 되풀이하다가 불황으로 '잃어버린 10년'을 겪었고, 내일마저 어둡지 않은가.

이것은 더 이상 남의 나라 얘기가 아니다. 우리 경제가 바로 '빚의 함정(dept trap)'에 빠져 있기 때문이다. 단지 외채에 몰려 함정에 빠진 우리 경제는 아직도 빚의 늪을 헤어나지 못하고 있는 것이다. 빚은 기업에서 은행으로, 다시 정부와 가계부분으로 전가되는 악순환을 되풀이되고 있다. 그러니까 경제 내부에서 주머니만 바꿔가며 빚이 더 커지고 있는 셈이다. 따라서 외환위기에서는 벗어났다고 하지만, 구조적 속성에는 큰 변화가 없다.

실제로 한국은행이 발표한 자료(2006년 9월)에 따르면 기업 부채는 2002년 671조 원에서 2006년 6월에는 766조 원으로 증가했다. 133조 원에 불과하던 정부 부채는 233조 원으로, 개인의 빚도 455조 원에서 628조 원을 넘어섰다. 가계의 빚이 국민 1인당 평균 1,300만 원을 초과하는 수준이다. 총부채가 국내총생산(GDP) 대비 32% 수준에 달하고 있다. 빚의 함정에서 더 많은 부채가 누적되는 전형적인 악순환이 나타나고 있다.

이런 경제에서 어떻게 빠른 회복을 기대할 수 있겠는가. 빚의 함정에서는 과다한 부채에 짓눌려 투자와 소비가 위축될 수밖에 없다. 경기 침체가 되풀이되는 구조적 위험을 안고 있는 셈이다. 따라서 안정적 성장을 위해서는 어떻게든 적정 수준으로 빚은 줄여야만 하다. 그렇다고 공적 자금이 해답이 될 수는 없다. 그것은 누군가가 갚

나무 뒤에 숨은 사람

아야 하고, 그렇지 못하면 통화를 남발해야만 한다. 빚을 줄이는 방법은 두 가지뿐이다. 외부에서 수혈을 받던가, 우리 기업이 흑자를 내야만 한다. 그래야 공적 자금도 회수할 수 있고, 정부도 가계도 부채로부터 자유로워지고, 빚의 함정에서 헤어날 수 있는 것이다.

그렇다면 무엇이 가장 시급한가. 효율적인 빚 관리와 신속한 구조조정은 아무리 강조해도 지나치지 않는다. 그러나 더 절실한 것은 기업 환경을 획기적으로 개선하여 흑자를 내게 만들어야 한다. 안일한 규제와 반시장적인 형평의식, 경직된 노사관계의 틀을 깨는 발상의 전환이 필요하다. 새로운 충격도 없이 어떻게 빚의 함정에서 벗어날 수 있겠는가.

나무 뒤에 숨은 사람

9

전쟁과 경제

누구를 위해 종은 울리나

전쟁은 사랑뿐만 아니라 정신을 황폐화시키고, 문명을 파괴한다.
그래서 전쟁은 무력한 개인을 더 좌절하게 만들고,
엄청난 경제적 손실을 유발한다.

"키스하고 싶지만 어떻게 하는지 몰라요. 전 언제나 키스를 할 때는 코를 어디다 둬야 하는지 궁금했어요." 이 말은 〈누구를 위해 종은 울리나〉에 나오는 명대사이다. 헤밍웨이가 소설을 쓸 때부터 이미 게리 쿠퍼(조단 역)와 잉그리드 버그만(마리아 역)을 주인공으로 상상하였다고 한다. 젊은 대학교수였던 조단은 스페인 내란에 반(反)프랑코의 게릴라로 참전해 교량을 폭파하는 임무를 수행한다. 조단은 그 와중에 '키스할 때 코가 커서 어떻게 해야 할 지'를 모르는 순박한 처녀 마리아를 만난다. 물론 그 궁금증은 일순간에 풀려 버리지만, 전쟁 속에서 피어난 두 사람의 열렬한 사랑은 쉽게 해피엔딩으로 이어지지 않는다. 어찌 포화(砲火) 속에 벌어지는 애절한 사랑이나 참담한 인간의 모습을 다룬 작품이 이뿐이겠는가. 그럼에

도 〈누구를 위해…〉가 전쟁과 사랑의 대명사처럼 남아 있는 이유는
어디에 있을까. 그것은 아마도 작가 자신의 반(反)파시스트 게릴라
활동에서 겪었던 뼈아픈 경험이 작품 속에 생생하게 살아 있기 때문
이리라. 개인과 인류, 지역적인 자유의 위협과 인류 전체의 위기, 거
대한 집단 속에 살아 있는 개인의 무력함이 깊이있게 그려져 있다.
아프간 전쟁을 그대로 옮겨놓아도 어느 것 하나 수정할 필요조차 없
는 불후의 전쟁 드라마다.

　전쟁은 사랑뿐만 아니라 정신을 황폐화시키고, 문명을 파괴한다.
그래서 전쟁은 무력한 개인을 더 좌절하게 만들고, 엄청난 경제적 손

"제발 묻지 말지어라…. 종은 바로 당신을 울린다."

실을 유발한다. 21세기 얼굴없는 전쟁도 예외일 수 없다. 10만 달러의 미사일로 30달러짜리 텐트를 파괴한 아프간 전쟁의 경제적 영향도 엄청나게 크다. 탄저 테러의 확산으로 일부 제약업계는 호황을 누렸다지만, 비행기 공포로 항공운송과 관광업계는 울상을 지었다. 국방산업은 호기를 맞았지만, 군비는 누가 부담해야 하는가. 최근 미국의 이라크 공격도 마찬가지다. 도대체 전쟁은 누구를 위하여 울리는 종인가?

일부에서는 전쟁이 불황을 타개하는 역할을 할 수 있다고 믿기도 한다. 그렇더라도 조단과 마리아의 비극은 피할 수 없다. 전쟁으로 얼마나 많은 나무 뒤에 숨은 사람들이 희생되는가. 전쟁과 경제의 방정식은 결코 단순한 2, 3차 함수가 아니기 때문이다. 이 방정식을 풀기 위해서는 너무나 많은 미지수를 살펴봐야 한다.

그러나 첫 출발은 우리에게 익숙한 수요와 공급에서부터 시작한다. 처음엔 마리아가 코의 위치를 찾는 것만큼이나 어렵게 느껴지지만, 알고 보면 역시 간단하다. 한 물건을 놓고 수요와 공급을 논할 때와 같이 경제 전체에도 총공급과 총수요가 있다. 총공급은 경제 전체의 생산능력에 따라 결정된다. 반면 총수요는 민간의 소비와 기업의 투자, 정부 지출, 그리고 수출로 구성된다. 생산된 물자가 쓰여지는 통로를 말하는 것이다.

문제는 전쟁이 어떤 소요에 더 큰 타격을 주고, 균형이 어떻게 깨지느냐에 달려 있다. 만약 총공급은 많은데 총수요가 부족하면 물자가 남아돌아 공장의 가동률이 떨어지고 실업이 늘어나는 불황이 발생한다. 이런 상태에서 전쟁이 발발하고 정부 지출의 확대로 총수요가 늘어난다면 그 전쟁은 경제에 활력이 될 수 있다.

그러나 긍정적 효과만 나타나는 것은 아니다. 전쟁이 확대되어 공급이 부족해지면 당연히 인플레도 생길 수 있다. 따라서 수요와 공급을 어떻게 변화시키느냐에 따라 그 효과는 달라지는 것이다. 단기에는 긍정적이지만 장기에는 부정적일 수 있다. 물로 어떤 전쟁도 생산능력을 파괴하지 않는 경우는 없다. 또한 수없이 많은 조단과 마리아의 비극을 만들어낸다. 그래서 "제발 묻지 말지어다. 누구를 위해 종은 울리느냐고, 종은 바로 당신을 위해 울리는 것이다." 라고 외치는 것이다. 경제적 피해는 바로 나무 뒤에 숨어 있는 우리에게도 나타날 수 있다.

전쟁으로 사라지는 것들

전쟁은 사람의 목숨뿐만 아니라 엄청난 물적 자산도 파괴한다.
2002년 9·11 테러로 인한 뉴욕시의 자산 손실은
세계무역센터(WTC)와 주변공간을 합해 약 340억 달러로 추정되었다.

아직 목숨을 목숨이라고 할 수 있는가

꼭 눈을 뽑힌 것처럼 불쌍한

산과 가축과 신작로와 정든 장독까지

누구 가랑잎 아닌 사람이 없고

누구 살고 싶지 않은 사람이 없고

불 붙은 서울에서

금방 오무려 연꽃처럼 죽어갈 지구를 붙잡고

살면서 배운 가장 욕심없는

기도를 올렸습니다

나무 뒤에 숨은 사람

(중략)

가슴 틀어박고 매아미처럼 목태우다 끝내

헛되이 숨겨간 이건
그 모두 하늘이 낸 선천(先天)의 벌족(罰族)이더라도

돌멩이처럼 어느 산야에고 굴러
그래도 죽지만 않는
그러한 목숨이 갖고 싶었습니다

한국전쟁의 절박한 위기의식을 담은 김남조님의 〈목숨〉(1953)이
다. 한국전쟁의 참화 속에서 '가랑잎' 같은 생명이 느끼는 절망감과
민족 상잔의 아픔을 간절한 기구(祈求)로 극복하려는 선연함이 서려
있다. 역시 전쟁의 가장 큰 비극은 수많은 목숨의 희생이다. 경제에
미치는 충격도 여기에서부터 시작된다. 희생된 사람의 가치를 어떻
게 경제적으로 환산할 수 있겠는가. 인적 손실은 측정할 수 없는 수
준의 피해를 가져온다.

전쟁은 사람의 목숨뿐만 아니라 엄청난 물적 자산도 파괴한다.
2002년 9·11 테러로 인한 뉴욕시의 자산 손실은 세계무역센터
(WTC)와 주변공간을 합해 약 340억 달러로 추정되었다. 워싱턴포스
트는 WTC에서 일하는 사람들의 평균나이를 마흔, 연봉을 10만 달러

로 잡는다면 인적 자원의 손실은 110억 달러라고 추정한바 있다. 어디 이것뿐이겠는가. 국방부는 물론 항공산업에도 엄청난 실물 자산의 손실을 가져왔다.

일부에서는 파괴된 건물을 다시 지어야 하므로 경기부양을 자극하는 촉매가 될 것이라고 지적한다. 옳은 말이다. 그러면 이는 파괴된 자산과 어떤 관계에 있으며, 경제에는 어떤 영향을 미칠까? 서로 상충되어 경제에 미치는 영향이 분명하지 않은 것처럼 보인다. 그러나 경제학에서는 이 두 가지를 분명히 구별한다.

WTC 건물과 같은 실물 자산을 경제학에서는 저량(貯量, stock)의 개념으로 본다. 일정 시점에서 주어진 가치가 평가되는 경제 변수이

"흐르는 물은 썩지 않고,
고여 있는 물은 마르지 않는다?"

　　　　　　　　　　　　　　나무 뒤에 숨은 사람

다. 예를 들면, 통화량은 저량의 개념이다. 통화량이 현재 얼마인가? 일정 시점에서 딱 끊어서 파악해야지, 그렇지 않으면 답이 모호해진다. 따라서 자산과 부(富)는 당연히 저량으로 계산된다.

저량에 대비되는 개념은 유량(流量, flow)이다. 이것은 일정 시점이 아니라 '일정 기간'을 놓고서 측정하는 변수다. 저량이 저수지에 담긴 물이라면 유량은 그 저수지에서 순간순간 흘러나오는 물의 양과 같다. 소득이 얼마인지를 물을 때는 연봉인지, 월급인지를 알아야하는 것이다. 저량과 유량은 항상 밀접한 관련이 있다. 1억 원을 예금한 사람에게는 1억 원의 자산이 저량이 되고, 그로부터 나오는 이자수입의 흐름은 유량으로 파악된다. 더 쉽게 말하자면 재산이나 부는 1억 원인데, 소득은 이자수입 500만 원이라는 얘기가 된다. 따라서 이 사람의 1년 소득은 1억 원이 아닌 500만 원이 된다.

WTC의 파괴로 인해 국부(國富)는 그만큼 줄어들었다. 그러나 이것은 WTC에서 1년 동안 창출되는 가치의 흐름인 소득과는 다르다. 건물의 파괴로 인한 올해 소득의 감소분에는 건물가치 자체는 포함되지 않는다. 재건설하는 과정에서 소득이 새롭게 창출될 수는 있어도 그 소득이 WTC에서 얻을 수 있었던 소득보다 크다는 보장은 없다.

전쟁은 오랫동안 축적해놓은 저량의 자산을 파괴시킨다. 그 결과 자산으로부터 얻을 수 있었던 흐름인 소득도 사라진다. 부의 파괴는 곧 소득의 원천을 앗아가는 것이다. 목숨의 희생은 저량의 파괴와 같고, 고인과의 추억을 되풀이 할 수 없는 것은 유량의 손실과 같다. 저수지에 물이 없다면 어떻게 물이 흐를 수 있겠는가.

폴리메스토르의 유혹

기업가가 전쟁 속에서도 불균형을 찾아 이윤을 극대화하는 것은 너무 당연한 일이다.
그러나 폴리메스토르의 유혹에 깊게 빠져 신뢰를 상실하면
어떻게 전쟁 이후를 기대할 수 있겠는가.

호메로스의 서사시로 널리 알려진 트로이 전쟁은 고대 영웅시대 그리스와 트로이 간의 싸움이었다. 트로이에게 빼앗긴 스파르타의 왕비 헬레네를 되찾기 위해 미케네 왕이 수만 명의 그리스 연합군을 이끌고 원정에 나섰다. 이 전쟁은 10년 간의 공방 끝에 결국 이타카의 왕 오디세우스가 목마(木馬)의 계략으로 트로이를 함락시킴으로써 끝이 났다. 트로이의 최후는 비참했고, 그리스 연합군의 피해도 엄청났다.

그러나 이 전쟁의 와중에 실리를 얻은 사람도 있었다. 대표적 인물이 인접국 트라키아의 국왕 폴리메스토르이다. 트로이 왕은 전쟁이 시작되자마자 막내 왕자 폴리도로스를 은밀히 트라키아의 폴리메스토르 왕에게 맡긴다. 트라키아 왕은 전황을 활용하여 실리를 취하고

나무 뒤에 숨은 사람

그때마다 트로이 왕자를 적절히 이용했다. 그리고 전쟁이 트로이의 패배로 끝나자 신뢰마저 저버린다. 트로이 왕자를 죽여 바다에 버리고, 왕자의 돈마저 모두 가져간 것이다. 역사에서 그는 전쟁을 이용해 가장 사악하게 이득을 챙긴 인물의 하나로 남아 있다. 물론 트로이의 비극은 여기에서 그치지 않았다. 남편과 왕자를 모두 잃은 트로이 왕비의 처절한 복수로 폴리메스토르는 두 눈을 잃고, 이를 본 트라키아 백성들이 트로이 왕비를 창과 돌로 죽였다고 한다. 그리스 신들도 슬퍼했다는 트로이 왕비 헤쿠바의 최후였다.

전쟁은 항상 이렇게 비극적인 참상으로 끝나지만, 폴리메스토르처럼 그 비극을 제물로 자기 이익을 챙기는 사람도 등장한다. 그래서 위기 상황에서 부당하게 자신의 이익만 좇는 현상을 '폴리메스토르의 유혹'이라고도 한다. 〈일리아스〉와 〈오디세이아〉에 등장하는 얘기이니 아마도 전쟁의 이득을 챙긴 가장 오래 된 인물의 하나일 것이다.

전쟁은 제도적으로 공인된 살상 행위라서 폴리메스토르의 유혹도

"사실 내 진심은 말이야."

정당화되는 아이러니가 있다. 그러나 전쟁 특수(特需)를 활용해 이익을 극대화하는 행위는 단순한 폴리메스토르의 유혹과는 구별된다. 미처 예상하지 않은 부분에서 갑자기 나타나는 시장 수급의 차질을 적극적으로 이용하는 것이기 때문이다. 이런 현상을 경제학에서는 '시장 불균형의 활용'이라고 한다.

전쟁이 터지면 인접국은 항상 전략적 요충지로 부상하고, 일부품목의 수요도 급증하는 사례가 등장한다. 그래서 한국전쟁이 일본 경제에 큰 자극이 되었고, 월남전은 우리 경제에 도움이 되었으며, 아프간 인접국에도 난민의 피해와 함께 전쟁 특수도 나타난다. 탄저병 테러로 항생제 공급업체들이 큰 특수를 누리게 됐고, 보안시스템의 강화는 정보통신업계의 호황을 불러왔다.

걸프전에서는 콘돔의 특수가 있었는데, 사막의 모래로부터 총기를 보호하기 위한 것이었다. 탈레반 정권으로부터 해방된 아프간 도시들에서는 10센티미터 이상 길러야 했던 수염을 깎으려고 몰려든 손님들 때문에 이발소도 특수를 누리고 있다. 탈레반은 수염이 짧으면 감방에 집어넣고 10센티미터가 될 때까지 내보내지 않았다고 한다. 전쟁이 방위산업의 특수를 몰고오는 것은 당연하지만, 이발소와 콘돔까지는 미처 예상하지 못했던 부분이었을 것이다.

시장이 안정된 경우에는 가격은 물론 수요와 공급이 균형을 유지한다. 어떤 이유로 갑자기 균형이 파괴되면 수요나 공급에 이상 현상이 나타난다. 대체로 생산 시설이 파괴되어 공급이 급감하거나, 전쟁 특수로 수요가 폭증하는 것이 일반적이다. 이유야 어떻든 양자

나무 뒤에 숨은 사람

모두 가격은 급등하고, 전쟁으로 이익을 얻을 수 있는 기회가 생기는 셈이다. 이 과정에서 폴리메스토르의 유혹이 왜 없겠는가.

기업가가 전쟁 속에서도 불균형을 찾아 이윤을 극대화하는 것은 너무 당연한 일이다. 그러나 폴리메스토르의 유혹에 깊게 빠져 신뢰를 상실하면 어떻게 전쟁 이후를 기대할 수 있겠는가. 이번 이라크 전쟁에서도 마찬가지다. 대량 살상 무기의 폐기를 명분으로 전쟁을 일으킨 미국이 결과적으로 자신의 이익만을 챙긴다면 이것 역시 또 하나의 폴리메스토르의 유혹인 것이다. 이 유혹의 종말은 항상 '신뢰의 상실'이다.

석유 한 방울이 갈라놓은 전쟁

전쟁의 경제적 피해는 모든 나라에 공통된 것만은 아니다.
한쪽에서는 인플레로 신음하는 사이에
다른 한편에서는 전쟁이 불러온 일순간의 대박을 즐기는 왜곡도 나타난다.

"조국을 위해 필요한 것이라면 어떤 것이라도 뺏어야 한다. 남의 것이라도 정복해야만 한다." "만약 히틀러의 수중에 석유 한 방울이라도 들어간다면 자네를 사살하겠어." 전쟁을 즐겨했던 히틀러의 항변과 그의 침략에 맞선 스탈린의 엄명이다.

히틀러의 말인즉슨, 독일은 영토가 좁고 인구가 적어 인류의 수종(秀種)인 게르만의 생존을 보장받을 수 없으니 이웃을 침공할 수밖에 없다는 것이다. 드디어 히틀러는 1941년 7월 세계의 인종경쟁에서 살아남기 위해 러시아를 침략했다. 파죽지세로 불과 몇 달 만에 모스크바 외곽까지 들어오는 등 초기에 전과는 상당히 유리해보였다.

그러나 스탈린의 전략도 만만치 않았다. 비록 북부는 빼앗겼지만, 남부 유전을 장악하려는 히틀러의 의중을 간파하고 당시 석유상 바

나무 뒤에 숨은 사람

"그 놈의 석유 한 방울이 뭐길래..."

이바코프에게 석유 한 방울도 넘기지 말라는 엄명을 내린 것이다. 아니나 다를까. 독일군은 천신만고 끝에 남부의 거대한 유전에 도달했지만, 그들이 찾은 곳은 소련의 초토화 작전으로 폐허가 된 황량한 벌판이었다. 그 넓은 기름밭에서 정작 석유는 찾을 수 없었던 것이다. 히틀러는 그 많은 영토를 점령했음에도 불구하고 결국 석유를 장악하지 못했다. 그 석유가 화근이 되어 히틀러 군사는 42년 겨울 혹독한 추위를 이겨내지 못하고 붉은 러시아군에 무릎을 꿇고 만다. 전세는 역전되어 적군(赤軍)은 베를린까지 진격하며 운명을 갈라놓게 된다. 석유 한 방울이 천추의 한이 되어 히틀러의 독일은 폐망의 길로 접어든 셈이다.

왜 석유가 이처럼 전쟁의 승패를 갈라놓게 된 것일까? 두말 할 나위없이 석유는 군사작전은 물론 모든 경제활동에 가장 필수적인 생산요소이기 때문이다. 생산요소란 생산에 필수적인 자원을 말한다. 사람도, 자본도, 토지도, 원자재도 모두 생산요소에 해당된다. 이 중에서도 석유는 가장 중요한 원자재 아닌가. 따라서 인류의 역사에는 석유와 같은 기초적인 생산요소를 둘러싼 전쟁이 많이 발발했다.

미국과 이라크의 전쟁도 사실은 석유에 관련된 경제적 이권 때문이라는 설명이 많다. 이라크는 원유의 잠재 매장량이 세계 1위이고 생산원가가 매우 낮아 경제성도 높게 평가받고 있다. 미국이 이런 석유 부국에 관심(?)을 갖는 것은 당연하지 않겠는가.

전쟁으로 인해 석유와 같은 생산요소의 공급이 영향을 받게 되면, 경제적 타격은 엄청나게 크다. 그 대표적인 사례가 1973년 10월의 중동전쟁이다. 1973년에 1배럴당 2달러 내외에 불과하던 유가는 전쟁의 여파로 불과 두 달 만에 17달러로 폭등했다. 유가는 한때 40달러까지 폭등하였다. 석유 한 방울도 생산되지 않는 우리나라에는 실로 엄청난 타격이었다. 세계경제가 비용 상승에 의한 인플레를 경험하며, 수년 동안 침체의 늪을 헤맸던 것이다. 전쟁이 공급측면에 영향을 주어 경제를 침체시키는 대표적인 사례라고 할 수 있다. 총수요와 총공급 중에서 공급 측면의 문제를 발생시키는 것이다.

이런 전쟁에서는 생산요소를 확보할 수 있느냐의 여부와 공급가격의 문제가 발생한다. 전쟁이 생산요소의 공급을 위축시키면 당연히 생산 활동이 부진하게 된다. 따라서 국가의 정상적인 경제 흐름이

나무 뒤에 숨은 사람

마비되어 총생산이 줄어들고, 소득도 국가의 부(富)도 급속히 감소하게 된다. 공급가격이 올라가면 원재료 가격이 상승되어 재화 가격도 올라가고, 이에 따라 소비도 줄어든다. 인플레는 극심한데 수요는 줄어드는 전형적인 스태그플레이션을 일으킨다. 생산요소 가격의 폭등은 비용 상승에 의한 인플레이션을 촉발하게 된다.

그러나 전쟁의 경제적 피해는 모든 나라에 공통된 것만은 아니다. 한쪽에서는 인플레로 신음하는 사이에 다른 한편에서는 전쟁이 불러온 일순간의 대박을 즐기는 왜곡도 나타난다. 전쟁은 부(富)가 재분배되는 과정을 만들어 준다. 비록 인플레는 모든 국가에서 나타나지만 소비능력과 국부는 생산요소의 공급국과 수요국 사이에 엄청난 차이가 나타난다. 부존 자원이 빈약한 우리는 어디에 서야 하나?

슐리츠 부인의 비극

인플레이션은 대체로 두 경로를 통해서 나타난다.
생산원가가 올라가 비용을 상승시키기도 하고,
수요측 요인으로 지출이 늘어나서 물가가 폭등하기도 한다.

1922년 3월 자동차 회사 BMW에서 엔지니어로 일하던 슘메르트는 월급봉투를 받아들고 한동안 어안이 벙벙했다. 월급이 무려 520조 마르크였기 때문이다. '세상에 이렇게 많은 월급을 한 번 받아보았으면 좋겠다'는 생각을 하고 있는가. 그러나 슘메르트의 표정은 그게 아니었다. '500조가 넘는 게 무슨 소용인가. 당장 점심은 1,200억 마르크짜리로 주문하고, 계산할 때는 먹는 동안에 값이 올랐기 때문에 1,400억 마르크를 내야 한다.' 1차 세계대전 후 독일에 만연한 전쟁 인플레이션이 화폐 단위를 마비시킨 것이다.

어찌 이 비극이 슘메르트에게만 다가왔겠는가. 전쟁에서 남편을 잃은 슐리츠 부인은 전쟁 전 몇 해 동안 모은 80만 마르크를 은행에 맡기고 스위스로 피신했다. 가장 안전한 방법으로 전후(戰後)의 생

나무 뒤에 숨은 사람

계를 유지하고 싶었던 것이다. 그러나 4년 만에 귀국하니 그녀를 기다리고 있는 것은 은행으로부터 날아온 3통의 편지뿐이었다.

(제1신) : 마르크화의 가치가 급속하게 떨어지고 있으니 다른 자산으로 바꾸시지요.

몇 달 뒤 (제2신) : 당신의 예금액이 너무 적어서 맡아줄 수 없으니 빨리 찾아가시오.

2년 후 (제3신) : 연락이 되지 않아 계좌를 폐쇄합니다. 잔액은 소액 화폐가 없어서 지폐 대신 우표 한 장을 동봉합니다(100만 마르크 우표 첨부).

제1차 세계대전은 세르비아 청년이 쏜 한발의 총성으로 시작되었다. 1914년 6월 프랑스제 빨간색 오픈카를 타고 사라예보를 시찰하던 오스트리아 - 헝가리 제국의 황태자 페르디난트 부부가 암살된 것이다. 차의 붉은색이 핏빛에 가까우니 바꿔 타라는 신하의 권유를 뿌리치고 발칸의 화약고를 유유히 지나다 참변을 당했다. 그래서 빨간색 차의 저주를 받았다는 소문도 돌았다. 암살범은 테러조직에 연계되어 있었고, 그 사건의 배후라고 믿었던 세르비아에 선전포고를 함으로써 1차 대전이 발발했다.

이 전쟁의 결과 유럽 경제는 엄청난 피해를 입었다. 당시 가격으로 3,370억 달러라고 한다. 이는 당시 미국의 4년치 GDP에 가까운 액수이다. 그것뿐이 아니다. 수년 동안 지속된 전쟁이 남긴 저주는 헤아릴 수 없다. 특히 생필품의 조달과 재정 적자를 충당하기 위해 대량으로 찍어낸 특별화폐는 천문학적인 전쟁 인플레이션을 유발했다.

그 피해는 독일에서 가장 크게 나타났다. 당시에는 재정 적자나 화폐 공급이 확대되면 인플레이션이 나타난다는 사실을 정확히 인지하지 못했고, 그렇다고 다른 대안도 마땅치 않았기 때문이다.

인플레이션은 대체로 두 경로를 통해서 나타난다. 생산원가가 올라가 비용을 상승시키기도 하고, 수요측 요인으로 지출이 늘어나서 물가가 폭등하기도 한다. 중동전쟁에서와 같이 석유류의 가격이 상승하면 비용 인플레이션이다. 소비 지출이나 기업의 투자, 정부 지출이 확대되면 수요 측면의 인플레이션을 유발할 수 있다. 통화량이 늘어나는 것도 수요를 자극하여 물가를 상승시키는 역할을 한다. 공급과 수요의 관계에서 공급능력이 상대적으로 부족하면, 언제라도

나무 뒤에 숨은 사람

물가가 상승하는 것이다. 물가 상승이 경제 전반에 걸쳐 지속적으로 나타나면 인플레이션이라고 부른다.

전쟁으로 생산 시설이 파괴되어 공급능력은 대폭 감소한 상태에서, 재정 적자나 통화량이 급격히 늘어나면 극심한 전쟁 인플레이션이 나타난다. 총수요가 총공급능력을 초과하기 때문이다. 이렇게 되면 기업은 출하를 미루고, 소비자는 당장 더 많이 사려고 하기 때문에 가격이 폭등하는 악순환이 나타난다. 무엇이든 붙들기만 하면 다음 날 폭등하기 때문이다. 그래서 520조 마르크의 월급에도 한숨이 절로 나는 것이다.

전쟁에는 일화가 많다. 황태자가 탔던 차의 새 주인이 되었던 사라예보 주지사, 차 수집광 등은 모두 교통사고로 비극적 운명을 맞았다고 한다. 그 빨간 차를 소장한 박물관마저도 폭격으로 산산조각이 났다. 전쟁 인플레이션은 그 빨간 차가 사라진 이후에도 오랫동안 독일을 괴롭혔다.

트럼프, 지폐가 되다

시장에서 신뢰만 얻을 수 있다면 트럼프도 법정 화폐로 통용시킬 수 있는 곳이
바로 금융 시장이다. 시장친화적인 정책을 일관성있게 시행하여
정책에 대한 신뢰성을 높이는 것이 중요하다.

1685년경 캐나다에서는 게임용 카드가 법정 화폐로 통용된 적이
있었다. 당시 캐나다는 프랑스 총독의 지배를 받고 있었지만, 수년
동안 본국으로부터 돈을 공급받지 못하였다. 프랑스는 왕실의 재정
난으로 정화(正貨)를 보낼 수 없었고, 돈이 고갈된 캐나다는 큰 위기
에 처하게 되었다. 당시 총독 자크 드뮬(Jacques Demeulle)은 기발
한 아이디어를 냈다. 바로 프랑스 군인들이 오락용 카드를 4등분하
여 화폐로 사용하자는 것이었다.

총독은 카드 조각마다 직접 서명하고, 경화로 상환하겠다는 약속
까지 하였다. 총독에 대한 신용이 없다면 종이 조각에 불과한 그림
조각을 누가 받아주겠는가. 그러나 그 조각난 그림은 무려 65년 동
안이나 화폐로 통용되었다.

시장이 신뢰하면 카드 조각도 화폐로 바꿀 수 있는 것이 금융의 속성이다. 금융 정책도 마찬가지다. 신뢰 있는 정책당국은 말 한 마디로 온 천지를 뒤흔든다. 미국 연방준비위원회 의장인 버냉키가 선택하는 단어 하나가 세계 시장을 긴장시키지 않는가. 그러나 신뢰를 잃은 정책은 백약이 무효하다.

어느 시대에나 금융시장이 안정되려면 항상 정책에 대한 신뢰가 회복되어야 한다. 일시적인 자금 경색도 정책에 대한 신뢰가 깊으면 쉽게 풀리는 경우가 많다. 그러나 시장에서 신뢰를 잃게 되면 금융 시장의 불안은 해결할 방도가 없다. 시장 자율에 역행하는 관치 금융이 금융 시장을 왜곡시키는 것도 이러한 요인에서 비롯된다.

실제 우리나라의 금융산업도 1997년 외환위기 이후 구조조정을

"내 서명이라면 카드도 돈이 될 수 있지?"

거치면서 시장의 신뢰 회복에 노력해왔지만, 아직은 미흡한 수준이다. 아직도 부실 채권이 줄어들지 않고 회사채 시장도 원활하지 못하며 증권 시장의 침체로 중견 기업의 자금난도 다시 악화되고 있다. 부실 금융기관 문제, 은행간 합병 논의도 다시 시작되고 있다. 구조조정의 성과는 어디에서도 찾아보기 어렵다.

왜 이런 결과를 가져왔는가? 금융기관의 자율성을 도외시하고, 시장에 역행하는 땜질식 처방이 남발되었기 때문이다. 부실기업과 종금사에 대한 지원은 물론 안정성이 낮은 채권도 사야하니 은행의 부실은 심화될 수밖에 없다.

한쪽에서는 자산의 건전성을 강조하면서, 다른 한편으로는 시장에 역행하는 정책을 쏟아내니 은행권은 움츠러들 수밖에 없다. 게다가 금리까지 묶여 있으니, 어떻게 자금 흐름이 원활하게 이루어질 수 있겠는가. 적극적인 참여의 동기가 부여되지 않고 있는 것이다.

은행의 대형화와 금융지주회사를 만들자는 정책도 발상의 전환이 필요하다. 우선 합병의 희생양으로 만들지 않아야 할 것이다.

금융지주회사의 도입도 마찬가지다. 바람직한 방향으로 육성하려면 충분한 시장의 인센티브를 부여해야 한다. 자회사 간 출자를 엄격히 제한하고, 자회사의 동시 상장도 규제한다면 어떻게 자발적인 참여를 기대할 수 있겠는가. 산업 간 경계가 모호해지는 디지털 시대에 자회사의 범위를 지나치게 제한하는 것은 오히려 지주회사의 발전을 억제하는 것이다. 지주회사는 규제 편의주의적 발상으로 설립해서는 안된다. 재벌을 대체하자고 시행한 지주회사 제도가 아직도 활성화되지 않고 있는 것도 바로 이런 이유에서다.

시장에 역행하는 응급 처방은 일시적인 효과만 있을 뿐 금융 흐름을 구조적으로 개선시키지 못한다. 따라서 일방적으로 결정된 정책이 가장 효율적이라는 착각에서 빨리 벗어나야 한다.

시장에서 신뢰만 얻을 수 있다면 트럼프도 법정 화폐로 통용시킬 수 있는 곳이 바로 금융 시장이다. 시장친화적인 정책을 일관성있게 시행하여 정책에 대한 신뢰성을 높히는 것이 중요하다.

바람만이 아는 전쟁의 유산

전쟁으로 재정 지출과 통화량을 늘리면 경기는 일시적으로 회복될 수 있다.
그러나 전쟁으로 확대 정책이 오래 지속되면, 그 효과가 바람과 바람에 실려
물가만 올려놓고 경기는 오히려 나빠지는 악순환을 불러올 수도 있다.

얼마나 많은 길을 더 걸어야

남들이 사람이라 불러줄 수 있을까

얼마나 많은 바다를 날아 건너야

비둘기는 모래땅에 쉴 수 있을까

얼마나 많은 포탄이 더 날아다녀야

총탄을 모두 금지시킬 수 있을까

그 대답은 친구여, 바람이 알고 있네

바람만이 알고 있다네

(중략)

나무 뒤에 숨은 사람

얼마나 더 높이 고개를 들어야

하늘을 볼 수 있을까

귀가 얼마나 많아야

아픈 절규를 들을 수 있을까

얼마나 더 많은 죽음이 있어야

너무 많이 죽었다고 깨닫게 될까

친구여, 그 대답은 바람이 알고 있네

바람만이 알고 있다네

밥 딜런(Bob Dylan)의 유명한 반전가요 〈바람만이 알고 있네 (Blowin' in the Wind)〉다. 베트남 전쟁을 계기로 등장한 반전 문화의 기수, 딜런은 결코 여느 가수처럼 아름다운 목소리를 갖고 있지 않았다. 거칠고 투박했지만, 그것 자체가 1960년대 저항 문화의 상징으로 더 돋보였다. 딜런의 바람은 자연이고, 그는 자연에 반하는 전쟁에 노래로서 항거한 것이다.

1960년에 시작된 월남전은 15년 동안 계속되어 미국이 치른 가장 긴 전쟁으로 기록되어 있다. 한때 54만 명을 베트남에 파병하여 당시의 월맹과 지구전을 벌였지만, 결과는 첨단 장비와 풍부한 전력을 가진 미국의 패전으로 끝났다. 베트남에서와 같이 전쟁이 장기화되면 경제에 미치는 영향도 바람 속에 흘러흘러 긴 파장을 미치게 된다. 단기적인 영향보다도 오랜 기간에 걸쳐 나타날 파급 효과가 더 심각할 수 있다. 실제로 재정 지출이나 통화량 증대가 경제에 영향

"모든 것이 바람과 함께 사라지다."

을 미치려면 어느 정도 시간이 필요하다. 국가나 정책수단에 따라
다르지만, 대체로 8~18개월 정도의 시차를 두고 실물경제에 영향을
미친다. 물론 평화시에도 이와 같은 정책의 시차효과는 존재하지만,
긴 전쟁의 여파는 바람에 바람을 타고 긴 파장을 드리운다. 그래서
어떤 전쟁이라도 빨리 끝날수록 좋다.

실제로 베트남 전쟁의 여파가 미국 경제에 준 큰 타격은 오히려 종
전 이후 오랜 기간에 걸쳐 서서히 나타났다. 미국은 1960년대 전쟁
기간에 재정 지출과 통화 공급을 지속적으로 확대하였다. 이 결과
경제도 크게 고무되는 것 같았다. 개전 1년 동안 경제성장률이 6.2퍼

나무 뒤에 숨은 사람

센트에 달하고 전쟁 기간에도 상당한 호황이 지속되어 평균 5퍼센트대의 높은 성장이 지속되었다. 인플레이션도 한동안 안정된 모습을 보였다. 그러나 이것도 잠시 1970년대에 접어들면서 문제가 생기기 시작하였다. 전쟁의 유산으로 뒤늦게 오르기 시작하는 물가를 잡기 위해 미국은 보기 드물게 임금과 가격 통제까지 발동했다.

물론 이 정책은 전쟁의 유산을 정리하기에는 역부족이었다. 수년 동안 인플레이션은 더 높아졌고, 실업률은 크게 변화하지 않았다. 여기에 1973년에 시작된 석유 파동이 물가에 기름을 부어 미국은 오히려 더 고전하게 된다. 1980년까지도 6퍼센트 이상의 높은 수준을 유지하게 된 것이다. 달러 가치는 하락하고, 닉슨 행정부는 드디어 달러를 금과 바꿔줄 수 있는 태환(兌換) 제도를 포기한다. 미국은 점차 자신이 경제적 지위를 회복하기 위해 보호무역주의로 선회하였다.

전쟁으로 재정 지출과 통화량을 늘리면 경기는 일시적으로 회복될 수 있다. 그러나 전쟁으로 확대 정책이 오래 지속되면, 그 효과가 바람과 바람에 실려 물가만 올려놓고 경기는 오히려 나빠지는 악순환을 불러올 수도 있다.

얼마나 많은 길을 걸어봐야 전쟁의 비극을 피할 수 있을까? 전쟁으로 살린 경기는 먼 훗날 거품으로 사라질 수 있다. 인플레라는 달갑지 않은 유산만 남긴 채. 이것 역시 바람만이 알고 있는 대답에 귀를 기울이지 않은 결과 아닌가. 반자연적인 부양이 있었기 때문에.

나무에은
뒤숨
사람

10

너도 나도 좋아하는
공평세

무엇이 공평한가?

공평성의 해답은 경제 논리로 찾기 힘들다.
모든(?) 사람들이 너도 나도 아닌 나무 뒤에 숨은 사람들이
더 많이 내주기를 바라고 있기 때문이다.

예수는 노동자

엿새 동안 일하고

하루는 쉬는

우리와 꼭 같은 노동자

예수는 맨발의 청춘

빈손 들고 뛰는

찢어지게 가난한 노동자였다.

아버지를 잘 따르던 예수는

어려서부터

손바닥에 못이 박히도록

가난한 가업인 목수일을 했다.

때로는 터무니없게

세금을 매기는 바리새인이나

로마의 깡패 가이사 것들을 향하여

두 주먹을 부르르 떨기도 했지만

그들을 미워하는 것은

바윗돌에 계란 던지기

차라리 원수를

사랑하기로 했다….

(후략)

(정대구, '인간예수')

인간 예수도 '터무니없이 세금을 매기는 바리새인'에게 흥분할 수밖에 없었다. 실제로 가렴주구(苛斂誅求)의 행패는 동서고금을 막론하고 뿌리가 깊다. 가혹하게 세금을 거뒀던 역사의 유산에서 자유로운 나라가 어디 있겠는가. 신사의 나라 영국마저도 식민지 미국에 혹독한 세금을 부과해 '보스톤 차 사건'이 터지지 않았는가.

어떻게 모든 백성이 만족하도록 세금을 부과할 수 있겠는가. 대답이 있다면, "당신에겐 세금을 물리지 말고/ 내게도 물리지 말고/ 저 나무 뒤에 숨은 사람에게만 물리시오". (러셀 롱)

과연 세금은 어떻게 부과돼야 가장 '바람직'할까? 아니면 무엇이

'공평한 기준'일까?

첫째, '쓰는 만큼' 내야 한다는 것이다. 정부가 제공하는 서비스를 활용하는 정도에 따라 세금을 부과하자는 원칙이다. 예를 들어, 도로 건설의 재원으로 사용되는 휘발유세는 도로를 많이 활용하는 사람들이 더 많이 내야 한다. 경찰의 방범 서비스도, 공항과 항만의 서비스도 모두 마찬가지다. 많이 쓰는 사람이 더 많이 내야 한다면, 부자가 더 내야 한다는 주장을 뒷받침한다. 이것을 '조세의 편익원칙'이라 한다.

둘째, '능력껏' 내야 한다는 주장이다. 세금 부담능력에 따라 세금의 규모를 결정하는 것이다. 물론 저소득층의 20만 원은 고소득층의 100만 원보다 더 큰 희생이 될 수도 있다. 따라서 능력에 따라 세금이 달라져야 공평성이 확보된다고 본다. 능력있는 사람이 더 많은 세금을 내야 한다는 '수직적 공평성'과 부담능력이 유사한 사람들은 세금도 같아야 한다는 '수평적 공평성'이 확보돼야 한다.

"세금? 우리가 아니야. 저 사람이 내는 거야."

나무 뒤에 숨은 사람

어떻게 이 원칙을 적용할 수 있을까? 예를 들어, 모든 소득에 일정 비율을 곱해 세금을 내는 비례세를 생각해 보자. 능력있는 사람이 더 많이 내므로 수직적 공평성이 확보되는 셈이다. 그러나 과연 모든 사람이 이 제도에 만족할까? 능력있는 사람은 그보다 더 많이 내야 한다는 여론이 많다. 그래서 소득이 올라갈수록 세율이 높아지는 누진세가 등장한다. 고소득층의 숫자가 적으므로, 여론은 항상 누진세를 지지한다. 그렇다면 얼마나 가파르게 올라가야 하는가? 사람마다 대답이 다르리라.

사실은 소득이 올라갈수록 세율이 낮아져도 수직적 공평성이 만족된다. 100만 원 소득에 10퍼센트를 부과하고, 1,000만 원 소득에 8퍼센트를 부과해도 실제 내는 서금은 고소득자가 8배나 더 많이 낸다. 이것은 소득이 많아질수록 세율이 낮아지는 '역진세'라 한다. 그러나 누진세에도 만족하지 않는데, 어떻게 역진세가 도입될 수 있겠는가.

수평적 공평성의 적용도 만만치 않다. 소득은 동일한데, '갑'은 노부모를 모시고 있어 의료비 지출이 많지만, '을'은 혼자서 지내며 별탈이 없다고 하자. 이런 문제를 해결하려고 부양가족과 의료비 공제가 등장한다. 얼마를 공제해주는 것이 가장 공평할까?

공평성의 해답은 경제 논리로 찾기 힘들다. 모든(?) 사람들이 너도 나도 아닌 나무 뒤에 숨은 사람들이 더 많이 내주기를 바라고 있기 때문이다.

세금은 누가 내는가?

세금의 전가는 수요의 탄력성과 밀접한 관련이 있다.
비탄력적인 재화에 대해 세금을 부과하면
그 세금은 거의 모두 매수자가 부담할 수밖에 없다.

"계약 당시보다 양도세가 올랐으니, 다시 좀 생각을 해야 할 것 같습니다." "그게 무슨 상관입니까? 양도세야 당연히 매도자에게 부과되는 세금인데…." "그래도 세금 부담이 너무 많습니다. 차라리 계약을 취소하는 게 나을 것 같네요." 중개업자가 안달이 난다. "그거야 원래 주인이 내는 것입니다만, 상황이 바뀌었으니 조금씩 서로 양보를 하시지요." "세금을 모두 안고 사도 이보다 좋은 매물을 어디서 구하겠습니까?" 매수인은 이제 그 집을 사자니 꼼짝없이 양도세를 일부라도 부담해야 할 지경이다. 부동산 투기를 억제한다더니 또다시 서민들 부담만 늘려주는 꼴이다. 어떻게 해야 하나. 내가 세금을 부담하기에는 너무 억울하다. 그렇다고 포기할 수도 없고….

세금의 전가가 나타나는 현장이다. 일부는 계약을 포기하기도 할

나무 뒤에 숨은 사람

것이고, 세금을 적절히 분배하는 조건으로 합의가 될 수도 있겠다. 양도자에게 부과한 세금을 매수인이 부담해야 된다니, 그 세금이 원통스럽기 그지없지만, 그래도 어찌할 수가 없다. 이것이 엄연한 현실인 것을…. 이 과정에서 끝까지 "세금을 조금도 부담할 수 없다"고 주장하는 매수자(A)의 태도를 경제학적으로 분석해 보자. 종전보다 가격이 조금이라도 높다면 사지 않겠다는 생각이다. 반대로 양도세를 모두 자신이 부담하면서도 꼭 그 집을 사겠다는 사람(B)은 어떠한가. 가격이 아무리 올라도 꼭 원하는 재화를 매수하겠다는 것이다.

이런 현상은 매수자가 가격 변화에 얼마나 민감하게 반응하느냐로 설명할 수 있다. A는 가격이 약간만 변해도 수요가 크게 흔들리는 수요자이다. 반대로 B는 가격 변화에 둔감한 수요자다. 가격이 1퍼센

"세금까지도 내가 내야 돼요?"

"안 살려면 말고!"

트 올라갈 때 수요가 얼마나 많이 변화하는가를 나타내는 지표를 경제학에서는 수요의 가격탄력성이라고 부른다. 예를 들어, 수요가 1 퍼센트 이상 감소한다면 수요가 탄력적이라고 말하고, 1퍼센트보다 적게 변동할 경우에는 수요가 비탄력적이라고 한다. B처럼 가격이 아무리 올라가도 수요가 전혀 움직이지 않는 경우에는 수요가 완전 비탄력적이라고 한다. 같은 집이라 해도 A의 수요는 상당히 탄력적이고, B의 경우에는 거의 움직이지 않는 것이다.

세금의 전가는 수요의 탄력성과 밀접한 관련이 있다. 비탄력적인 재화에 대해 세금을 부과하면 그 세금은 거의 모두 매수자가 부담할 수밖에 없다. 물론 세무당국은 판매자로부터 세금을 거두어들이지만, 결국은 소비자에게 전가되는 것이다. 그렇다면 어떤 상품의 수요가 비탄력적인가? 가격이 아무리 올라도 소비를 줄일 수 없는 생활 필수품은 수요가 비탄력적이다. 반면 사치품은 가격이 올라가면 소비를 줄일 수 있기 때문에 탄력적이다.

유류 제품에 대한 세금 부과 역시 종별에 따라 세금을 부담하는 주체가 약간씩 달라진다. 생업의 수단으로 휘발유를 사야 하는 영세 상인은 세금의 전가가 많다. 이 계층에서는 수요가 비탄력적이기 때문이다. 그러나 적절히 소비를 줄일 수 있는 계층에게는 세금의 전가비율이 높지 않게 된다. 이번에는 수요가 탄력적이기 때문이다. 따라서 누가 사느냐를 구체적으로 감안하지 않고 일률적으로 부과하는 세금은 오히려 저소득층이나 중소기업에 더 큰 부담이 될 수도 있다. 나무 뒤에 숨은 사람들에게 전가 되는 몫이 더 커지게 된다.

반대로 세금을 내리는 효과를 생각해보자. 이 역시 제품과 소비자의 특성에 따라 다르게 나타난다. 사치품에 대한 세금 인하의 혜택은 수요를 크게 늘려줄 수 있다. 왜냐하면 수요가 탄력적이라 가격 인하에 민감하게 반응하기 때문이다. 그러나 생필품의 세금을 낮추면 수요가 얼마나 크게 늘어나겠는가. 생필품은 가격 변동에 관계없이 수요가 크게 변화하지 않는다.

복덕방의 논쟁도 수요의 탄력성으로 해결해야 한다. 그래서 탄력성의 정도에 따라서 매매 쌍방의 분담 비율을 결정해주는 중개사가 필요한 것이다. 세금은 항상 누군가에게 전가되는 특성을 갖고 있다.

창문에 세금을 부과한 까닭

실제 특정한 상품에 세금을 부과하면 소비자는 두 가지 형태의 반응을 나타낸다.
아무리 세금이 높아도 할 수 없이 '유리창을 달' 수도 있지만,
한편으로 '창문을 모두 없애 버릴' 수도 있다.

"마음의 서쪽에

창이 열렸던 때가 있었네

담장 옆 수수꽃다리를 밟고 올라가면

이층 단칸방 모두

한 방울의 눈물인 유리창

주인집 피아노 건반을

하나하나 꺾어 세운 계단은

늘 등꽃에서 끝나곤 했네

이층 그 아래가

깎아지른 벼랑이던 날

풀먹인 호청 누빈

300

금빛 이불자락이 서쪽의 끝까지 닿았네

금방 불타 오르던 이층의 앞날은

그 유리창처럼 산산이 부서졌네

피 묻은 유리 파편이

등꽃의 향기임을 너에게 말해줄까"

(송재학, '창이 있었네')

창은 세상을 향한 눈이다. 맑은 유리는 내면과 외면의 세상을 밝게 이어주는 가교가 된다. 그래서 넓은 세상을 원하는 사람들은 더 큰 창을 갖고 싶어한다. 건축 기술이 발달된 최근에는 벽 전면을 모두 유리창으로 장식하는 건물도 많이 등장하고 있다. 단칸방의 창은 모두 '한 방울의 눈물'이지만, '주인집 창'은 너무 커서 언제 부서질지 불안할 때도 있다. 유리창이 보편화된 21세기에도 창의 크기는 부의 상징처럼 느껴지는 것일까?

실제로 그 '주인집 창'이 사치를 나타내는 척도로 사용되던 시절이 있었다. 1696년 영국에서는 유리창의 수와 크기에 따라 건물의 세금을 결정하였던 것이다. 유리가 귀한 당시로서는 집의 크기보다 유리창의 수에 따라 호화주택 여부를 평가하고, 창이 많을수록 높은 세금을 부과하였다. 다시 말하자면 유리창은 일종의 사치재로 여겨졌고, 유리창이 많으면 호화주택이었으며, 많은 세금을 부과하는 기준으로 입법화되었던 것이다.

유리창 세금의 여파는 어떻게 나타났을까? 집집마다 유리창을 부수고 벽돌로 메웠으며, 각 성(城)마다 창문을 줄이는 대대적인 공사가 벌어졌다고 한다. 당시에 건축된 성에는 왜 그렇게 작은 유리창이 몇 개밖에 달리지 않았는가를 쉽게 알 수 있다. 세금 부과의 목적은 호화주택에 대한 중과세였지만, 세금의 기준이 되는 창문만 줄이면 세금을 회피할 수 있기 때문이다. '창이 있었네'가 모든 것을 쉽게 설명한다.

그런데 과연 유리창을 기준으로 호화주택에 부과된 세금은 궁극적으로 누가 부담해야 했을까? 경제활동에는 어떤 파급효과를 가져왔을까? 주택에 부과한 세금은 모두 주택 소유자가 부담하는 것처럼 보인다. 창문 수에 따라 부과되었으므로, 창문을 많이 갖고 있는 사람이 세금을 내게 되기 때문이다. 그러나 창문이 많았던 집들은 세금을 회피하기 위해서 창문을 줄였다. 집 주인이 높은 세금을 내면서까지

"창이 너무 작은 거 아냐?"
"이게 다 세금때문이라니까…"

나무 뒤에 숨은 사람

창문을 달고 싶지는 않았기 때문이리라. 이 결과 창문에 대한 수요가 급격히 줄어들었다. 이렇게 되자 결국 세금의 여파는 집주인이 아니라 유리창을 생산하는 기업으로 전가되었다. 유리창 세금의 여파로 생산업자는 분명 줄줄이 도산했을 것이고, 상당 기간 유리 문화는 정체되었을 것이다. 호화주택을 규제하자는 본래의 목적과는 달리 세금은 오히려 유리창 생산업자에게 큰 타격을 준 것이다.

실제 특정한 상품에 세금을 부과하면 소비자는 두 가지 형태의 반응을 나타낸다. 아무리 세금이 높아도 할 수 없이 '유리창을 달' 수도 있지만, 한편으로 '창문을 모두 없애 버릴' 수도 있다. 창문이 사치재라면 소비자는 창문을 없애는 쪽을 택할 것이고, 필수품이라면 창문을 그대로 놓아두는 대신 높은 세금을 낼 것이다. 많은 창문업자가 도산했던 것은 당시의 유리창이 역시 사치재였기 때문이다. 사치재에 대한 소비세의 부과는 결과적으로 기업에 짐을 떠안기는 결과를 가져온다.

반대로 필수품에 대한 세금의 부과는 나무 뒤에 숨은 소비자에게 많은 부담을 지운다. 이런 현상을 '세금의 전가'라고 말한다. 그렇다면 어떤 기준으로 두 사람의 분배 몫이 나누어지는가? 그래서 과연 우리는 얼마만큼의 세금을 더 내야 하는가?

세금 감면이 소비를 늘린다?

개인이 세금을 적게 내면 국가의 재정수입은 줄어든다.
반대로 각 가계에서 사용할 수 있는 가처분소득은 증가하게 된다.

은행 간부로 촉망받던 앤디 듀프레인(Andy Dufresne : 팀 로빈슨 역)은 어느 날 갑자기 살인범으로 전락한다. 아내와 그녀의 정부를 살해했다는 죄명이다. 누명이었지만, 증언과 살해 현장의 어설픈 증거물 때문에 종신형을 선고받고 누구도 살아남기 힘들다는 흉악범들의 교도소 쇼생크로 수감된다. 교도소 생활은 이루 형언할 수 없다. 인간 말종 쓰레기들만 모인 그곳, 차라리 짐승이라면 마음 편하리라. 무식한 간수 눈에 잘못 보였다가는 개죽음 당하기 십상이고, 악질 동료 죄수들에게 걸리면 강간당하기도 한다.

그래도 은행원이었던 게 얼마나 다행인가? 간수의 세금을 면제 받게 해주는 덕분에, 앤디는 일약 교도소의 비공인(?) 회계사로 차출된다. 해마다 소장과 간수들의 연말정산을 도와주며, 세금감면은 물론

나무 뒤에 숨은 사람

자산 관리까지 해준다. 그런 연유로 앤디는 편안한 교도소 생활을 즐기지만(?) 그의 꿈은 살인 누명을 벗고 자유인이 되는 것 아니겠는가? 드디어 꿈★은 이루어져 천신만고 끝에 20년 동안 준비한 '쇼생크 탈출'에 성공한다.

교도소 생활의 처참함과 탈출 과정의 긴박감, 비리와 배반을 일삼는 군상(群像)을 생생하게 그린 〈쇼생크 탈출〉에서 주인공 앤디는 결국 세금을 깎아주는 기술(?) 때문에 인생의 극적인 전환기를 만든 셈이다. 남의 세금을 감면해준 노고로 자신의 운명을 바꿨지만, 과연 앤디의 세금 감면은 국민경제에 얼마나 기여했을까. 이런 생각을 하면, 영화가 얼마나 재미없을까. 그래도 한번쯤 영화 속에 나오는 경제학의 진실을 음미해보자.

불법적인 세금 감면은 당연히 범죄행위이지만, 경제에는 어떤 효과를 가져올까? 국가나 가계 모두 국민 경제를 구성하는 한 주체이기 때문에 그 돈을 누가 쓰던 아무런 차이가 없는 것일까? 조금 정확하게 분석하면 반드시 그렇지는 않다. 개인이 세금을 적게 내면 국가의 재정수입은 줄어든다. 반대로 각 가계에서 사용할 수 있는 가처분소득은

"세금 몇 푼 깎아주고 자유를 얻었다!"

증가하게 된다. 예를 들어, 100만 원의 세금 감면을 생각해보자. 이 100만 원을 누가 더 효율적으로 사용하느냐가 문제가 되는 셈이다. 정부가 모아서 사용하는 것이 더 바람직한가? 아니면 각 가계에서 자유롭게 쓸 수 있도록 해야 하는가?

여러 상황에 따라 답은 약간씩 달라질 수 있다. 그래서 한 가지 가정을 더 붙여보자. 현재의 경제상태가 경기침체기라서 수요를 증진시키는 정책이 필요하다고 하자. 이렇게 되면 문제가 간단해진다. 세금이 감면된 100만 원 중 가계에서는 얼마를 소비 지출로 쓰고, 만약 세금으로 거두어갔을 때는 재정 지출로 얼마를 쓸 수 있는가를 비교하면 된다. 정부와 가계의 씀씀이가 동일하다면 경제에 미치는 효과는 아무런 차이가 없는 셈이다. 그러나 실제로는 차이가 있게 마련이다. 우선 용도가 다르니 같은 지출액수라 해도 경제에 미치는 효과가 달리 나타난다. 또한 씀씀이가 다를 수도 있다.

여기에서 자신의 소득(수입) 중 얼마를 쓰는가를 나타내는 지표를 평균소비성향이라고 한다. 이것은 바로 소비를 소득으로 나눈 비율이 되는 셈이다. 전체 4,000만 원의 소득 중 3,000만 원을 소비로 지출한다면 평균소비성향은 0.75가 된다. 또한 소득이 추가로 늘었을 때 소비가 얼마나 더 증가하는가는 한계소비성향이라고 한다. 그러니까 세금 감면으로 소득이 100만 원 늘었을 때 이 중 70만 원을 쓴다면 한계소비성향은 0.7이 되는 셈이다. 세금 감면의 효과를 비교하는 첫 출발은 바로 정부와 가계의 소비 성향을 이해하는 것이다.

과연 경기가 침체하면 세금을 감면하는 것이 항상 바람직할까?

나무 뒤에 숨은 사람

경기를 부양하려면

조세 감면의 효과는 궁극적으로 민간의 소비를 통해서 가장 크게 나타난다.
따라서 민간의 소비에 결정적 영향을 미칠 수 있는 감세 정책만이
경기부양 효과를 크게 할 수 있다.

1980년대 미국 레이건 대통령 시대에는 세금 감면을 중시하는 '레이거노믹스'가 시도되었다. '세율 인하가 각 근로자의 노동의욕을 고취시키고, 기업의 투자를 확대하여 경기를 부양시키고, 나아가 경제활동을 활성화 시켜서 세입 규모도 증가한다'는 공급 위주의 경제학(supply-side economics)을 도입하였던 것이다. 과거 부시 대통령도 1992년에 일시적인 세금 감면 정책을 실시하였다. 당시 재선을 위한 선거운동이 치열했는데, 부시는 근로자로부터 원천징수하는 세금을 일단 줄였고, 세법 개정을 시도하였다. 그러나 결국 세법은 개정되지 않았으므로 1993년 4월 근로소득자들은 다시 감면받은 세금을 납부해야만 했다. 이 정책은 물론 경기에 아무런 영향을 미치지 못했고, 부시도 재선에 실패하였다.

과연 조세 감면이 어떤 경우에 성공하고, 어떤 경우에 실패하는가? 일반적으로 경제학에서는 재정 정책이 수요를 늘리는 중요한 수단으로 여겨져왔다. 따라서 경기침체는 공급은 많은데 수요가 부족해서 나타나는 현상이므로 재정 지출을 늘려서 경기를 부양해야 한다는 것이다. 이것은 물론 국민경제 전체의 생산능력(총공급)은 충분한데, 공급 물량을 소화할 수 있는 전체 수요(총수요)가 부족한 공급초과의 경제에서 발생하는 현상이다.

그러나 재정 정책은 수요뿐만이 아니라 생산능력을 확충하는데도 영향을 미칠 수 있다는 생각이 바로 공급 위주의 경제학이다. 즉, 세금을 인하하면 소비와 투자가 늘어나는 현상 이외에도 근로자들을

"세금? 아예 없애면 어때?"

나무 뒤에 숨은 사람

더 열심히 일하게 하는 인센티브가 된다는 것이다. 세후 소득이 증가하면 일을 더 열심히 하게 되고, 이 결과 재화와 서비스의 공급도 늘어난다는 것이다. 이렇게 되면 근로 열의와 생산의 증가로 조세 수입까지도 증가한다고 믿는 것이다.

그렇다면 조세 감면의 성공과 실패를 어떻게 가늠할 수 있겠는가. 조세 감면의 효과는 궁극적으로 민간의 소비를 통해서 가장 크게 나타난다. 따라서 민간의 소비에 결정적 영향을 미칠 수 있는 감세 정책만이 경기부양 효과를 크게 할 수 있다. 따라서 1992년 부시 시절처럼 일시적인 세금 감면은 아무런 효과가 없고, 장기적으로 자신의 소득이 확실히 늘었다는 신뢰를 줄 수 있는 세금 감면이라야 한다. 또한 세금부담이 상당히 많다고 느끼는 계층에게 감면 혜택이 많이 돌아가야 한다. 세금 감면으로 실질적인 소득이 상당히 늘었다고 인식하는 소비자가 많을수록 그 정책은 성공을 거둘 수 있다.

결국 대대적인 세금 감면도 '누구를 위해 종이 울리는가'에 따라 그 효과가 달라진다. 많은 사람들이 혜택을 보는 경우도 있지만, 때로는 나무 뒤에 숨은 사람들을 울리는 경우도 있다.

마음을 움직이는 세금

세금 감면으로 경제가 좋아진다면 오히려 전체 세금은 더 걷히지 않겠는가.
세율을 낮추어도 전체 소득이 증가하면 세수(稅收)는 당연히 늘어난다.

2003년 초에 막을 내린 세계 프로테니스 대회에서는 한 쌍의 연인이 남녀대회를 모두 석권하여 화제를 모았다. 벨기에 소녀 킴 클리스터스가 여자프로(WTA)에서 우승했고, 뒤를 이어 그녀의 연인인 레이튼 휴위트가 남자투어(ATP)의 대미를 장식한 것이다. 사실 2년 연속 세계 랭킹 1위에 오른 휴위트의 승리는 어쩌면 당연한 것이었다. 그러나 클리스터스의 우승 소식과 더불어 "국적을 호주로 바꾸겠다"는 그녀의 깜짝선언은 세상을 또 한번 놀라게 했다.

클리스터스는 2003년 170만 달러의 상금을 받았지만, 60퍼센트 이상을 세금으로 내야만 한다. 프로축구에만 감세 혜택을 주고, 테니스에는 인색한 벨기에 세제가 형평에도 맞지 않는다는 것이다. 게다가 연인인 휴위트와 더불어 호주에서 대부분을 지내고 있으니, 호주로

나무 뒤에 숨은 사람

옮기면 금상첨화가 아닌가. 물론 호
주 정부의 집요한 설득도 주효했으리
라. 유명 선수를 자국민으로 귀화시
켜 세계적인 홍보거리를 만들고, 조
세 수입도 늘릴 수 있기 때문이다.

"세금만 깎아준다면 국적도 바꾸지!"

세상에 세금 많이 내고 싶어하는
사람이 어디 있겠는가. 세금에서
해방된다면 국적이라도 바꾸겠다는
사람이 어찌 클리스터스뿐이겠는가. 실제로
글로벌 경제에서는 조세 천국으로 외국 기업을 유혹하고 있는 나라
도 많고, 자국민에게 세금 감면을 실시하는 나라도 많다. 최근 부시
대통령도 경기부양을 위해 배당 소득과 기업 투자에 대한 세금 감면
을 제안하고 있다. 동시에 재정 지출의 확대도 제안하고 있다. 과연
세금은 적게 거둘수록 좋은 것일까? 재정 지출과 세금 감면 중 어떤
정책이 더 효과적일까?

경기가 침체되면 시장에는 공급이 수요보다 많은 현상이 나타난
다. 기업에서 생산된 재화가 제대로 팔리지 않는 것이다. 이런 상황
에서는 경기부양을 위해 재정 지출을 늘리거나 세금을 감면시키는
정책을 채택할 수 있다. 특히 금리가 너무 낮아 금융 정책의 효과가
미진할 경우에는 재정 정책의 중요성이 커진다.

세금 감면과 재정 지출의 증가 규모가 동일하다면 정책효과 역시
동일하다는 주장도 있다. 그러나 사실은 그렇지 않다. 적어도 몇 가

지 관점에서 크게 차이가 난다. 우선 소비자에 대한 세금 감면은 재정 지출보다 훨씬 빨리 파급효과가 나타난다. 정부 지출은 여러 정치과정을 거쳐 시행되지만, 세금 감면의 효과는 그렇지 않다. 늘어난 소득이 한계소비성향에 따라 바로 시장에서 지출된다. 세금이 감면될 것이라는 뉴스만으로도 소비 증대효과가 나타날 수 있다. 미래의 기대소득도 현재 소비에 영향을 주기 때문이다.

반대로 정부 지출은 예산 편성의 과정을 거쳐야만 한다. 정치적 이해관계에 따라 지출의 우선순위가 결정되므로, 경제에 미치는 파급효과가 크게 줄어들 수 있다. 경제보다도 표를 먼저 고려하는 정치인의 입김이 작용하기 때문이다. 정부를 통해 이루어지는 재정 지출의 비효율성도 지적한다. 이런 이유로 정부가 세금을 거두어서 지출하게 하는 것보다 차라리 소비자가 그 세금을 쓰게 하라는 것이다. 예를 들어, 정부가 1,000억 원의 재정 지출을 확대하는 것보다 차라리 그만큼 세금을 감면하는 것이 더 효과적으로 경기를 부양시킨다. 세금을 적게 부과하여 클리스터스 같은 선수를 많이 유치하는 정부가 더 효율적이라는 얘기가 된다.

소비자들에게는 즐거움을 주고, 관료들은 싫어할 소리다. 그렇다고 관료들이여, 너무 비관하지는 말자. 세금 감면으로 경제가 좋아진다면 오히려 전체 세금은 더 걷히지 않겠는가. 세율을 낮추어도 전체 소득이 증가하면 세수(稅收)는 당연히 늘어난다. 세율을 낮추어 클리스터스를 유치한다고 크게 걱정할 필요는 없다. 설마 모든 세금을 폐지하자고 하겠는가.

　　　　　　　　　　　　　　　　　　　나무 뒤에 숨은 사람

고지서 없는 세금

인플레이션으로 희비가 엇갈리는 인생이 얼마나 많겠는가.
어느 나라에서나 무분별한 화폐 발행, 즉 화폐주조세는 초인플레이션의 원인이 된다.
소득을 바람과 함께 사라지게 하기 때문이다.

역사상 가장 흥행에 성공한 영화는 〈타이타닉〉과 〈스타워즈〉, 〈ET〉 등으로 알려졌다. 1997년에 개봉된 타이타닉은 입장료 수입만도 천문학적인 기록을 세웠다. 그러나 이러한 수입 금액은 명목상 금액이다. 이 금액을 1930년대 영화 수입과 같은 잣대로 비교할 수 없다. 그동안 엄청난 인플레이션이 있었기 때문이다.

헐리우드 흥행 수입을 물가지수를 감안해 평가하면 어떻게 될까? 1939년에 개봉된 〈바람과 함께 사라지다〉가 9억 2,000만 달러로 타이타닉을 크게 앞선다. 다음은 〈스타워즈〉와 〈사운드 오브 뮤직〉이 차지하고, 〈타이타닉〉은 겨우 4위를 지키고 있을 따름이다. 현재 수입만 보고 타이타닉을 최고라 생각하는 것은 인플레이션에 따라 발생한 착시현상 때문이다.

실제로 인플레이션은 많은 사람들의 수입은 '바람과 함께' 사라지게 만든다. 물가가 상승하면 내 지갑 속 돈의 구매력이 떨어지지 않는가. 이것은 실질소득을 감소시킨다. 정부가 세금을 거둬가는 것과 동일한 효과를 가져오는 셈이다. 따라서 인플레이션도 세금의 한 종류라고 본다. 그래도 세금과는 다르다고 주장할 수 있다. 인플레이션이 곧 조세라는 등식을 쉽게 이해하기 어렵기 때문이다. 과연 인플레이션도 세금일까? 고지서도 없는데.

정부가 쓸 돈을 어떻게 마련하는지 먼저 생각해보자.

기업이나 개인으로부터 세금을 거두거나, 채권을 발행하는 방법으로 빌려올 수도 있다. 또 다른 방법은 화폐를 찍어내는 것이다. 그러나 손쉽게 화폐를 발행해서 자금을 도달하면 비록 정부 세입(歲入)은 늘어난다 해도 인플레이션을 유발한다. 정부는 수입을 늘리고, 국민들의 지갑 속에 있는 화폐 가치는 떨어진다. 국민들 손해를 담보로

"이제 직접 손을 쓰지 않아도 되겠군."

나무 뒤에 숨은 사람

정부가 수입을 늘리는 꼴이다. 따라서 인플레이션은 곧 화폐를 갖고 있는 사람에 대해 세금을 부과한 것과 같다. 따라서 화폐 발행에 따른 수입 확보는 곧 '인플레이션 세금'을 부과하는 것과 동일하다. 한 가지 차이가 있다면, 고지서도 없이 '바람과 함께' 우리 수입을 감소시킨다고나 할까?

실제로 '인플레이션 세금'의 뿌리는 상당히 깊다. 중세의 봉건영주는 자신의 성내에서 화폐주조(貨幣鑄造)에 대한 배타적 독점권을 갖고 있었다. 당시부터 화폐주조를 통해 영주의 수입을 확보하는 것을 화폐주조세(seigniorage) 또는 화폐주조료라 불렀다. 봉건영주(senior)를 의미하는 프랑스어 어원에서 나왔다고 한다.

물론 현대국가에서의 화폐주조세는 중앙정부가 독점적으로 관리한다. 재정 지출을 위해 화폐 발행을 통해 수입을 확보하는 경우가 여기에 해당된다. 높은 인플레이션을 경험한 남미에서는 화폐 발행을 통해 확보하는 화폐주조세 비중이 재정 수입의 상당 부분을 차지한다. 재정 건전도가 높은 선진국일수록 이 세금의 비중이 낮다.

화폐주조세는 역설적으로 장점도 많다. 화폐 발행 독점권을 가진 정부가 필요하면 언제라도 고지서도 발행하지 않고 세금을 거둘 수 있기 때문이다. 공평성과 형평성이 일그러져도 얼마나 편리한 제도인가? 그러나 화폐주조세는 나무 뒤에 숨은 사람들의 소득을 왜곡시킨다. 인플레이션으로 희비가 엇갈리는 인생이 얼마나 많겠는가. 어느 나라에서나 무분별한 화폐 발행, 즉 화폐주조세는 초인플레이션의 원인이 된다. 소득을 바람과 함께 사라지게 하기 때문이다.

레인 맨의 경제학

상속세가 무거우면 자신과 가족을 위해 열심히 일하는 인센티브가 사라진다.
이것은 자신의 이익 추구를 기본으로 하는
시장경제의 본질적인 가치를 무너뜨릴 수도 있다.

1970년대 초까지도 어느 금융기관에서는 주말만 되면 "오늘 비가 오느냐"는 질문이 많았다고 한다. 왜 하필 금융기관에서 그렇게 날씨를 걱정했을까? 사실은 그런 비(雨)가 아니었다. 주말마다 자주 나오는 '금(金)'을 은유적으로 표현했던 것이다. 가뭄 끝에 내리는 '금(金)비'와 같다고나 할까. 체력 단련비와 저축 추진비, 휴가비 등 수시로 나오는 각종 수당을 지칭했던 말이다. 장마처럼 '비'가 자주 오는 세월 좋은 시절이었던 모양이다.

그 '비'는 서양에서도 유사한 은유적 의미로 사용될 때가 있다. 바겐세일하는 백화점에 장사진을 치는 것은 어디서나 마찬가지다. 아침 일찍 찾아가지 않으면 원하는 기획상품은 놓치기 일쑤다. 그러나 미국에서는 걱정할 필요가 없다. 별도의 쿠폰을 만들어주기 때문이

나무 뒤에 숨은 사람

다. 물건이 도
착하는 대로
연락을 줄 테
니, 그 '표'를 가

져오면 세일 가격에 주겠다는
것이다. 비 때문에 경기가 중단
되어었을 때 받아가는 재입장권
과 같다. 그것을 '비 수표(rain check)'라고 부른다.

　이쯤 되면 영화 〈레인 맨(Rain Man)〉이 연상된다. 더스틴 호프만
이 열연하며 1988년에 아카데미 영화제를 휩쓸었던 영화다. 돈만 알
며 이기적으로 살아오던 찰리(톰 크루즈 역)는 애인과 휴가를 가는
도중 몇 년 동안 연락이 없던 아버지의 사망소식을 접한다. 장례식
장으로 달려가는 찰리의 관심은 오로지 유산에만 있다. 그러나 장미
와 자동차 광이었던 아버지가 그에게 남긴 유산은 초라했다. 과연
나머지 300만 달러의 유산은 어디로 사라진 것일까?

　고생 끝에 찾아낸 것은 자폐증으로 정신병원에 수용되어 있는 형
레이먼드(더스틴 호프만 역). 그에게 모든 유산이 남겨진 것이다.
'바보 천재'에게 모든 유산이 가는 것은 부당하다고 생각한 찰리는
형을 납치해 반쯤이라도 유산을 차지하려고 계획한다. 그러나 찰리
의 생각은 뜻대로 움직이지 않는다. 오히려 두 사람이 같이 시간을
보내면서 잠재의식 속에 묻혀 있던 형제애가 점차 나타난다. 어렸을
때 비틀즈의 노래를 불러주던 레인 맨, 그가 바로 자신의 안전 때문

에 멀리 보내졌던 정신장애의 형이라는 사실을 확인하면서 찰리는 달라지기 시작한 것이다. 가족의 가치가 파괴되어가는 1980년대 말 미국인들은 이 영화를 통해 돈과 자신의 혈육을 다시 되돌아보는 계기를 갖게 되었다.

물론 레인 맨은 영화 속에만 있지 않다. 유산 때문에 형제애와 가족애가 짓밟히는 경우는 우리 주변에 너무나 많다. 예기치 못한 죽음 앞에서 유산 때문에 법적 분쟁을 벌이기도 한다. 가족관계만이 아니다. 부의 세습이 민주사회의 평등성을 원천적으로 왜곡한다는 주장도 제기된다. 그렇다면 차라리 사회에 환원하는 게 바람직한 것일까? 상속되는 재산에는 무거운 과세를 하고, 부의 세습을 규제해야 한다는 논리이다.

문제는 여기서 끝나지 않는다. 자신이 번 재산도 유족에게 줄 수 없다면 무엇을 위해 열심히 일하겠는가? 아무리 가족의 전통과 가치가 무너지고, 시민사회의 평등성이 중시된다 해도 역시 가족은 가족 아닌가. 자폐증을 가진 '바보 천재'라도 결국 뜨거운 혈연은 어쩔 수 없지 않을까. 상속세가 무거우면 자신과 가족을 위해 열심히 일하는 인센티브가 사라진다. 이것은 자신의 이익 추구를 기본으로 하는 시장경제의 본질적인 가치를 무너뜨릴 수도 있다. 또한 상속세가 과중하면 편법으로 부를 세습하는 왜곡현상도 많이 나타날 수 있다. 그래서 일부에서는 오히려 상속세를 폐지해야 한다고 주장한다.

나무 뒤에 숨은 사람

상속세를 올리자는 거부들

상속세는 부의 집중과 세습을 억제하는 중요한 역할을 한다.
또한 상속세는 '사망한 후'에 부과되기 때문에 죽음의 시기를 모르는 상황에서는
절약과 저축의 인센티브를 줄이지 않는다는 것이다.

빌 게이츠(Bill Gates)의 아버지 윌리엄 게이츠 시니어(William Gates Sr.)는 아들 못지않은 억만장자로도 유명하다. 조지 소로스도 세계 금융계를 주름잡는 거부(巨富)로 널리 알려져 있다. 투자회사 회장인 워런 버핏도 거부 명단에서 빠지지 않는다. 이런 세계적 거부들이 조지 부시의 감세정책에 반기를 들고 '세금을 계속 더 내야 한다'는 캠페인을 벌이고 있다. 재산세와 상속세를 폐지하려는 행정부와 의회의 움직임에 적극적인 반대운동을 하고 나선 것이다. 세상에 세금을 즐겨내는 사람이 얼마나 있을까? 이 거부들의 운동은 아이러니처럼 들린다.

세금은 '있는 사람들'에게는 작은 고민에 지나지 않을 수도 있다. 상속세 걱정은 나무 뒤에 숨어 있는 서민들에게는 다른 세상 얘기일

지도 모른다. 그럼에도 불구하고 일부 선진국에서는 상속세와 재산세를 폐지하려는 움직임을 보이고 있다. 7세기 이집트에서 시작된 이래 수천 년간 지속되어왔던 세금을 왜 난데없이 폐지하려는 것인가? 단순히 '표'를 모으기 위한 선심 정책일까? 아니면 일정 수준의 소득을 넘어서면 세금의 유무는 큰 문제가 되지 않는 것일까?

물론 세금은 경제활동에 많은 영향을 미친다. 세금을 줄이거나 늘려서 경기를 부양하고, 진정시키기도 한다. 세금을 통해 부자의 소득을 저소득층으로 이전시키는 소득 재분배 정책도 실시한다. 그렇다면 상속세나 재산세는 어떤 영향을 미치는가. 폐지하자는 주장이 논리적으로 설득력이 있는 것인가. 아니면 상속세는 더욱더 강화되어야 하는가?

우선 상속세가 공평성(fairness)에 위배된다는 주장이다. 열심히 일해서 모은 것을 절약하고 절약해서 부를 축적한 것인데, 죽음과 함께 세금을 부과하기 때문이라는 것이다. 따라서 상속세나 재산세가 과다하면 모든 사람들에게 저축에 대한 인센티브가 줄어들고, 당대(當代)에 소비를 늘릴 것이다. 어렵게 자수성가한 중산층에게도 상속세는 부담이 되고, 이것 역시 절약과 저축의 인센티브를 감소시킨다.

그러나 게이츠와 소로스의 반론도 많은 사람에게 공감을 준다. 상속세는 재산이 많을수록 누진적으로 부과되기 때문에 거부들에게만 많은 부담을 주고, 저축의 인센티브를 감소시키지 않는다는 것이다. 실제로 상속세는 부의 집중과 세습을 억제하는 중요한 역할을 한다. 또한 상속세는 '사망한 후'에 부과되기 때문에 죽음의 시기를 모르

나무 뒤에 숨은 사람

는 상황에서는 절약과 저축의 인센티브를 줄이지 않는다는 것이다.

실제로 대부분의 상속세는 소수의 거부(巨富)가 낸다. 평범한 보통 사람들의 부담은 크지 않다. 상속세가 없다면 그 거부들이 더 열심히 일하고 더 저축했을까? 과연 상속세와 소득세의 재분배효과가 얼마나 될까? 형평을 중시하는 우리 문화에서는 상속세가 너무 당연한 것으로 받아들여진다. 그러나 경제적 논리로 보면 반드시 그렇지만은 않다. 경제학의 아버지라는 애덤 스미스는 상속세를 찬성했지만, 같은 고전학파 학자면서 자수성가하여 거부가 된 리카도는 오히려 반대했다.

세금을 어떤 원칙과 기준으로 평가해야 하는가에 대해서는 이론(異論)이 없다. 즉, 세금은 공평성과 효율성, 단순성에 의해서 평가되어야 한다. 공평성의 기준으로는 상속세를 좋게 평가하기 어렵다. 상속세는 일부에게만 누진적으로 부과되기 때문이다. 감면조항이 많은 것도 흠이다. 같은 재산을 갖고 있어도 동일한 세금을 내지 않으며, '부자를 쥐어짜는(soaking the rich)' 것도 공평성으로 설명하기 어렵다.

"나는 상속세를 내고 싶다."

저무는 날을 위한 준비

세율이 올라갈수록 부자들이 과세대상 재산을 축소하는 경향도 나타난다.
상속세가 경제에 왜곡을 가져온다는 주장은 실증적으로 증명된 셈이다.

가장 화려하게 피었을 때

그리하여 이제는 저무는 일만 남았을 때

추하지 않게 지는 일을

준비하는 꽃은 오히려 고요하다

화려한 빛깔과 향기를 다만 며칠이라도 더 붙들어두기 위해

조바심이 나서

머리채를 흔드는 꽃들도 많지만

아름다운 조금씩 저무는 날들이 생에 있어서는 더욱

소중하다는 것을

(도종환, '저무는 꽃잎')

나무 뒤에 숨은 사람

사람들은 화려할 때 저무는 날을 얼마나 준비할까? '조바심이 나서 머리채를 흔들다'가 사라지는 사람들도 많겠지만, 조금씩 저무는 날을 준비하는 사람도 있으리라.

시상(詩想)의 아름다움에 어울리지 않지만, 그래도 현실은 현실이다. 모아둔 재산을 저무는 날을 위해 어떻게 활용할 것인가를 생각하는 사람도 많으리라. 만약 상속세가 '저무는 날을 준비하는' 아무런 변화를 주지 못한다면 그것이 가장 효율적인 세금이라고 했다. 그러나 상속세가 효율성에 미치는 영향을 파악하는 것을 결코 쉽지 않다. 상속세가 과연 사람들의 행동을 얼마나 바뀌게 할까?

소득세가 미치는 영향은 오히려 간단하다. 일을 얼마나 더 많이 할까에 영향을 미치기 때문이다. 소득세가 많아지면 일할 의욕이 줄어들지 않는가. 그러나 상속세는 오늘 당장 돈을 써버릴까, 아니면 자식들의 미래를 위해 남겨둘까를 선택하는 데에 영향을 준다. 이 현상을 더 상세히 이해하자면 사람들이 사망할 때 왜 유산을 남기는가를 생각해 보아야 한다.

한 가설은 유산은 단지 우연한 결과라는 것이다. 우리는 모두 얼마나 더 살 수 있을지 모른다. 그래서 사람들은 대부분 불확실한 상황에 대비해 필요한 액수보다 더 많은 돈을 갖는다. 그러다 갑자기 죽음이 닥쳤을 때 그 돈이 유산으로 남겨질 뿐이다. 만약 이 가설이 맞다면 상속세는 사람들의 이재(理財) 행태에 아무런 영향을 주지 못한다. 우연한 사고로 유산을 상속받을 따름이다. 따라서 상속세는 전혀 비효율적이지 않다.

그러나 사람들이 자식에게 물려주려고 재산을 모은다면 상속세는 사람들의 행동을 왜곡시킬 수도 있다. 만약 그렇다면 상속세는 경제 활동을 비효율적으로 만든다. 왜 그러할까? 상속세를 회피하기 위해 재산을 모으는 노력을 덜 할 수 있기 때문이다. 많이 남겨봐야 세금으로 환수되니까. 그러나 반론도 있다. 만약 5억 원을 상속시키려고 작정했다면 상속세 때문에 5억 원에다 세금을 포함한 액수에 도달할 때까지 더 열심히 저축할 수도 있다. 어떤 형태로든 세금이 사람들의 행동을 변화시키므로 비효율성을 내포하고 있다. 물론 소득세도 상속세 못지않게 직접적인 영향을 미친다.

상속세의 영향은 때로 유산을 상속받는 사람에게 더 크게 나타난다. 부유한 집 아이들은 상속받을 것을 알기 때문에 저축은커녕 일

"어떻게 저무는 날을 준비하지?"

나무 뒤에 숨은 사람

도 적게 한다는 것이다. 따라서 상속세를 많이 부과하면 더 열심히 일하게 하는 자극을 줄 수 있다. 부모와는 반대로 아들을 더 열심히 일하게 할 수 있다. 이것은 경제를 위해서는 매우 긍정적인 결과를 가져올 수 있다.

실제로 많은 학자들의 연구 결과에 따르면, 재산세가 높으면 유산 규모가 상대적으로 작은 것으로 나타났다. 세율이 올라갈수록 부자들이 과세대상 재산을 축소하는 경향도 나타난다. 재산을 모을 인센티브를 줄여주었기 때문일까? 아니면 높은 세율에 맞추어 미리 효율적인 재산 관리를 한 것일까? 세금은 사람들의 행태를 변화시킨다. 전자라면 세금은 저축을 줄여 자본의 축적을 감소시킨다. 후자라 할지라도 세금은 사회적 비용을 발생시킨다.

결국 상속세가 경제에 왜곡을 가져온다는 주장은 실증적으로 증명된 셈이다. 그러면 폐지해야 하는가? 공평성에도 문제가 있고 효율적이지 않으니 폐지론에 손을 들어주어야 하나? 그래도 잠깐 더 생각해보자. '저무는 날을 준비하는 일'에 어떤 영향을 미칠지.

불평등한 세상을 고치는 묘약

최소한의 불평등을 용인하면서 사회 전체가 이익이 될 수 있게 운용되는 세제가
가장 바람직한 것이다. 사회적 공평을 위해 필요한 상속세도,
세율이 지나치게 높으면 효율성을 저하시켜 사회 전체의 이익을 감소시킬 수 있다.

낮은 산들이 기척 없이 얼굴 내밀고

들판 끝에는 바다 한쪽이 걸려 있다

좁은 길이 비좁다고 느껴질 때마다

공평리에 가서 公平!하고 부르면

사방이 들판처럼 평평해질까

나는 아직도 세상이

공평하지 않다고 생각하고 있다

내가 오랫동안 내 맘을 헐벗게 하였다

헐벗은 맘속으로 길들이 뻗어 있다

서해바다, 서걱거리는 서쪽

모래밭을 건너가면 마음까지 서걱거리며

나무 뒤에 숨은 사람

나는 한순간 공평리를 잃어버린다

(천양희, '공평리')

서울 거리에서 "공평"하고 외치면 사람들이 얼마나 맞장구를 쳐줄까?

유산과 상속을 아무리 경제학적인 효율성의 기준으로 논의해도 많은 사람들은 폐지에 동의하지 않는다. 아무래도 공평세 때문일 것이다. 그런데 이미 상속세는 세금 부과의 측면에서는 공평하지 않다고 설명했다. 세금의 형평성은 돈이 있는 곳이면 누구나 공평하게 부과해야 한다는 것이다. 상속세는 모두 내는 것도 아니며, 예외조항도 많고, 규모에 따라 세율이 다르기 때문에 공평하지 않은 것이다. 부과세처럼 단일 세율이라야 공평한 세금이다.

그러나 사회적 기준에서 보면 공평성의 기준이 달라진다. 누구는 태어날 때부터 자신의 노력과는 관계없이 많은 유산을 안고 세상을 나온다. 그렇지 않은 사람의 기준으로 볼 때는 너무나 불공평한 것이다. 따라서 상속세는 불공평한 세상을 교정해주는 묘약의 하나다. 규모에 따라 누진세가 부과되는 것도 사회적 공평성을 높이기 위한 방법이다. 여유있는 사람으로부터 더 걷는 소득 재분배 기능으로도 설명된다. 그러나 이런 세금은 경제적 효율성을 떨어뜨리는 경향이 있다. 이 갈등을 어떻게 해소해야 하는가? 세상을 '공평리'처럼 공평하게 만들면서, 효율성을 높이는 묘안은 없는 것일까?

"세상 참 공평하네?!"

이런 갈등은 우리 사회 곳곳에 내재되어 있다. 그러나 해법은 쉽지 않다. 형평과 공평, 정의의 기준이 객관적으로 정의되기 어렵기 때문이다. 반면 효율은 최소의 투입으로 최대의 효과를 가져오는 물량적 기준이 있기 때문에 객관적인 기준이 명확하다. 효율성의 기준은 공평과 정의와 같이 주관적인 가치 개념을 배제한 것이다. 일부에서는 그런 접근을 '몰가치(沒價値)적' 또는 '가치 중립적'이라고 표현하기도 한다. 근대 경제학의 한계라는 비난도 서슴치 않는다.

실제로 정의와 공평 등의 가치 개념을 세제에 반영하는 것은 쉬운 일이 아니다. 공평리에 사는 사람들도 저마다 서로 다른 눈을 갖고 있기 때문이다. 모든 사람에게 평등하게 분배해서 완전한 공평성을

나무 뒤에 숨은 사람

달성한다 해도, 그것이 과연 이상적인가는 또다른 문제이다. 노력에 관계없이 동등하게 보상받는 사회가 이상적일까?

사회과학에서 가장 많이 응용하는 공평성은 롤즈(Rawls)의 정의론에서 찾아볼 수 있다. 정의롭기 위한 첫째 원리는 자유의 평등한 확대다. 모든 사람들에게 투표권, 표현, 양심과 사상 등 정치적 자유를 포함한 모든 분야에서의 자유가 평등하게 부여되어야 한다. 이것은 기본적인 자유의 평등한 확대에 해당된다. 그의 둘째 원리는 경제적 자원 분배와 더 직접적인 관계가 있다. '불평등한 분배가 모든 사람에게 이득이 된다는 것을 증명할 수 없는 한 평등하게 분배되어야 한다'는 것이다. 흔히 차등의 원리라고 불린다. 또한 '공정하고 평등한 기회가 모든 사람에게 부여되어야 한다'는 조건도 포함하고 있다.

따라서 최소한의 불평등을 용인하면서 사회 전체가 이익이 될 수 있게 운용되는 세제가 가장 바람직한 것이다. 사회적 공평을 위해 필요한 상속세도, 세율이 지나치게 높으면 효율성을 저하시켜 오히려 사회 전체의 이익을 감소시킬 수 있다. 나무 뒤에 숨어 있는 '공평리' 사람들에게도 풍요로운 삶이 중요하지 않겠는가.

나무 뒤에 숨은 사람

11

풍요를
만드는 선택

갈비탕보다 뷔페가 좋은 이유

한계효용을 좇아서 선택하다 보면 결국은 여러 가지를 골고루 조합하는 것이
가장 현명한 결정이 된다. 처음에는 한계효용이 가장 큰 것을 먼저 선택하고,
점차 여러 재화의 한계효용이 동일해지는 조합을 만들어나가는 것이다.

"나는 오늘 생선회가 좋겠다." "엄마, 갈비집에 가면 안 되나요.
그래도 고기가 나은 것 같아요." "에이, 맥도널드 가면 좋을텐데…."
"아냐, 할머님이 계시니 아무래도 한식으로 가자." "나는 한식은 싫
은데… 매일 먹잖아요." 어쩌다 온 가족이 외식 한번 하려면 장소를
선택하기가 무척 힘들다. 모두다 취향이 제각각이기 때문이다. 한
녀석이라도 뜻이 안 맞으면 아무리 음식이 좋아도 그날은 날려버리
는 셈이다. 그렇다고 한 번 꺼낸 일을 접을 수도 없다. 가장(家長)은
이래저래 힘들기만 하다.

이런 경우 어떤 선택이 가능할까? 가장 편한 결정은 뷔페를 선택
하는 것이다. 아니면 아이를 설득하여 "오늘은 큰 녀석의 뜻을 따라
갈비집을 가고, 다음에는 맥도널드에 가자"고 약속하는 것이다. 그

나무 뒤에 숨은 사람

러나 이것 역시 결과적으로는 뷔페를 선택하는 것과 같다. 시차를 두고 여러 음식을 먹는 것이니까. 따라서 몇 가지 음식을 골고루 먹는 것이 가장 현명하다는 결과가 된다. 의사들이 권하는 것처럼.

그런데 오늘은 경제학자도 여러 음식을 골고루 먹으라고 권하고 싶다. 건강 때문이 아니라 경제적 관점에서도 타당한 논리가 있기 때문이다. 뷔페가 더 싸기 때문이 아니라 음식으로부터 얻는 만족감이 더 크기 때문이다. 생선회 한 가지만을 많이 먹는 것보다 이것저것 조금씩 맛보는 것이 경제학적 의미의 후생을 높여준다.

왜 그러할까? 뷔페에 가면 사람마다 많이 먹는 메뉴가 다르다. 자신이 제일 좋아하는 것을 먼저 선택하고, 싫어하는 것은 적게 먹는다. 일단 비용은 모두 지불했지만 '소화능력'의 한계 때문에 제한된 음식을 선택하게 된다. 이것은 만족을 극대화하려고 노력하는 경제원리와 같다. 예를 들어 어떤 사람이 5만 원을 내고 뷔페에 가서 음

"네가 좋은 거 골라 먹어!"

식을 선택하는 경우를 생각해보자. 갈비, 초밥, 샐러드의 세 가지 선택이 있을 때 첫 입에 얻을 수 있는 만족감의 크기를 숫자로 표시해보자. 갈비 한 입으로는 120, 초밥은 100, 샐러드로는 80의 만족을 얻는다면 어떤 음식을 먼저 집어야 할 것인가? 당연히 갈비를 선택해야 한다.

이렇게 소비에서 얻게 되는 만족감과 행복을 경제학에서는 효용(效用)이라고 말한다. 이제 두 번째 먹을 음식의 효용을 측정하자. 한 단위 더 소비할 때마다 얻게 되는 효용의 증가분을 한계효용이라고 부른다. 갈비를 이미 한 번 먹었으니. 두 번째에서 얻을 수 있는 만족감은 120보다는 작아지지 않을까. 한계효용이 점차 줄어들기 때문이다.

소비가 증가할수록 한계효용은 줄어들게 마련이다. 따라서 갈비만 계속 먹으면 추가적인 만족감은 점차 감소하고, 어느 수준에서는 갈비보다 초밥을 맛보는 게 더 좋은 상태가 된다. 초밥을 많이 먹으면 이번에는 초밥의 매력도 떨어질 것이다. 그러면 샐러드를 찾는다. 그래서 갈비만 계속 먹는 것보다 초밥과 샐러드를 골고루 먹는 것이 한 끼의 식사를 더 근사하게 만든다.

이렇게 한계효용을 좇아서 선택하다 보면 결국은 여러 가지를 골고루 조합하는 것이 가장 현명한 결정이 된다. 처음에는 한계효용이 가장 큰 것을 먼저 선택하고, 점차 여러 재화의 한계효용이 동일해지는 조합을 만들어나가는 것이다. 한 가지를 선택할 때마다 늘어나는 효용을 크게 해야만 전체 효용의 합계도 극대화되지 않겠는가. 결국은 모든 음식의 한계효용이 같도록 먹어야 가장 큰 만족을 얻는다.

이것을 한계효용 균등의 법칙이라고 한다. 경제학에서는 모든 선택에서 이 법칙을 준수하라고 권고한다. 그래야 사람들의 만족감을 극대화시키기 때문이다. 이것은 합리성에 근거를 둔 법칙이기 때문에 모든 삶의 선택에 보편적으로 적용될 수 있다. 당신이 뷔페에 가서 맛있는 음식만 한 점씩 먹는다면 그것이 바로 한계효용 균등의 법칙대로 행동한 것이다.

물론 술꾼들에게는 알코올의 한계효용이 체감하지 않을 수도 있다. 그 사람은 술만 마시는 게 효용을 극대화하는 방법이다. 그러나 보통 사람들은 역시 한 가지보다는 여러 종류의 음식을 더 즐긴다. 아빠들이여, 이제 너무 고민하지 말자.

그래도 나는 술이 좋다

특정 재화에 중독된 사람들은 소비를 아무리 늘려도 한계효용이 체감하지 않는다.
다른 재화를 공짜로 갖다 주어도 달가워하지 않는다.
이런 경우를 소비의 불포화성(non-satiation)이라고 한다.

"한 잔 먹세 그려, 또 한 잔 먹세 그려. 꽃을 꺾어 술잔 수를 꽃잎으로 셈하면서, 한없이 먹세 그려." (송강 정철의 〈장진주사(將進酒辭)〉중에서) 애주가들의 소망은 그저 "한 잔 먹세 그려, 먹세 그려"이다. 앞에서 뷔페에 따라 나선 아이와는 전혀 다르다. 이것저것 가릴 겨를도 없이 술만 찾는다. 갈비 한 점, 샐러드 조금을 맛보면서 합리적 선택을 한다는 게 어리석을 따름이다. 그래서 경제학은 비현실적이며, 어려운 용어로 엉뚱한 소리만 한다고 술주정(?)을 늘어놓으리라. 조금 도(度)가 지나치면 알코올 중독증으로 분류되리라.

술뿐만이 아니다. 세상에는 특정한 상품이나 서비스에 탐닉하는 사람이 많다. 담배도 그렇고, 커피도 그렇고, 향수도 그렇다. 같은 술이라도 소주만 고집하는 꾼들도, 비싼 양주나 희귀한 명주(名酒)만을

　　　　　　　　　　　나무 뒤에 숨은 사람

즐기는 부류도 많다. 술을 많이 마실수록 '한 잔 더' 먹는 기쁨이 줄어들지 않기 때문에 술보다 더 큰 만족을 주는 선택은 하지 않게 된다. 이렇게 되면 여러 재화의 소비에서 얻게 되는 한계효용을 균등화시켜야 최대의 만족을 얻을 수 있다는 이론이 틀린 것처럼 보인다.

그러나 이런 현상도 한계효용의 원리에 위배되는 것은 아니다. 술만 찾는 주당(酒黨)이 술을 '한 잔 더' 마시면서 얻게 되는 한계효용이 여전히 크기 때문이다. 커피와 담배도 마찬가지다. 아무리 '꽃을 꺾어 술잔 수를 세어도' 한 잔 더 마시는 기쁨, 한계효용이 좀처럼 줄어들지 않는다. 술의 한계효용이 다른 재화보다 계속 더 크게 나타난다면 그 주당을 누가 어떻게 말리겠는가. 스스로 효용을 극대화하면서 즐기는 셈이다.

그렇다면 술값이 엄청나게 올라도 그러할까? 접대받지 않고 자기 돈으로 사서 마시는 경우도 그러할까? 대부분 그렇지 않을 것이다. 쓸 돈이 제약되어 있는 보통 사람들은 술값에 예민하게 반응한다. 자기 건강에 신경쓰는 사람도 마찬가지다. 합리적으로 생각하면 많이 마실수록 한계효용이 점차 줄어드는 것을 실감한다. 돈을 쓰는 사람들은 누구나 가격에 신경을 쓸 수밖에 없다. 그래서 1만 원의 지출을 통해서 얻을 수 있는 효용을 마음속으로 셈해 보고, 한계효용이 같아지게 적절히 예산을 배분하여 사용할 것이다.

그래도 '꾼'들에게는 한계효용이 줄어들지 않는 재화가 있다. 물론 특정 재화에 중독된 사람들은 소비를 아무리 늘려도 한계효용이 체감하지 않는다. 다른 재화를 공짜로 갖다 주어도 달가워하지 않는

"only you!"

다. 이런 경우를 소비의 불포화성(non-satiation)이라고 한다. 잘못된 습관으로 중독이 된 경우 사치와 허영으로 낭비벽을 버리지 못하는 사례도 있다. 금(金)과 권력(權力)이나 색(色)에 대한 불포화성은 고전적인 사례이고, 최근에는 인터넷과 마약에도 이런 증상이 많다.

세상에 술꾼들만 있다면 경제가 제대로 움직일 리 없다. 마찬가지로 모든 소비자가 소비의 불포화성을 갖고 있다면 경제 원리가 다시 쓰여져야 한다. 시장에는 그래도 합리적인 소비자가 주류를 이루고 있지 않은가. 나무 뒤에 숨어 있는 많은 사람들은 자신의 만족을 극대화하기 위해 어느 정도 합리성을 갖고 움직인다. 가격이 올라가면 다시 한 번 더 씀씀이를 점검하면서 소비를 줄이고 합리적 선택을 모색하지 않는가. 비록 한계효용이라는 개념을 몰라도 좋다. 돈 1만 원을 더 쓸 때 느끼는 행복감을 상품마다 생각해본다면 그것이 곧 한계효용 균등의 원리가 되는 셈이다.

그래서 알코올 중독자가 몇 사람쯤 시장에 있다 해도 큰 타격을 받지 않는다. 우리가 쓸 수 있는 자금이 한정되어 있는 한 한계효용을 균등화시키는 논리는 변함이 없다. 그래서 가격이 오르면 수요가 감소하는 수요의 법칙도 변함이 없다. 세상 걱정 말고 '한잔 더 하세.' 그래도 시장은 움직인다.

나무 뒤에 숨은 사람

달걀을 한 바구니에 담지 마라

전체 자산의 운용도 적절히 분산하라고 한다.
유동성이 높은 예금과 안정성이 큰 부동산, 위험과 수익성을 동반하는 주식 등에
적절히 분산하는 것이 합리적인 선택이라는 것이다.
투자자산의 한계수익률이 균등하게 되기 때문이다.

영국 속담에 사람이 알 수 없는 세 가지 불가사의가 있다는 말이 있다. 첫째는 여자의 마음이고, 둘째는 봄날 땅 위로 올라온 개구리가 어떤 방향으로 뛸지를 모른다는 것이다. 셋째는 달밤에 개가 무엇을 보고 짖어대는지를 알 수 없다는 것이다. 세 가지 모두 짐작하기 힘든 현상이다. 심리학자나 과학자, 동물학자의 전문화된 설명을 들어야 할 것 같다.

그런데 경제학자는 여기에 하나를 더 붙인다. 내일의 주가를 알아맞히는 일이다. 그래서 현명한 경제학자라면 주식 시장에 대한 예측을 피하라고 권유한다. 그래도 주식 시장은 경제학의 영역이니, 무언가 얘기할 수 있어야 하지 않겠는가. 어떻게 투자하는 것이 가장 합리적이고 손실을 최소화할 수 있는가. 아니면 주가가 어떤 법칙으로

"올인? 저걸로 승부를 걸어?"

변동하는지라도 설명할 수 있어야 하지 않겠는가.

　실제 많은 학자들이 주식 시장에 대한 연구에 엄청난 노력을 쏟아왔다. 현재까지 연구 결과 중에서 가장 설득력 있는 이론은 '주가는 제멋대로 움직인다'는 가설이다. 좀더 학문적으로 표현한다면, '임의로 걸어가는 이론(random walk theory)'이다. 과학적 분석으로는 어떤 체계적인 변화나 특정한 변동 요인을 찾아내기 힘들다는 것이다. 이것을 흔히 술 취한 사람이 갈 지(之)자로 걸어가는 이론이라 말하기도 한다.

　제 멋대로 가는 이론에 대한 실증적 뒷받침은 무수히 많다. 컴퓨터가 무작위로 선정한 주식과 유명한 애널리스트가 추천한 종목을 수년간 비교해보니, 오히려 컴퓨터가 선정한 주식의 수익률이 더 높았다는 실험도 있다. 모든 걸 무시하고 매월 특정한 날에 주식을 분산 투자하는 것이 더 바람직하다는 가설도 있다. 모두가 주식 시장이 예측 가능한 요인에 의해 움직이지 않고 확률적 요인의 지배를 받는 다는 반증이다.

반대로 주가는 기업의 모든 정보를 반영한다는 효율 가설도 있다. 다시 말하면, 좋은 주식은 아무리 제멋대로 가도 언젠가 오르게 마련 이라는 것이다. 장기적으로는 효율 가설이 옳을 것 같지만, 과연 '언 젠가'가 얼마 동안의 시간을 의미하는가. 두 가설 모두 내일의 주가 를 정확히 예측하는 데는 아무런 도움이 되지 않는다. 따라서 주식 시장에는 경제학자마저 알 수 없는 변동성과 투자 위험이 상존한다.

이렇게 위험도가 높은 시장에서는 어떤 선택이 가장 합리적일까? 역시 분산을 하라고 권고한다. 이것은 한계효용 균등의 법칙과 같은 얘기다. 투자에서는 한계효용 대신에 한계수익률을 계산해야 한다. 한 단위를 추가적으로 투자하여 얻을 수 있는 추가적인 수익을 한계 수익률이라고 한다. 여러 업종에서 기대되는 한계수익률이 비슷해 지도록 분산 투자를 하라는 것이다.

주식과 채권의 투자에서도 마찬가지다. 먼저 확정이자 10퍼센트 를 받을 수 있는 채권을 선택했다고 하자. 주식의 기대수익률이 7퍼 센트라면 당연히 채권에 먼저 투자해야 한다. 그러나 주가가 내려가 면 주식 투자로부터 얻을 수 있는 기대수익률은 오히려 올라간다. 이번에 주가 하락으로 인해 주식의 수익률이 10퍼센트 이상 올라갔 다고 하자. 이렇게 되면 한계수익률이 올라간 주식도 매력적이 된 다. 한계수익을 균등화시킨다면 채권에서 주식으로 이동해야 한다. 언제까지 주식은 늘려야 하는가? 주가가 상승하면 당연히 주식의 기대수익률이 하락한다. 주식의 기대수익률을 계산하는 것은 다음으로 미루자. 분명한 것은 주식과 채권의 기대수익을 비교한 후 두 자산의 한계수익률을 비교하여 균등화시키는 것이다.

전체 자산의 운용도 적절히 분산하라고 한다. 유동성이 높은 예금과 안정성이 큰 부동산, 위험과 수익성을 동반하는 주식 등에 적절히 분산하는 것이 합리적인 선택이라는 것이다. 투자자산의 한계수익률이 균등하게 되기 때문이다. 이 법칙을 이해했다면 투자자들이여, 계란을 한 바구니에 담지 말지어다.

나무 뒤에 숨은 사람

다수결의 함정

개인은 분명 각각의 경우에 합리적이고 일관성있게 행동하였지만,
다수결이라는 투표 과정을 거치면 모순과 비합리성이 나타난다.

선거가 끝나면 여운이 남는 경우가 많다. 절대다수의 지지로 당선
되는 사람도 있지만, 설마 했는데 엉뚱한 사람이 선출되는 경우도 있
다. 그 사람은 도저히 당선될 수 없는 사람인데, 너무 당당하게 금배
지의 반열에 오르는 아이러니도 많다. 그래도 민주주의를 신봉하는
민초들은 역시 '민심이 천심'이라고 받아들인다. 반대로 "선거는 믿
을게 못된다"고 투덜거리는 사람도 많다. 다수결로 승패를 가리는
투표는 과연 '합리적인 선택'의 방법일까? 더 넓게 본다면 민주주의
적 선택은 과연 합리성을 갖추고 있는 것일까?

어려운 질문 같지만 경제학에서는 이 문제에 대한 명쾌한 답변을
찾을 수 있다. 그런데 놀랍게도 정답은 그렇지 않다는 것이다. 민주
주의를 전면 부정하는 것일까? 노벨 경제학상을 받은 애로우(Arrow)

가 증명한 정리에 그 해답이 있다.

우선 무엇이 합리적인가부터 생각해보자. 합리적인 인간은 이성에 따라 행동하는 사람일 것이다. 무엇이 이성에 따른 행동일까? 우선 모든 일에 '일관성' 있는 판단을 할 수 있어야 한다. 최소한 A, B 두 후보 중에서 "나는 A가 좋다"거나 "B가 좋다"거나 아니면 "A와 B가 똑같다"는 판단을 할 수 있어야 한다. 여러 선택 가능한 항목 중에서 무엇이 좋은가를 말할 수 있어야 하는 것이다. 이것을 경제학에서는 선호(選好)관계의 완비성이라고 한다. 즉, 모든 문제에 어떤 형태로든 의사를 밝히는 것이다. 너무 간단하지만 합리적 인간의 첫째 조건이다.

합리성의 둘째 조건은 일관성이다. 시장에서 변덕스러운 사람을

"아무래도 저쪽은 아닌데…."

나무 뒤에 숨은 사람

제거하자는 뜻이다.

예를 들어, 회사에서 워크숍을 할 장소를 결정하는데 제주도, 경주, 설악산의 세 가지 선택이 있다고 하자. 제주도를 경주보다 좋아하고, 경주는 설악산보다 좋다고 하자. 그렇다면 제주도와 설악산의 선호관계는 어떻게 될까? 일관성이 있는 사람이라면 당연히 제주도가 설악산보다 훨씬 더 좋다고 해야 할 것이다. 그러지 않다면 모순이 발생한다. 사과를 배보다 좋아하고, 배는 그래도 복숭아보다 좋다면 어떻게 복숭아가 사과보다 좋다고 말할 수 있겠는가? 이런 현상을 선호의 이행성(移行性)이라고 한다. 변덕스럽지 않고 일관되게, 여러 선택에 대해 자신의 선호를 이행시키는 것이다.

두 조건이 만족될 때 합리성이 성립된다. 너무나 당연하고 기본적인 특성만 요구하는 셈이다. 소비자가 모든 물건에 선호관계를 분명히 표시하고, 여러 재화 중에서 선택할 때도 모순되지 않게 일관성 있는 결정을 할 수 있을 때 바로 합리적인 소비자가 등장하는 것이다.

이제 합리성을 모두 갖춘 세 투표자가 선량을 고른다고 하자. A, B, C 세 후보 중에서 좋아하는 순서를 합리적으로 결정했다고 하자. 갑은 A를 B보다 좋아하고, C보다는 B를 좋아한다. 부등호로 순서를 표시하면 A〉B〉C이다. 을은 C〉A〉B, 병은 B〉C〉A의 선호관계를 갖고 있다고 하자.

세 사람이 투표로 하나를 고른다면 어떤 결과를 가져올까? A를 B보다 좋아하는 사람이 둘이고, B를 C보다 좋아하는 사람도 둘이다. 그런데 자세히 살펴보면, C가 A보다 좋다는 사람도 둘이나 된다. 다수결의 원칙에 따르자면, B와 A 중에서는 A를, C와 B 중에서는 B를 선택한다. 그런데 다시 A와 C를 놓고 보면 C를 선택하게 된다. 다수결의 결과 A〉B〉C〉A라는 모순이 등장하게 된다. 누가 좋다는지 알수가 없다. '투표의 역설'이 나타난 것이다.

개인은 분명 각각의 경우에 합리적이고 일관성있게 행동하였지만, 다수결이라는 투표 과정을 거치면 모순과 비합리성이 나타난다. 선거만이 아니다. 어떤 것이든 다수결로 의사결정을 하면 항상 이런 문제가 등장한다. 다수결이 반드시 가장 합리적인 선택을 하는 것은 아니다. 어찌된 영문일까?

민주주의는 합리적인가?

투표 절차에 따라 투표자의 선호와 관계없이 서로 다른 결과가 나타날 수 있다.
다수결이 최선의 선택이라는 맹목적 믿음은 버려야 한다.

1921년에 태어난 애로우(Arrow)는 경제학자의 꿈을 안고 뉴욕시
립대학을 거쳐 콜롬비아대학 박사과정에 진학하였다. 제2차 세계대
전으로 5년 이상 학업을 중단하기도 했지만, 30세가 되던 해 드디어
'사회적 가치와 개인의 선택'이라는 논문으로 학위를 받았다. 이 논
문에서 애로우는 놀랍게도 다수결에 의한 의사결정이 결코 합리적
이지 않다는 사실을 밝힌다.

설악산과 경주, 제주 중에 하나를 고르는 것이 과연 그렇게 어려운
일이었을까? 앞의 사례에서는 다수결로 결정을 못 내리고 결국 교착
상태에 빠졌다. 개인적으로는 합리적 선택이었지만, 다수결을 통한
집단적인 결과는 전혀 합리성이 없었던 것이다.

다른 형태의 예에서도 결과는 마찬가지다. 회식 장소를 정한다고

하자. 일식(日), 한식(韓), 중식(中食)이 있는데 세 사람의 취향이 서로 다르게 나타났다. 신입 사원은 일식을 한식보다 좋아하고, 중식보다는 한식을 더 좋아한다. 순서대로 쓴다면, 일식〉한식〉중식이다. 대리는 오히려 중식〉일식〉한식, 과장은 한식〉중식〉일식의 선호관계를 갖고 있다고 하자.

세 사람이 투표로 하나를 고른다면 어떤 결과를 가져올까? 일식을 한식보다 좋아하는 사람이 둘(신입 사원과 대리)이고, 한식을 중식보다 좋아하는 사람도 둘(신입 사원과 과장)이다. 그런데 자세히 보면, 중식이 일식보다 좋다는 사람도 둘(대리와 과장)이나 된다. 따라서 다수결의 원칙에 따르자면, 한식과 일식에서는 일식을, 중식과 한식에서는 한식을 선택한다. 그런데 다시 일식과 중식을 놓고 보면, 중식을 선택하게 된다. 다수결의 결과 한식〉중식〉일식〉한식이라는 모순이 등장한다. 이 중 하나만 골라야 하는데, 어느 것이 좋단 말인가. 물론 지위가 높은 과장이 결정하거나, 신입 사원에게 결정권을 주면 간단히 끝낼 수 있다. 마치 독재자가 결정하는 것과 동일한 경우다. 그러나 다수결로는 결정할 수 없는 교착상태에 빠지는 것이다.

이런 현상은 사회적 선택을 하는 경우에도 나타날 수 있다. 서울시에서 동일한 규모의 예산을 들여 녹지 시설을 확충하거나(A), 지하철을 확장하거나(B), 도로 시설 보완하는(C) 선택이 있다고 하자. 세 그룹으로 나누어 다수결에 붙이면 똑같은 어려움에 빠질 수 있다. 어떤 안을 먼저 투표하느냐에 따라 결과가 달라질 수도 있다.

이런 현상을 설명하기 위해 애로우는 우선 사회적 선택이 지녀야

나무 뒤에 숨은 사람

할 특성을 살펴보았다. 사회 구성
원이 합리적인 선택을 할 수 있어
야 하고, 모든 사회적 문제에 선
호를 밝힐 수 있어야 한다. 또한
모든 사람이 A를 B보다 선호한다
면 당연히 사회적으로도 A가 선택되어야 한다.

A와 B에 관련없는 다른 상황의 변화는 영향을 주지 않아야 한다. 즉,
A>B에 대한 가치 판단이 변함없다면 다른 상황이 변해도 A>B의 선
호관계가 존중되어야 한다. 또한 투표 규칙에서 특정한 사람의 선호
를 강요하지 않아야 한다. 말하자면 독재자가 없어야 한다는 조건으
로, '과장(課長)'에게도 한 표만 주어야 한다는 것이다. A>B이고
B>C라면 당연히 A>C라야 한다. A를 B보다 좋아하는 개인이 많다면
다른 상황의 변화나 독재자의 의사와 관계없이 사회적으로도 항상
A가 선택되어야 하지 않을까. 실제 이런 조건들은 까다로운 것들이
아니다. 그럼에도 불구하고 애로우는 이 모든 조건을 만족시키는 사
회적 선택은 불가능하다는 사실을 발견하였다. 민주적 선택이 합리
적 결과를 가져올 수 없다는 것이다. 오직 독재자의 의사대로 처리할
경우에만 가능하다는 것이다. 예를 들면, 과장 마음대로 식당을 정하
는 것이다. 이를 애로우의 불가능성 정리(impossibility theorem)라고
한다. 투표 절차에 따라 투표자의 선호와 관계없이 서로 다른 결과가
나타날 수 있다. 그렇다면 민주주의는 비합리적인가? 다수결이 최선
의 선택이라는 맹목적 믿음은 버려야 한다.

흰쥐의 현명한 선택

'인간'의 행태를 정확하게 파악할수록 경제학의 현실 적응력은 더욱 증대될 것이다.
그러나 흰쥐와 달리 사람의 행태는 얼마나 복잡한지 모른다.

1980년대 초 심리학자와 경제학자로 구성된 연구팀은 흰쥐의 '합리적'인 선택 여부를 실험하였다. 가격이 올라가면 적게 소비하고, 소득이 늘어나면 소비량을 늘리는 현상이 쥐의 세계에도 존재하는 것일까? 꽤 엉뚱한 발상이다. 어떻게 쥐에게 가격을 묻고, 소득을 늘려준단 말인가. 그러나 실험은 성공적이었고, 쥐의 합리적 선택은 입증되었으며, 그 결과는 저명한 학술지에 발표되었다.

우선 흰쥐를 넣은 실험실에 두 개의 단추를 설치하고, 단추를 누를 때마다 서로 다른 식품(예를 들면, 물과 빵)을 일정량 공급하였다. 또한 하루에 단추를 누를 수 있는 횟수를 고정시켜 쥐들이 쓸 수 있는 예산을 제약하였다. 그 횟수를 넘기면 빨간 불이 들어오게 하여 '돈'이 다 떨어졌음을 알려주었다. 의외로 흰쥐들은 실험실의 환경에 빨

나무 뒤에 숨은 사람

리 적응하고, '단추'와 '빨간 불'의 의미를 쉽게 이해했다.

이제 단추를 누를 수 있는 횟수를 조정하여 '소득'을 변화시키고, 누를 때마다 나오는 분량을 증감하여 '가격 변동'에 대한 반응을 조사하였다. 이 실험에서 쥐들은 의외로 소득이 증가하면 많이 소비하고, 가격이 올라가면 적게 소비하는 '합리적인 행동'을 보였다. 또한 쥐의 세계에서는 소득이 올라감에도 불구하고 오히려 적게 소비하는 열등재는 존재하지 않는다는 사실도 알아냈다(Kagel, Battalio 등의 실험, 〈Quarterly Journal of Economics〉, 1981).

흰쥐도 '합리적인 선택'을 하는데, 과연 사람들은 언제나 합리적인 행동을 할까? 경제학자들은 인간이 항상 자신에게 이익이 되는 합리적인 선택을 하는 경제인(Homo Economicus)이라 가정해왔다. 과연 그러할까? 그렇다면 왜 주가가 천정부지로 올라갈 때 더 주식을 사려고 달려드는가. 왜 마약이나 알코올 중독자가 등장하는가.

많은 경제학자들이 '비합리적인' 인간의 행동에서 어떤 '합리성'을 찾으려 노력해왔다. 특히 흰쥐의 실험과 같이 심리학자를 동원해 학제적 연구를 하고, 인간의 행동을 실험을 통해 분석하는 시도도 이루어졌다. 이러한 접근을 '행동주의적 경제학(Behavioral economics)'이라 부르기도 한다.

이 노력의 결과 2002년도 노벨 경제학상은 경제학자가 아닌 심리학자 캐너만(Daniel Kahneman)이 수상하였다. 캐너만은 인간이 전통적인 경제학에서 가정하듯 사랑이나 감정도 없이 자신의 이익만을 냉철하게 합리적으로 추구하는 '경제인'이 아니라, 때로는 완전

한 정보도 없이 직관이나 감정에 좌우되며 주먹구구로 의사결정을 하는 '너무나 인간적인 사람'이라는 사실을 상기시키고 있다. 캐너만과 공동 수상한 스미스(Vernon Smith)는 실험을 통해 인간의 결점에도 불구하고 '경제인'을 가정한 경제 이론들이 현실 세계에 적용될 수 있음을 확인시켰다.

"나도 뭐가 비싼 줄은 알지."

두 학자는 수많은 실험을 통해 사람들이 완벽한 지식을 가진 경제인이 아니라 주어진 상황에서 활용 가능한 정보를 최대한 활용하려는 '인간'이고 합리적이지 않은 많은 편견과 오류를 범하고 있다는 것을 보여준다. 특히 불확실한 미래를 선택하는 과정에서는 마치 광부(prospector)가 금의 소재에 대한 정확한 정보도 없이 땅을 파는 것과 같이 비합리적인 의사결정을 한다는 기대이론(Prospect Theory)을 도입하여 '인간의 경제적 행태'를 설명했다. 경제인이 아닌 인간(Homo Sapiens)을 대상으로 하는 미래의 경제학의 영역을 넓힌 것이다. '인간'의 행태를 정확하게 파악할수록 경제학의 현실 적응력은 더욱 증대될 것이다. 그러나 흰쥐와 달리 사람의 행태는 얼마나 복잡한지 모른다.

나무 뒤에 숨은 사람

좋은 배우자를 고르려면

짝을 잘 고르고 좋은 인재를 선택하기 위해서는 정보의 비대칭성을 해소해야 한다.
자신에 관한 정보를 상대방에게 제시하는 노력을
경제학에서는 '신호발송(signaling)' 이라고 부른다.

"이제 신랑 신부는 이 순간부터, 나 자신보다도 서로를 더욱 소중히 아끼면서 외로울 때는 의지하고, 어려울 때는 먼저 보호해야 하는 가장 소중한 친구와 함께 더불어 살아가는 생활을 시작합니다. 사람들은 누구나 말합니다. 사노라면 기쁨과 즐거움도 있고, 어려움과 아픔도 따르게 마련이며, 비에 젖어 쓸쓸한 날도 있다는 것을. 때로는 모래성 쌓듯 몇 번이고 헛된 꿈에 무릎을 꿇어야 한다는 것을.

그럴수록 두 사람은 오늘의 각오와 기대와 꿈을 잊지 말아야 합니다. 서로의 잔을 채우되 어느 한편의 잔만을 마시지 말고, 함께 춤추고 노래하며 즐거워하되 어느 한편의 리듬에만 치우치지 말고, 따로따로 울리는 선율이 아름다운 화음으로 조화를 이루는 것처럼 신랑 신부는 둘이서 하나가 되고, 하나이면서도 둘로 살아가는 가정을 가

꾸기를 바랍니다."

　어쩌다 제자의 결혼을 축복하며 읽어주는 주례사의 일부이다. 이렇게 살아간다면 얼마나 행복하겠는가. 그런데 과연 어떤 기준으로 최고의 배우자를 선택할 수 있을까? 외모에 빠지는 사람도 많고, 재력에 끌리기도 하며, 때로는 가문이나 학벌에 매료되어 짝을 선택한다. 과연 무엇이 가장 중요할까? 배우자의 선택 기준과는 다르겠지만, 기업이 신입 사원을 채용할 때도 마찬가지다. 한두 번의 시험이나 면접으로 좋은 인재를 골라내기란 쉽지 않다. 우선 상대방에 대한 정보가 충분하지 않기 때문이다. 지원자는 자기 자신에 대해서 충분히 알고 있지만, 기업은 그 사람에 대해서 전혀 알지 못한다. 이런 현상을 정보의 비대칭성이라고 한다. 실제로 사람에 대한 정보는 항상 비대칭적이게 마련이다.

　짝을 잘 고르고 좋은 인재를 선택하기 위해서는 정보의 비대칭성을 해소해야 한다. 무엇으로 해결해야 하나. 우선 좋은 이력서를 만들어 학벌이나 성적표, 고시 합격증, 자격증 등으로 자신에 대한 정보를 제시한다. 자신에 관한 정보를 상대방에게 제시하는 노력을 경제학에서는 '신호발송(signaling)'이라고 부른다. 푸른 신호등을 보내는 것이다. 신호를 받으면 정보를 평가하여 사람을 '선별(screening)'하는 작업이 시작된다. 졸업 여부는 물론 학교의 명성, 소개한 사람의 평판, 가정 환경, 경력 등 모든 상황을 분석한다.

　어떤 '신호'에 가장 높은 점수를 주어야 합리적이 선택이 되는가. 사람마다 기준이 다르므로 합리적 선택 방법이란 처음부터 존재할

"내겐 역시 당신밖에 없어."

수 없는지도 모른다. 그러나 간편한 방법이 있다. 가장 중요하다고 생각하는 기준부터 순차적으로 따져가는 것이다. 예를 들어, 신입 사원을 뽑을 때 전공을 가장 우선으로 친다고 하자. 그러면 특정한 전공만을 우선적으로 선별하고 다른 신호는 뒤로 미뤄두는 것이다. 그리고 그 기준에 맞는 사람들 중에서 다음 기준으로 영어 성적이나 대학을 따지는 식이다. 이런 방식을 '사전 편찬식 선호'라고 부른다. 사전을 편찬할 때는 a로 시작되는 단어를 우선적으로 놓고, a로 시작되는 단어들이 모두 실린 다음에야 b, c로 시작되는 단어를 배열하기 때문이다.

물론 사전 편찬식 선호는 합리적인 선택이 아니다. 단지 사전처럼 편리한 선택일 뿐이다. 그나마 a로 선택하는 신호에 높은 평판과 신뢰가 주어진다면 약간 위험을 줄일 수 있거나 마음에 차지 않는 사람을 배제하는 데 도움이 될 수 있다. 사전 편찬식 선호보다는 각종 신호에 적절한 가중치를 부여해야 더 합리적이다.

배우자를 고를 때는 무엇이 달라지는가. 역시 한 가지 신호만을 절대적으로 고려하는 사전 편찬식 선호로는 충분하지 않을 것이다. 그러나 사랑에 너무 빠지면 하나밖에 보이지 않을 때가 많다. 당신의 'a'는 과연 무엇인가? 'a'에 너무 빠지면 엉뚱한 짝을 선택할 수도 있다.

나무 뒤에 숨은 사람

두 팔이 필요한 이유

경제학자는 두 팔이 필요하다. 부분적으로는 옳지만,
전체적으로 달라지는 경제현상이 너무 많기 때문이다.

한 마을에서 두 가정이 우물을 공동으로 상용하고 있다. 물 사용량
은 동일하지만 순이네는 연 3,000만 원을 벌고, 돌이네는 연 2,000만
원의 수입을 올린다고 하자. 이런 경우 우물 관리 비용은 어떻게 분
담하는 것이 바람직한가? 소득 수준에 따라 각각 5퍼센트씩 150만
원과 100만 원을 내는 것이 공평한가? 아니면 사용량에 따라 125만
원씩 나누어야 하는가? 게다가 순이네의 고소득이 많은 유산에서 비
롯된 것이고, 돌이네의 저소득이 신체적 장애 때문이라면 어떻게 하
겠는가?

이것은 결코 가상적인 상황이 아니다. 말 많은 의료보험료를 누가
얼마나 부담해야 하고, 소득이나 사치품에 대해 어떻게 과세할 것인
가 등이 모두 이런 종류의 논쟁이다. 그렇다면 무엇이 바람직하고

옳은 방향인가? 모든 경제학자들이 동의하는 정답은 찾기 힘들다. 같은 정책을 놓고도 서로 주장을 달리할 수 있기 때문이다. 정답이 둘이 될 수도, 셋일 수도 있는 것은 자연과학에서는 쉽게 찾아볼 수 없는 현상이다. 물리학의 원리는 한 번 증명하면 논란의 여지가 없는 것 아니겠는가. 그러나 경제현상은 그렇지 않다. 어떤 시각에서, 어떤 가치 기준을 갖고 보느냐에 따라 결과가 크게 달라질 수 있다. 부분적으로는 옳으나 전체적으로는 다른 결과를 가져올 수 있고, 무엇을 더 중요시하느냐에 따라 완전히 다른 결정을 할 수도 있다.

농부의 노력과 기후 덕택에 풍년이 든 경우를 생각해보자. 여지없이 농산물 파동이 나고, 생산비에도 미치지 못할만큼 가격이 폭락한다. 농부 개개인의 관점에서는 수확량이 많은 것이 좋지만, 풍년이

"내 귀는 둘뿐인걸…!!"

되면 전체 농가의 소득은 오히려 감소될 수 있다. 증산을 독려한 정책이 생산자보다 소비자에게 혜택을 주어 수혜자와 피해자가 바뀔 수도 있는 것이다.

최저임금제를 도입하면 개별 근로자는 낮은 임금으로부터 보호될 수 있다. 그러나 근로 조건이 좋아지므로 일하려는 사람은 많아지고, 고용하겠다는 기업은 줄어들기 때문에 전체적으로 실업률은 높아진다. 누가 피해자인가? 모성 보호법도 마찬가지다. 출산여성을 많이 보호할수록 여성근로자의 공급은 늘어난다. 그러나 기업의 여성근로자에 대한 수요는 줄어들지 않겠는가. 일자리가 있는 사람은 더 보호받지만, 여성의 취업난은 더 심해질 수 있다. 누구를 먼저 보호하는 것이 바람직한가. 전체와 부분이 구성의 모순을 가져오는 사례이다. 따라서 무엇을 더 강조하느냐에 따라 정책 선택은 달라진다.

순수하게 물의 사용량만을 기준으로 한다면 우물값은 당연히 절반씩 부담해야 한다. 그러나 많이 버는 사람이 더 내야 한다고 주장하면 뭐라 하겠는가. 그런 주장에는 이론적인 정답을 찾을 수 없다. 경제현상에 대해 '무엇이 중요하므로', '어떻게 되어야 한다'고 접근하면 그것은 규범적 분석이 된다. 이미 어떤 것이 좋다는 자신의 가치를 부여한 것이다. 반면 '있는 현상을 그대로' 보는 것은 실증적 접근이라고 한다. 경제 이론은 실증적 분석에 바탕을 두어야만 가치에서 해방된 이론을 도출할 수 있다. 가치가 개입되면 정치 논리와 국민 정서 등 비경제적 요인을 모두 감안하게 되기 때문에 논리적 해답을 얻기가 매우 힘들다.

미국의 해리 트루먼 전 대통령은 '팔을 하나만 가진 경제학자(One-armed Economist)'를 찾았다고 한다. 논의되는 정책마다 경제학자들이 "다른 한편으로는(On the other hand)" 하고 상반된 대안을 제시했기 때문이다. 그러나 경제학자는 두 팔이 필요하다. 부분적으로는 옳지만, 전체적으로 달라지는 경제현상이 너무 많기 때문이다. 특히 정치 논리에 따른 가치 판단을 요구하는 정책에는 항상 다른 팔(The other hand)이 필요하다. 그래야 또 하나의 팔로는 나무 뒤에 숨은 사람들의 마음을 헤아릴 수 있다.

나무 뒤에 숨은 사람

내일을 위한 선택

구조조정의 목적은 결코 고용 감축이 아니다.
오히려 유연성을 확대하여 경쟁력을 높이고 부가가치와 고용을 창출하는 것이
궁극적인 목적이다.

"왜 근로자들부터 희생되어야 합니까? 도대체 구조조정이 무엇이
길래 생계조차 어려운 노동자들을 먼저 자르고, 외국인에게 팔아넘
기려고 하는 것입니까? 생산 시설을 먼저 줄이고, 다른 투자도 줄이
고, 다른 방법이 더 먼저 실시되어야 하는 것 아닙니까? 아니면 고용
을 줄이지 말고, 근로 시간을 줄이는 것은 어떻습니까?"

몇 년 전 노사위원들에게 특강을 한 후 받았던 곤혹스런 질문이었
다. 글로벌 경제에서 생존하려면 기업의 유연성이 높아져야 하고, 그
러기 위해서는 노사관계의 경직성이 사라져야 한다는 강의가 만족
스럽지 못했던 것 같다. 구조조정만 한다고 하면, 왜 하필 근로자부
터 줄여야 하냐고 묻는다. 당연한 항변이다. 당사자의 입장에서 보
면 얼마나 처절한 경험이겠는가. 근로자만 일방적으로 희생되어서

"하는 수 없다네, 잠깐만 내려가서 헤엄치고 있게나."

는 안될 일이다. 그럼에도 불구하고 구조조정이 단순한 고용 감축과 같은 의미로 쓰여지는 현실을 어떻게 설명할 수 있겠는가.

구조조정의 궁극적 목표는 고용 감축이 아니라 경쟁력의 회복이다. 고용 감축은 구조조정의 한 수단일 뿐이다. 경쟁력을 갖추려면 어떤 시장 여건에서도 생존할 수 있게 유연한 전략이 필요하다. 수요가 감소하면 생산 규모를 줄여야 하고, 반대로 시장이 확대되면 공급을 늘려야 한다. 생산 시설과 고용 규모, 투자 등 모든 변수를 시장 여건에 맞게 신축적으로 조정할 수 있어야 한다. 시장에서는 회오리 바람이 불어오는데, 그 바람에 대처할 만큼 유연하지 못하면 어떻게

나무 뒤에 숨은 사람

살아남을 수 있겠는가. 태풍 속에서는 유연한 버드나무가 더 잘 버티지 않는가.

따라서 기업은 신축적으로 조정할 수 있는 부분부터 먼저 구조조정을 한다. 기업의 영업활동에 투입되는 생산요소는 가변요소(可變要素)와 고정요소(固定要素)로 구별된다. 원재료와 노동은 대표적인 가변요소이고, 생산 시설과 자본, 토지는 고정요소에 해당된다. 비용도 고정비용과 가변비용으로 구별된다. 고정비용은 생산량에 관계없이 필수적으로 들어가야만 하는 비용이고, 가변비용은 생산 규모에 따라 변동한다. 광고비와 마케팅, 단기 금융비용은 물론 임금과 원재료 비용도 모두 가변비용에 해당된다. 실제 제품과 용역의 생산은 가변요소와 고정요소가 결합되어 이루어진다.

이런 생산구조 속에서 시장 여건이 어려워지면 무엇을 먼저 조정하겠는가. 우선은 가변요소를 줄이고, 그래도 어려우면 생산시설을 폐쇄하는 등 고정요소를 조정한다. 경기 확장기에도 고용과 원재료 구입 등 가변요소부터 늘려나간다. 물론 생산요소의 절대 투입량을 줄이기 전에 비용을 줄이기 위한 다른 전략을 먼저 시도할 것이다. 또한 노동력이 모두 가변요소인 것도 아니다. 다른 사람과 대체될 수 없는 능력을 가진 인재는 고정요소에 버금간다. 그렇기 때문에 나 자신만의 능력이나 기술을 갖는 것이 그만큼 중요하다.

그렇다고 고정된 요소를 먼저 조정할 수는 없다. 왜냐하면 생산 시설과 같은 고정요소는 구조조정에 상당한 시간이 소요되어 시장 여건에 신축적으로 대처할 수 없기 때문이다. 경기가 상승하면 기업은 먼저 가변요소인 인력과 원재료를 투입하여 생산 시설을 완전 가동한다. 이런 상태가 상당 기간 지속되어 미래 전망에 대한 확신이 있을 때에만 고정요소인 시설 투자를 한다.

구조조정의 목적은 결코 고용 감축이 아니다. 오히려 유연성을 확대하여 경쟁력을 높이고 부가가치와 고용을 창출하는 것이 궁극적인 목적이다. 그러나 어려울 때 구조조정을 못 한다면 그 기업은 결국 침몰하고 말 것이다. 단기의 구조조정에 너무 민감하게 반응하지 말자. 문제는 결국 목적지까지 순항하지 않겠는가.

알래스카의 교훈

경제는 여론에 의해서 움직일 수 없다.
경제 논리로 시장에서 해결할 때 가장 비용이 적게 든다.

역사의 아이러니는 언제 어디서나 등장하게 마련이다. 1867년 미국은 한반도의 7배나 되는 알래스카를 러시아로부터 매입하였다. 극심한 재정난에 허덕이던 제정 러시아는 왕실의 수입 증대와 영국의 북태평양 진출을 막기 위해 알래스카를 매각했던 것이다. 그 넓은 땅을 불과 720만 달러에 팔았으니, 600평당 고작 1센트에 불과한 가격이었다. 그것도 부채를 안고 현금은 20만 달러만 지급하는 조건이었다.

미국의 행운은 당시 국무장관이던 윌리엄 스워드의 8년간에 걸친 끈질긴 노력과 과감한 확장 정책의 결과였다. 그러나 당시의 분위기는 지금과는 전혀 달랐다고 한다. 러시아는 시원하게 잘 팔았다고 왕의 하사금으로 축제까지 벌였지만, 미국에서는 '지구상의 지옥'

과 '스워드의 냉장고'를 매입했다는 비난이 들끓었다. 하원은 여론에 밀려 1년 동안이나 매입대금을 승인하지도 않았고, 스워드의 뇌물 의혹까지 조사하는 촌극을 벌였다. 이 때문에 스워드는 결국 쿠바를 포함한 카리브해 연안의 매입 계획을 포기했고, 평생 동안 실정 (失政)의 부담에 시달려야 했다.

실제로 사회 정서나 분위기가 엄청난 경제적 비용을 유발하는 사례는 너무나 많다. 경제적 신념을 책임있게 밀어붙이는 고위당국자가 없어서 날려버리는 손실도 얼마나 많은가. 만약 스워드가 여론에 밀렸다면 어떻게 알래스카를 차지할 수 있었겠는가. 카리브 연안을 매입하지 못한 것도 얼마나 아쉬운 일인가. 이런 사례는 우리라고 예외일 수 없다.

"저 형편 없는 땅을 샀단 말이야?!"

나무 뒤에 숨은 사람

대우차의 매각은 어떠한가? 1차 입찰에서 70억 달러까지 거론되던 기업 가치가 불과 몇 년 사이에 얼마나 폭락했는가. 과연 무엇이 한국 물(物)의 가치를 폭락시킨 것일까? 누가 국부유출과 헐값 매각을 외치며 초기 매각을 반대하였는가?

먼저 경제 논리에 역행하는 사회 정서를 지적하지 않을 수 없다. 알래스카의 아이러니가 우리에게도 엄청난 부담이 되는 것이다. 기아차를 생각해보자. 삼성은 한때 시장에서 기아차의 주식매입을 시도한 적이 있었다. 기아차 인수로 자동차의 꿈을 실현하려는 시도였을 것이다. 그러나 실체가 분명치 않은 여론은 너무나 매정했다. 재벌이 전문 경영 체제의 모범적인 '국민기업'을 어떻게 인수하느냐고. 삼성은 기아를 포기했고, 대신 삼성자동차를 설립했다.

그 후 기아는 불과 2년을 넘기지 못하고 쓰러졌고, 우여곡절 끝에 현대에 넘어갔다. 이 과정에서 발생한 엄청난 부채는 결국 국민의 몫으로 돌아갔고, 삼성차 역시 오래 버티지 못했다. 삼성이 기아를 시장에서 인수하도록 내버려두었다면 경제적 손실은 훨씬 적었을 것이다. 어쩌면 우리 경제가 외환 위기에서 자유로웠을지도 모른다.

대우차 역시 마찬가지다. 어느 누구 하나 몇 년 동안을 일관되게 매각에 나섰던 책임자가 있었던가. 정부는 채권단에, 채권단은 정부에 중요한 시점마다 책임을 전가하지 않았는가. 2차 협상에서는 포드(Ford)만을 단일 협상자로 선택하는 어이없는 실수를 범했어도 아무런 말이 없었다. 강성 노조 역시 대우차의 기업가치를 떨어뜨리는 데 기여해왔다. 이런 환경에서 어떻게 제값을 받을 수 있겠는가. 결국 1년을 미룰 때마다 기업 가치는 수억 달러씩 폭락한 셈이다.

과거는 역사에 묻어버린다 해도 내일마저 버릴 수도 없다. 어제와 같은 실수를 되풀이하지 않아야 한다. 여론에 급급하지 말고, 스워드 같은 용기로 정부가 리더십을 발휘해야 한다. 경제는 여론에 의해서 움직일 수 없다. 경제 논리로 시장에서 해결할 때 가장 비용이 적게 든다.

나무 뒤에 숨은 사람

글로벌 기업을 키우는 산업정책

출자총액제한제도의 개선과 함께 차제에 우리도 GE와 같은
글로벌 기업의 탄생을 적극적으로 유도하는 정책이 과감하게 도입되어야 한다.
기업가의 구태의연한 경영철학과 함께
이제는 정책도 글로벌 패러다임으로 변화해야 한다.

1884년부터 작성된 다우 존스는 뉴욕 증시의 흐름을 나타내는 지수로서 우리에게도 매우 친숙하다. 그런데 지난 120여 년 동안 이 지수에 지속적으로 편입된 종목은 단 하나뿐이라고 한다. 바로 세계에서 가장 존경받는 기업의 하나인 GE(General Electric)이다.

GE는 "제트 엔진에서 발전기, 금융 서비스에서 플라스틱, 의료 영상 장비에서 방송과 정보통신에 이르기까지 상상할 수 있는 아이디어는 모두 제품과 서비스로 만든다"고 홈페이지에 소개하고 있다. 끊임없는 구조조정과 신규 투자, 인수·합병(M&A)을 통한 변신이 바로 GE의 전략이자 성공의 핵심이었다. 이런 변화를 통해 산업 간 장벽을 뛰어넘어 수많은 업종에서 세계 최고의 기업으로 성장한 것이다.

이 같은 전략은 GE뿐만이 아니다. M&A를 통한 다각화와 대형화는 글로벌 기업의 성공전략으로 자리잡고 있다. IT 기술의 발달로 통신과 방송의 융합 현상이 가속화되고, 제조업과 금융업, 생명과학(BT)과 청정기술(CT)을 연결하는 퓨전 현상도 심화되고 있다. 기존 체제로는 분류조차 애매한 새로운 사업영역도 급증하고 있다. 국경과 산업 간 장벽도 뛰어넘어 글로벌 융합현상이 일반화되고 있는 것이다.

반면 우리의 산업정책은 아직도 1970년대의 패러다임을 벗어나지 못하고 있다. 매출액이 60조 원에 달하고, 순익이 100억 달러를 넘는 우리 기업도 등장했지만 산업정책은 아직도 소득 1,000달러 시대에서 벗어나지 못하고 있다. 한국에서는 GE의 성공전략도 시장지배와 문어발 확장이라고 논란이 심각했을 것이다. 아무리 경영투명성이 확보되었다 해도 각종 투자제한과 국민정서의 덫에 걸려 많은 애로를 겪었을 것 같다.

과연 무엇이 산업정책의 글로벌화를 가로막고 있는가. 놀랍게도 첫 번째 장벽은 정부 부처 간 이기주의에서 비롯된다. 최근 논란이 되고 있는 인터넷 기반의 IP-TV 서비스를 보라. 중국도 시작한 IP-TV를 IT 강국이라는 한국에서 사장(死藏)시키고 있는 것은 정통부와 방송위원회의 영역 다툼 때문이다. 서비스가 융합되어 가치를 창출하는 사슬은 변화했지만, 규제에 얽힌 먹이사슬은 변함없이 자기 영역만 고집하고 있다. 이런 사례는 비록 IT 분야뿐만이 아니다.

국민정서도 산업정책의 변화를 가로막는 또 다른 장벽이 되고 있다. 금융과 산업자본의 분리나 출자총액의 제한을 살펴보자. 경제력 집중과 대기업 집단의 폐해 때문이라지만, 투기성 외국자본에까지 국내은행을 매각하면서 국내 기업에만 엄격한 출자규제를 하는 것은 심각한 역차별이 아닐 수 없다. 대형 금융기관의 매각에 국내 산업자본이 참여할 수 없으니, 외국자본의 지배력만 급속히 확대되고 있다. 그렇다고 제조업에 적극적으로 투자할 여건도 못되니, 현금보유만 사상최대로 늘어나고 있다. 경영권 위협 속에서 아예 국내투자는 줄이고 해외로 이탈하는 자본도 많다.

물론 규제에는 항상 합리적 근거가 많다. 경제력 집중이 심화되며, 사금융(私金融)의 우려 때문에 엄격한 규제가 불가피하다고 한다. 그러나 선진국 수준으로 자본시장이 개방되고 지배구조와 경영 투명성 제도가 보완된 시장에 어떻게 70년대의 잣대를 적용할 수 있겠는가. 설혹 그런 우려가 있다 해도 화재가 무서워 집을 짓지 않을 수 없지 않은가. 실물투자는 적극적으로 허용하고, 비리(非理)는 다른 법규로 엄격히 규제해야 할 것이다.

출자총액제한제도의 개선과 함께 차제에 우리도 GE와 같은 글로벌 기업의 탄생을 적극적으로 유도하는 정책이 과감하게 도입되어야 한다. 기업가의 구태의연한 경영철학과 함께 이제는 정책도 글로벌 패러다임으로 변화해야 한다.

나무 뒤에 숨은 사람 〈개정판〉

1판 1쇄 발행 2007년 2월 1일

저　자 정갑영
발행인 이문철
발행처 영진미디어

주소 서울시 용산구 남영동 114 (우)140-160
전화 (02)794-9000
팩스 (02)793-9165
문의 book@yjmedia.net

등록 2004. 2. 5. 제22-2480호

ⓒ 2007. 영진미디어
ISBN 978-89-91228-29-0

값 12,000원